Ernest Hemingway

Lesebuch

Noch einmal glückliche Tage

Zusammengestellt von
Manfred Delling und
Hans Georg Heepe

Rowohlt

1. Auflage April 1988

Umschlaggestaltung Klaus Detjen
(Foto von Ernest Hemingway Karsh/Camera Press)
Satz Garamond Antiqua (Lasercomp) LibroSatz, Kriftel
Druck und Einband Clausen & Bosse, Leck
Printed in Germany
ISBN 3 498 02893 6

Inhalt

Vorbemerkung

Es liegt nahe, in einem Hemingway-Lesebuch der Biographie des Autors zu folgen. Fast jede Phase seines Lebens scheint in seinem Werk ihren unmittelbaren Niederschlag gefunden zu haben. Das reicht von den Geschichten über Nick Adams, Hemingways ersten Helden, die in den Wäldern und an den Seen seiner Kindheit und Jugend in Michigan spielen, über die Darstellung des Bohèmelebens der ‹Verlorenen Generation› in Paris und bei der Fiesta in Pamplona, die Stories und Romane aus dem Erleben der beiden Weltkriege und des spanischen Bürgerkriegs bis hin zu den Abenteuern des Hochseeangelns im Golfstrom und der Jagd in Afrika.

Obwohl Hemingway gelegentlich darauf hingewiesen hat, daß in jedem Roman mehr vom Leben des Verfassers stecke, als dieser jeweils wahrhaben oder zugeben wolle, sollten wir uns hüten, seine Werke als Kapitel einer Autobiographie zu lesen. Dreimal hat der Autor versucht – mit *Die Grünen Hügel Afrikas*, *Gefährlicher Sommer* und *Paris – ein Fest fürs Leben* – festzustellen, ob Berichte über das, was er erlebt hat, «bei wahrheitsgetreuer Darstellung neben einem Werk der Phantasie bestehen können», wie es in der Vorbemerkung zum Afrikabuch heißt. Die so entstandenen Arbeiten gehören für viele nicht zu Hemingways besten.

Der Erfolg kam, als Hemingway noch nicht dreißig Jahre alt war. Dem Mittfünfziger wurde der Nobelpreis für Literatur verliehen. Viele Jahrzehnte lang stand Hemingway im Rampenlicht nicht nur der literarischen Öffentlichkeit, er wurde zu seinen Lebzeiten zur Legende. Zahlreich und sehr verschieden sind die Äußerungen über ihn. Zu einem Zeitpunkt, an dem eine Neubewertung seines Schaffens begonnen hat, erscheint es sinnvoll, Zeugnisse über ihn und sein Werk zusammenzutragen anstatt den Versuch zu unternehmen, den vorhandenen Interpretationen eine weitere hinzuzufügen. Ein Hemingway-Lesebuch kann die Lektüre des Werks nicht ersetzen, aber hoffentlich zu ihr anregen. Die widersprüchlichen Einschätzungen von Zeitgenossen und Nachgeborenen könnten zu einem eigenen Urteil ermutigen.

«Er ist der Typus, zu dem wir Ja sagen können, wie zu kaum einem anderen. Das Beste, was Amerika hat, vermischt sich in ihm mit allem Guten, was andere bei uns lesen könnten. Man darf nicht sagen, daß er ein europäisierter Amerikaner ist, dafür ist er zu tief und wesentlich Amerikaner geblieben. Er ist ein typischer Amerikaner, aber mit allen inneren Erfahrungen eines Europäers. Er sieht diese Vielfalt mit der Frische seiner jungen Rasse, und gleichzeitig mit der Verschlagenheit unserer alten. Ich wünschte, daß er mehr als irgendein anderer gelesen würde. Er ist ein repräsentativer Dichter unserer Zeit.»

Klaus Mann, 1931

«Zeichnen ist Weglassen, auch Erzählen ist Weglassen. Es ist ganz ungeheuerlich, wie er das macht. Er erzählt Details über Details. Wie man in eine Stadt kommt, sich ein Hotelzimmer nimmt, mit dem Portier ein paar Worte spricht, raufgeht, sich wäscht, ein frisches Hemd anzieht, Anzüge in den Schrank hängt, wieder in die Stadt geht, eine Zeitung kauft – Details über Details, Weglassen aller Gefühle, es gibt keinen Autor –: und aus all dem steigt Traurigkeit auf, die Verlorenheit im Leben, unsere Ziellosigkeit, Ausgeliefertsein an das Schicksal. Hemingway spricht nie davon, er spricht nie von Gefühlen ... Er zeichnet nur ein paar Striche, grade die Striche, die notwendig sind für die Kontur. Das andere überläßt er seinen Lesern ...»

Hans Fallada, 1931

«Er sieht aus wie ein Moderner und riecht nach Museum.»

Gertrude Stein, 1933

«Psychologie oder dergleichen fehlt völlig in diesen Büchern. Tiefblicke werden nur selten getan und dann flüchtig. Durchschaut wird nichts. Die Darstellung, so knapp und karg sie ist, gibt oft zum Sachlichen auch scheinbar Nebensächliches, gewissermaßen zufällig Bemerktes. Gerade das macht sie überzeugend wahr. Weil sie wie das Auge arbeitet, dem mit dem angeschauten Objekt immer auch noch anderes von nah ringsum auf die Netzhaut kommt ... Er schneidet aus der Fülle der Erscheinungen ein Stück mit Nerv und Muskel: seine Kunst schafft den Nährboden, auf dem es weiterlebt.»

Alfred Polgar, 1935

«Ich kenne in Kolumbien keinen Leser von unzweifelhaft gutem Geschmack, der Hemingway für einen wirklich bedeutenden Vertreter der nordamerikanischen Romanliteratur hielte, vielmehr für weit unter Dos Passos, Steinbeck und selbstverständlich dem außergewöhnlichsten und vitalsten Schöpfer der Moderne, William Faulkner. Natürlich haben es die unermüdlichen Experten der literarischen Gastronomie in den Vereinigten Staaten und in der übrigen Welt – in enger Zusammenarbeit mit den Filmschaffenden aller Länder – übernommen, dafür zu sorgen, daß Hemingway durch wirtschaftlichen Wohlstand mehr als ausgleicht, was ihm an Qualität fehlt ... Man kann sicher sein, daß es mit Hemingways Ruhm viel früher vorbei sein wird als mit den Bankkonten seiner Erben und vielleicht schon bevor die extravagante Sammlung von Hunden und Katzen eingegangen ist, die der Schriftsteller sich in seinem Palast in Havanna hält.»

Gabriel García Márquez, 1950

«Als der Stern Hemingways, nach dem ersten Weltkrieg, am Horizont aufging, war vor allem Deutschland der Verkünder dieses jungen Ruhms ... Nicht die tiefe Poesie des Romans *In einem andern Land* rief so sehr Bewunderung hervor, als vielmehr der Schein der Brutalität, der Hautgoût des primitiven Gewaltmenschen, der Haß auf alles Intellektuelle, der der feingebildeten Klugscheißerei der damaligen Generation in Deutschland die angebliche Natürlichkeit des Boxens, Jagens und Saufens entgegenstellte. Unsere verkrampfte Kultursituation, die sich nach Schlägen sehnte, begrüßte in Hemingway einen Verkünder körperlicher Gewalt und des fließenden Blutes als des gültigsten Zeugnisses vom wahren Leben. Diese bereitwillige Selbstentmannung der europäischen Intelligenz, an deren Vollzug der amerikanische Schriftsteller beteiligt wurde, war ein mehr als literarischer Effekt und ging über die künstlerischen Wirkungen Hemingways, so umwälzend sie auch waren, weit hinaus.»

Friedrich Sieburg, 1955

«Alle seine Bücher sind Balladen von Liebe und Tod. Es sind Prosagesänge von der Herrlichkeit des Daseins im Fleisch, geschrieben in einer Zeit, die alles tut, um dem literarischen Publikum den Geschmack am Dasein zu verleiden. Glückliche Bücher: es gibt heute wohl keinen zweiten Autor, der mit soviel Nachdruck und Überzeugungskraft das Wort Glück niederschreibt, wie Hemingway.»

Hans Egon Holthusen, 1955

«Bei Hemingway gibt es keine Kluft zwischen der bürgerlichprivaten und der künstlerischen Sphäre; für ihn ist das geistige Wagnis wieder identisch mit dem physischen Abenteuer. Und nicht zuletzt aus der Tatsache, daß bei ihm Sein und Dichten einander nicht, wie so oft, Lügen strafen, sondern daß dieser Autor in voller Übereinstimmung mit der harten, abenteuerlichen Welt seiner Romane lebt – nicht zuletzt daraus erklärt sich ihre weltweite Wirkung. Zu einem Buch gehört eben nicht nur das, was darin steht, nicht nur das, was der Autor kann, sondern vor allem: was er ist. Hemingway hat mit seinen Großwildjägern und Stierkämpfern, seinen Soldaten, Fischern, Fallenstellern, seinen Boxern, Abenteurern und Globetrottern den alten Typus der von der Romantik der Tat umwitterten Romanhelden noch einmal erneuern können, weil er selbst nach dem Gesetz dieses Typus lebt.»

Günter Blöcker, 1957

«Es ist unwahrscheinlich, daß Hemingway ein mutiger Mann war, der die Gefahr suchte wegen der Sensationen, die sie ihm bot. Die Wahrheit über seine Odyssee ist doch vermutlich, daß er gegen seine Feigheit ankämpfte und gegen ein lebenslanges geheimes Verlangen nach dem Selbstmord, daß seine innere Welt eine Landschaft der Alpträume war und daß er seine Nächte im Ringen mit den Göttern verbrachte. Vielleicht ist am Ende dies das Urteil über sein Werk: was ihm mißlang, war tragisch, aber was ihm glückte, war heroisch. Es kann sein, daß er eine Last Angst mit sich herumtrug, die einen geringeren Mann erdrückt hätte.»

Norman Mailer, 1961

«Nun liest ihn schon der Jahrgang, der zur Welt kam, als Hemingway sich umbrachte. Und wir Alten, die wir ihn jetzt wiederlesen, entdecken in seinen Büchern, was wir als Jungen noch gar nicht suchten in ihnen, weil wir es selber hatten: Jugend.

Tod, das Nichts, der Krieg, Altersängste – das ist alles ja da, auf jeder seiner tausend Seiten, aber ist nur da wie das Wasserzeichen in schwerem Papier; es drängt sich nicht auf, sondern es legitimiert nur die Heiterkeit, das Feriengefühl, den Blick auf Meere und in tiefe Wälder, die uns dieser Mann in seinen Büchern schenkte.»

Rolf Hochhuth, 1977

«Fast ein Vierteljahrhundert nach seinem gewaltsamen, selbstgewählten Tod 1961 bleibt Ernest Hemingway der umstrittenste und wohl auch einflußreichste amerikanische Schriftsteller: als Autor wie als Mensch. Es läßt sich ein Hemingwayscher Tonfall aus den aussparenden Dialogen Harold Pinters, den knappen Sätzen des jungen Gabriel García Márquez, den lakonischen Icherzählungen Albert Camus' heraushören. Norman Mailer steht unter dem nicht immer wohltuenden Einfluß des Mannes Hemingway, der glaubte, daß *afición* (Leidenschaft) die öffentliche Selbstdarstellung rechtfertigt. Wie alle großen Künstler provoziert Hemingway noch heute die unterschiedlichsten Reaktionen – von Bewunderung bis Abscheu.»

Joyce Carol Oates, 1984

M.D. H.G.H.

1 Höflichkeit bei gebrochenem Herzen

Oak Park, Illinois, liegt eine knappe halbe Autostunde von Chicago entfernt. Nach dem großen Brand von Chicago (1871) hatten sich vor allem wohlhabende Bürger hier niedergelassen; die Bevölkerungszahl war rasch gestiegen, auf zehntausend im Jahre 1902. In komfortablen Häusern unter alten Bäumen inmitten weiter Rasenflächen lebte man hier, auf alle äußeren Zeichen der Achtbarkeit und des Anstands bedacht, in einer Atmosphäre des «vorsichtigen Konformismus, des peinlichen Klimas gegenseitiger Überwachung und provinzieller Wichtigtuerei», wie G.-A. Astre in seiner Hemingway-Biographie schreibt.

Hier kommt am 21. Juli 1899 Ernst Miller Hemingway zur Welt. Die Eltern sind Clarence Hemingway, Arzt und seit 1908 auch Geburtshelfer, und Grace Hemingway, geb. Hall, aus vermögender Familie; sie hat eine Konservatoriumsausbildung als Sängerin und Pianistin erhalten.

«Zwischen 1898 und 1915 werden insgesamt sechs Kinder geboren. Der Lebenszuschnitt ist bürgerlich, mehr bildungsbeflissen als gebildet, religiös-konformistisch, wohlhabend. 1906 wird aus dem Vermögen der Frau ein Stadthaus errichtet, mit drei Etagen, acht Schlafzimmern, einem Musiksalon und Praxisräumen. Hauspersonal ist notwendig und selbstverständlich.

Die Mutter versteht sich als Künstlerin. Sie leidet unter dem Abbruch der angestrebten Karriere als Opernsängerin, sorgt emphatisch für die musische Ausbildung der Kinder, ist aber trotz der Anleihen bei einem antibürgerlichen ‹artistischen› Selbstbild konventionell.

Der Vater vertritt die asketische Pflicht- und Arbeitsmoral der protestantischen Ethik; die Rolle patriarchalischer Autorität in der Familie vermag er jedoch nicht voll zu verwirklichen: außer für seine Patienten muß er für den Haushalt sorgen, einkaufen und oft kochen.

Er ist enthusiastischer und kompetenter Naturbeobachter, Jäger und Angler.

1899 errichtet die Familie ein Holzhaus am Ufer eines Sees in dem noch immer wilden, waldreichen Michigan. Alljährlich bis 1917 verbringt Hemingway den Sommer in dem abgelegenen Petoskey am Walloon Lake; dort lernt er jagen, angeln, kampieren, hat Umgang mit Indianern und bildet sich zum Waldläufer aus.» (M. C. 329/30)

Zehn Indianer

Nach einem 4. Juli kam Nick, als er spät abends mit Joe Garner und dessen Familie in dem großen Wagen aus der Stadt nach Hause fuhr, auf der Landstraße an neun betrunkenen Indianern vorbei. Er erinnerte sich, daß es neun gewesen waren, weil Joe Garner, der in der Dämmerung den Wagen lenkte, die Pferde zum Stehen brachte, auf die Straße hinuntersprang und einen Indianer aus der Räderspur zerrte. Der Indianer hatte mit dem Gesicht im Sand gelegen und geschlafen. Joe schleifte ihn ins Gebüsch und stieg wieder auf den Bock. «Das ist jetzt der neunte allein vom Stadtrand bis hierher», sagte Joe.

«Nein, diese Indianer», sagte Mrs. Garner.

Nick saß mit den beiden Garner-Jungens auf dem Rücksitz. Er versuchte, vom Rücksitz aus den Indianer zu erspähen, da, wo ihn Joe längs der Straße hingeschleift hatte.

«War es Billy Tabeshaw?» fragte Carl.

«Nein.»

«Die Hose sah mächtig nach Billy aus.»

«Alle Indianer tragen die gleiche Art Hosen.»

«Ich hab ihn überhaupt nicht gesehen», sagte Frank. «Pa war unten auf der Straße und schon wieder oben, bevor ich irgendwas gesehen hatte. Ich dachte, daß er eine Schlange tötet.»

«Na, wahrscheinlich werden viele Indianer heute nacht Schlangen töten», sagte Joe Garner.

«Nein, diese Indianer», sagte Mrs. Garner.

Sie fuhren weiter. Der Weg bog von der großen Landstraße

ab und führte hinauf in die Hügel. Die Pferde hatten schwer zu ziehen, und die Jungens stiegen aus und gingen zu Fuß. Die Straße war sandig. Nick blickte von der Kuppe des Hügels neben der Schule zurück. Er sah die Lichter von Petoskey und jenseits der Little Traverse Bay die Lichter von Harbor Springs. Sie kletterten wieder in den Wagen.

«Die sollten auf dieser Strecke eigentlich Kies streuen», sagte Joe Garner. Der Wagen fuhr die Straße entlang durch den Wald. Joe und Mrs. Garner saßen dicht beieinander auf dem Vordersitz. Nick saß zwischen den beiden Jungens. Die Straße führte auf eine Lichtung.

«Gerade hier hat Pa den Skunk überfahren.»

«Es war weiter unten.»

«Das ist doch wirklich egal, wo es war», sagte Joe, ohne den Kopf zu wenden. «Um einen Skunk zu überfahren, ist ein Ort so gut wie der andere.»

«Gestern abend habe ich zwei Skunks gesehen», sagte Nick.

«Wo?»

«Unten am See. Sie suchten am Strand nach toten Fischen.»

«Wahrscheinlich waren es Waschbären», sagte Carl.

«Es waren Skunks. Ich glaube, ich weiß, was 'n Skunk ist.»

«Solltest du eigentlich», sagte Carl, «du hast ja ein indianisches Mädchen.»

«Hör schon auf damit, Carl», sagte Mrs. Garner.

«Die riechen nämlich ungefähr ebenso.»

Joe Garner lachte.

«Du, hör auf zu lachen, Joe», sagte Mrs. Garner. «Ich erlaube nicht, daß Carl so spricht.»

«Hast du 'n indianisches Mädchen, Nickie?» fragte Joe.

«Nein.»

«Er hat aber, Pa», sagte Frank. «Prudence Mitchell ist sein Mädchen.»

«Das ist sie nicht.»

«Er besucht sie jeden Tag.»

«Tu ich nicht.» Nick, der in der Dunkelheit zwischen den beiden Jungens saß, fühlte sich in seinem Innern leer und glücklich, weil man ihn wegen Prudence Mitchell aufzog. «Sie ist nicht mein Mädchen», sagte er.

«Hör ihn dir an», sagte Carl. «Ich sehe sie jeden Tag zusammen.»

«Carl kann kein Mädchen kriegen», sagte seine Mutter. «Nicht mal eine Squaw.»

Carl schwieg.

«Carl versteht's nicht mit Mädchen», sagte Frank.

«Du, halt den Mund.»

«Du bist goldrichtig, Carl», sagte Joe Garner. «Mädchen haben noch keinem Mann Glück gebracht. Sieh dir deinen Pa an.»

«Das sieht dir ähnlich, so zu reden.» Mrs. Garner rückte näher an Joe heran, als der Wagen stieß. «Na, du hast doch, als du jung warst, genug Mädchen gehabt.»

«Na, ich wette, daß Pa niemals eine Squaw zum Schatz gehabt hat.»

«Das glaub du nicht», sagte Joe. «Nick, gib nur acht, daß du Prudie behältst.»

Seine Frau flüsterte ihm etwas zu, und Joe lachte.

«Worüber lachst du denn?» fragte Frank.

«Daß du es nicht sagst, Garner», warnte ihn seine Frau.

Joe lachte von neuem.

«Nickie kann Prudence behalten», sagte Joe Garner. «Ich hab ein nettes Mädchen.»

«Schöne Art zu reden», sagte Mrs. Garner.

Die Pferde zogen schwer in dem Sand. Joe schwang in der Dunkelheit die Peitsche.

«Los doch, legt euch mal rein. Morgen müßt ihr noch schwerer ziehen.»

Sie trotteten den langen Hügel hinunter; der Wagen stieß. Vor dem Farmhaus stiegen alle aus. Mrs. Garner schloß die Tür auf, ging hinein und kam mit einer Lampe in der Hand wieder. Carl und Nick luden die Sachen hinten vom Wagen ab. Frank saß auf dem Vordersitz, um zur Scheune zu fahren und die Pferde einzustellen. Nick ging die Stufen hinauf und öffnete die Küchentür. Mrs. Garner war gerade dabei, Feuer im Herd zu machen. Sie goß Petroleum auf das Holz und wandte sich um.

«Auf Wiedersehen, Mrs. Garner», sagte Nick. «Und noch schönen Dank fürs Mitnehmen!»

«Red keinen Unsinn, Nickie.»

«Ich hab mich herrlich amüsiert.»

«Wir freuen uns, wenn du kommst. Willst du nicht bleiben und Abendbrot mitessen?»

«Ich geh lieber. Wahrscheinlich ist Vater meinetwegen aufgeblieben.»

«Na, dann lauf nur! Schick Carl ins Haus, ja?»

«Schön.»

«Gute Nacht, Nickie.»

«Gute Nacht, Mrs. Garner.»

Nick ging aus dem Hof und hinunter zur Scheune. Joe und Carl waren beim Melken.

«Gute Nacht», sagte Nick. «Es war wunderbar.»

«Gute Nacht, Nick», rief Joe Garner. «Bleibst du denn nicht und ißt mit uns?»

«Nein, ich kann nicht. Wollen Sie Carl sagen, daß er zu seiner Mutter kommen soll?»

«Schön. Gute Nacht, Nickie.»

Nick ging barfuß den Weg entlang über die Wiese unterhalb der Scheune. Der Weg war glatt, und der Tau war kühl an seinen nackten Füßen. Er kletterte über einen Zaun am Ende der Wiese, stieg durch eine Schlucht hinab, und seine Füße wurden naß in dem schlammigen Morast, und dann kletterte er durch den trockenen Buchenwald hinauf, bis er die Lichter der Hütte erblickte. Er kletterte über den Zaun und ging herum bis zur vorderen Veranda. Durch das Fenster sah er seinen Vater am Tisch sitzen und beim Licht der großen Lampe lesen. Nick öffnete die Tür und ging hinein.

«Nun, Nickie», sagte sein Vater. «War es schön?»

«Fabelhaft, Daddy. Es war ein fabelhafter 4. Juli.»

«Hast du Hunger?»

«Na und ob.»

«Was hast du denn mit deinen Schuhen gemacht?»

«Ich hab sie bei Garners im Wagen gelassen.»

«Komm raus in die Küche.»

Nicks Vater ging mit der Lampe voran. Er blieb stehen und hob den Deckel vom Eisschrank. Nick ging weiter in die Küche. Sein Vater brachte ein Stück kaltes Huhn auf einem Teller herein und einen Krug mit Milch und stellte beides vor Nick auf den Tisch. Er setzte die Lampe hin.

«Es gibt auch noch Pudding», sagte er. «Wirst du damit genug haben?»

«Ja, großartig.»

Sein Vater setzte sich auf einen Stuhl neben den mit Wachstuch bedeckten Tisch. Er warf einen großen Schatten auf die Küchenwand.

«Wer hat beim Football gewonnen?»

«Petoskey. Fünf zu drei.»

Sein Vater saß da und sah ihm beim Essen zu und füllte sein Glas aus dem Milchkrug. Nick trank und wischte sich den Mund an der Serviette ab. Sein Vater langte auf das Bord hinüber nach dem Pudding. Er schnitt Nick ein großes Stück davon ab. Es war Heidelbeerpudding.

«Was hast du gemacht, Dad?»

«Morgens bin ich angeln gegangen.»

«Was hast du gefangen?»

«Nur Barsche.»

Sein Vater saß und beobachtete, wie Nick seinen Pudding aß.

«Was hast du denn heute nachmittag gemacht?» fragte Nick.

«Ich bin beim Indianerlager spazierengegangen.»

«Hast du wen gesehen?»

«Die Indianer waren alle in der Stadt, um sich zu betrinken.»

«Hast du überhaupt niemand gesehen?»

«Ich habe deine Freundin Prudie gesehen.»

«Wo war sie?»

«Sie war mit Frank Washburn zusammen im Wald. Ich stieß auf sie; sie amüsierten sich nicht schlecht.»

Sein Vater sah ihn nicht an.

«Was machten sie?»

«Ich bin nicht stehengeblieben, um das festzustellen.»

«Sag mir, was sie machten.»

«Ich weiß nicht», sagte sein Vater. «Ich habe nur gehört, wie sie sich rumwälzten.»

«Woher weißt du, daß sie's waren?»

«Ich sah sie.»

«Ich dachte, du hast gesagt, daß du sie nicht gesehen hast.»

«O doch, ich habe sie gesehen.»
«Mit wem war sie?» fragte Nick.
«Frank Washburn.»
«Waren sie – waren sie –?»
«Waren sie was?»
«Waren sie glücklich?»
«Ich glaub schon.»

Sein Vater stand vom Tisch auf und ging durch die Fliegentür aus der Küche. Als er zurückkam, sah Nick auf seinen Teller. Er hatte geweint.

«Willst du noch was?» Sein Vater nahm das Messer in die Hand, um ein Stück Pudding abzuschneiden.

«Nein», sagte Nick.
«Iß doch noch ein Stück.»
«Nein, ich mag nicht mehr.»

Sein Vater räumte den Tisch ab.

«Wo waren sie im Wald?» fragte Nick.

«Oben, hinter dem Lager.» Nick sah auf seinen Teller. Sein Vater sagte: «Geh mal jetzt schlafen, Nick.»

«Schön.»

Nick ging in sein Zimmer hinauf, zog sich aus und legte sich zu Bett. Er hörte seinen Vater im Wohnzimmer herumwirtschaften. Nick lag im Bett mit dem Gesicht im Kopfkissen.

Mein Herz ist gebrochen, dachte er. Wenn ich mich so fühle, ist mein Herz sicher gebrochen.

Nach einer Weile hörte er, wie sein Vater die Lampe ausblies und in sein Zimmer ging. Er hörte, wie sich draußen in den Bäumen ein Wind erhob, und fühlte ihn kühl durch das Fliegenfenster hereinkommen. Er lag eine lange Zeit so, mit dem Gesicht in dem Kissen, und nach einer Weile vergaß er, an Prudence zu denken, und am Ende schlief er ein. Als er nachts aufwachte, hörte er draußen den Wind in den Schierlingstannen vor der Hütte und die Wellen, die sich am Ufer des Sees brachen, und er schlief wieder ein. Am Morgen blies ein starker Sturm, und die Wellen liefen hoch den Strand hinauf, und er war eine ganze Zeit lang wach, bevor ihm einfiel, daß sein Herz gebrochen war.

(G. W. 6/281–285) (1925)

Nach dem Besuch der Oak Park High School – mit besonderen Leistungen in Biologie und Sport – entscheidet sich Ernest Hemingway gegen eine Universitätsausbildung. Er ist entschlossen, Schriftsteller zu werden. Der Erfolg von Kurzgeschichten und Reportagen in den Schülerzeitschriften Tabula *und* Trapeze *bestätigt ihn in seinem Lebensplan. Nur zögernd vermittelt der Vater ihm über Familienbeziehungen eine Stelle als Praktikant und Junior-Reporter beim* Kansas City Star. *Im Oktober 1917 verläßt der achtzehnjährige Hemingway Oak Park. Ein Echo des Abschieds sieht sein Biograph Lynn in dem Roman* Wem die Stunde schlägt:

«Auf dem Bahnhof, gerade bevor der Schaffner nach der Kiste griff, auf die er würde hinaufsteigen müssen, um die Stufen des Waggons zu erreichen, hatte sein Vater ihn zum Abschied geküßt und gesagt: ‹Möge der Herr uns beide schützen, während wir voneinander getrennt sind!› Sein Vater war ein sehr religiöser Mann gewesen, und er sagte diese Worte ganz schlicht und ehrlich. Aber sein Schnurrbart war feucht, und seine Augen schimmerten feucht vor Erregung, und Robert Jordan wurde durch das alles, durch den feucht-frommen Klang des Gebetes und durch seines Vaters Abschiedskuß, so sehr in Verlegenheit gebracht, daß er sich plötzlich viel älter vorkam als der Vater und ihn bedauerte.»

Im April 1917 hatten die USA dem Deutschen Reich den Krieg erklärt. Im April 1918 meldet Ernest Hemingway sich freiwillig als Ambulanzfahrer zum Roten Kreuz und wird einer der fünf Sektionen zugeteilt, die in Italien eingesetzt sind. Am Morgen ihrer Ankunft in Mailand fliegt in der Nähe eine Munitionsfabrik in die Luft. Er erinnert sich in Tod am Nachmittag:

«Was das Geschlecht der Toten betrifft, ist es eine Tatsache, daß man sich so an den Anblick gewöhnt, daß alle Toten Männer sind, daß der Anblick einer toten Frau entsetzenerregend ist. Zum erstenmal sah ich die Umkehrung des üblichen Geschlechts der Toten nach der Explosion einer Munitionsfabrik, die auf dem Land in der Nähe von Mailand gelegen war. Wir fuhren zu dem Schauplatz der Katastrophe in Lastwagen auf pappelbeschatteten Landstraßen ... wir bekamen den Befehl, die nächste Nachbarschaft und die umliegenden Felder nach

Leichen abzusuchen. Wir fanden und trugen eine ganze Anzahl von diesen in eine improvisierte Totenkammer, und ich muß offen gestehen, es war ein Schock, zu entdecken, daß diese Toten Frauen und nicht Männer waren. In jenen Jahren hatten die Frauen noch nicht begonnen, ihr Haar kurz zu tragen, wie sie es später einige Jahre hindurch in Europa und in Amerika taten, und das Befremdlichste, weil vielleicht Ungewohnteste, war das Vorhandensein, ja uns sogar noch befremdlicher, das gelegentliche Fehlen dieses langen Haares. Ich erinnere mich, daß wir, nachdem wir sehr gründlich nach den kompletten Toten gesucht hatten, Fragmente einsammelten. Viele von diesen mußten von einem schweren Stacheldrahtzaun, der einst das Fabrikgebäude umgeben hatte, abgelöst werden, und auch von seinen noch stehengebliebenen Teilen klaubten wir viele dieser Stücke ab . . . Auf der Rückfahrt waren wir . . . uns auch alle einig, daß das Aufsammeln der Fragmente eine außergewöhnliche Sache gewesen sei, war es doch erstaunlich, daß der menschliche Körper in Stücke gesprengt wurde, die nicht nach der anatomischen Struktur auseinanderplatzten, sondern sich eher so willkürlich teilten wie eine Explosivgranate beim Bersten.»

Hemingway wird an die Piave-Front nördlich von Venedig verlegt und dort bei Fossalta verwundet. Er schreibt an seine Familie:

Mailand, 18. August 1918

Liebe Leute:
Das schließt Großmama und Großpapa und Tante Grace mit ein. Herzlichen Dank für die 40 Lire! Ich habe mich sehr darüber gefreut. Hui, Leute, das hat vielleicht einen netten Wirbel gegeben, daß ich angeschossen wurde! Heute wurde ich mit Eichenlaub dekoriert, und da regte sich in mir der Gedanke, Leute, daß Ihr mich vielleicht nicht richtig geschätzt habt, als ich noch in Eurem Schoße weilte. Es ist fast so gut wie getötet werden und den eigenen Nachruf zu lesen.

Ihr wißt ja, man sagt, bei diesem Krieg gäb's gar nichts zu lachen. Und das stimmt. Ich würde nicht sagen, er wäre die Hölle, weil das seit Gen. Shermans Zeiten ein bißchen überstrapaziert worden ist, aber ungefähr 8mal hätte ich die Hölle vorgezogen. Ziemlich sicher, daß sie keiner Phase des Kriegs, die ich durchgemacht habe, gleichkommen würde. Zum Beispiel: In den Gräben, während eines Angriffs, wenn eine Granate mitten in eine Gruppe, bei der man steht, einschlägt. Granaten sind nicht schlimm, außer bei Volltreffern. Mit Granatsplittern muß man rechnen. Aber bei einem Volltreffer fliegen einem die Kameraden in Fetzen um die Ohren. Buchstäblich. Während der sechs Tage, die ich vorn in den Frontgräben verbracht habe, nur 50 yds. von den Österreichern entfernt, stand ich in dem Ruf, unverwundbar zu sein. So ein Ruf allein bedeutet nicht viel, aber es zu sein schon! Ich hoffe, ich bin es. Das Geräusch, das Ihr hört, machen meine Knöchel, die dabei gegen das Holz des Bettkastens klopfen.

Es ist zu mühsam, das Papier auf beiden Seiten zu beschreiben, also nehm ich das nächste Blatt.

Nun, jetzt kann ich die Hand heben und sagen, ich lag unter Beschuß von schwerer Artillerie, Schrapnell und Gas. Granatwerfer, Scharfschützen und Maschinengewehre haben auf mich geschossen, und als zusätzliche Attraktion ein Flugzeug, das die Linien mit Maschinengewehrfeuer belegte. Eine Handgranate wurde nie nach mir geworfen, nur eine Gewehrgranate schlug einmal ziemlich nah ein. Vielleicht krieg ich später noch eine Handgranate ab. Jetzt bin ich raus aus dem ganzen Schlamassel; nur von einem Granatwerfer und einer Maschinengewehrkugel getroffen zu werden, während man nach hinten vorrückt, wie die Iren sagen, war ziemliches Glück. Was, Familie?

Die 227 Wunden von dem Granatwerfer taten zuerst kein bißchen weh, nur hatte ich das Gefühl, meine Füße steckten in Gummistiefeln voll Wasser. Heißem Wasser. Und meine Kniescheibe spielte verrückt. Der Maschinengewehrtreffer fühlte sich auf meinem Bein bloß an wie ein harter Klatsch von einem eiskalten Schneeball. Trotzdem, er hat mich umgehauen. Aber ich kam wieder hoch und brachte noch einen Verwundeten zum Unterstand. Da bin ich dann irgendwie zusammengebrochen. Der Italiener, den ich hergeschleppt hatte, hatte meine Uniformjacke von oben bis unten vollgeblutet, und meine Hose sah aus, als ob einer Johannisbeergelee darin zubereitet und dann Löcher reingestochen hätte, um es herauszupressen. Also der Hauptmann, der ein guter Kumpel von mir war, es war sein Unterstand, sagte: «Der arme Hem, der ist bald R. I. P.» Ruhe in Frieden, heißt das. Versteht Ihr, die dachten, ich hätte einen Schuß durch die Brust abbekommen, wegen meiner blutigen Uniformjacke. Aber ich sagte ihnen, sie sollten mir Jacke und Hemd ausziehen. Ich hatte kein Unterhemd an, der olle Torso war unversehrt. Dann sagten sie, ich würd's vermutlich überleben. Das hat mich ungeheuer aufgemuntert. Ich sagte ihm auf italienisch, daß ich meine Beine sehen wollte, obwohl ich Angst hatte, sie anzusehen. Also zogen wir meine Hose aus, und die alten Glieder waren auch noch da, aber Jesses, die sahen vielleicht aus. Die konnten sich gar nicht vorstellen, wie ich so beladen und mit zwei durchschossenen Knien und meinem rechten Schuh, der auf zwei großen Stellen durchbohrt war, 200 Meter weit hatte gehen können. Außerdem über 200 Fleischwunden. «Oh», sag ich, «mein Hauptmann, das bedeutet nichts. In Amerika machen sie das alle! Der Feind sollte nie erkennen dürfen, daß man unsere Ziegen erbeutet hat!»

Die Ziegenrede erforderte einige linguistische Anstrengungen, aber sie kam über, und ich schlief dann ein paar Minuten. Nachdem ich wieder zu mir gekommen war, trugen sie mich auf einer Bahre drei Kilometer weit zu einem Verbandsplatz. Die Träger mußten übers Gelände gehen, weil der Straße die «Eingeweide» herausgebombt wurden. Immer wenn ein dickes Ding runterkam, huii – wusch – bum, stellten sie mich ab und warfen sich hin. Meine Wunden taten jetzt so weh, als ob 227 kleine Teufel mir Nägel ins Fleisch schlagen würden. Der Verbandsplatz war während des Angriffs evakuiert worden, und so lag ich zwei Stunden lang in einem Stall, dem man das Dach weggeschossen hatte, und wartete auf einen Sanitätswagen. Als er kam, ließ ich ihn erst die Straße rauffahren, um die Soldaten, die vor mir verwundet worden waren, einzusammeln. Er kam mit einer Ladung zurück, und danach hoben sie mich hinein. Der Beschuß war immer noch ziemlich heftig, hinter uns gingen die ganze Zeit unsere Batterien los, und die großen 250er und 350er flogen rüber Richtung Österreich mit einem Getöse wie eine Eisenbahn. Dann hörten wir die Einschläge hinter den Linien. Dann wieder kam eine große österreichische Granate und dann der

Donner des Einschlags. Aber wir haben denen besser und stärker eingeheizt als sie uns. Dann ging, gleich hinter dem Schuppen, eine Batterie Feldkanonen los, bum, bum, bum, bum, und die Fünfundsiebziger oder 149er sausten rüber zu den österreichischen Linien, die ganze Zeit stiegen Leuchtkugeln hoch, und die Maschinengewehre arbeiteten wie Niethämmer, tatta-tatt, tatta-tatt.

Nach einer Fahrt von einigen Kilometern in einem italienischen Sanitätswagen luden sie mich an dem Verbandsplatz ab, an dem ich eine Menge Kameraden unter den Sanitätsoffizieren hatte. Sie gaben mir eine Morphiumspritze und eine Anti-Tetanus-Injektion, rasierten meine Beine und holten ungefähr 28 Granatsplitter verschiedener Größe, von so [Zeichnung eines Splitters] bis etwa so [Zeichnung eines Splitters], aus meinen Beinen. Sie bandagierten mich prächtig und schüttelten mir alle die Hand, und sie hätten mich noch abgeküßt, wenn ich sie nicht zur Vernunft gebracht hätte. Dann blieb ich 5 Tage in einem Feldlazarett, danach wurde ich in das Kriegslazarett hier verlegt.

Ich habe Euch das Kabel geschickt, damit Ihr Euch keine Sorgen macht. In dem Lazarett bin ich jetzt einen Monat und 12 Tage und hoffe, in einem Monat herauszusein. Der italienische Chirurg hat mein rechtes Kniegelenk und meinen rechten Fuß prima versorgt. Brauchte 28 Stiche und versicherte mir, ich würde wieder so gut wie früher gehen können. Die Wunden sind alle sauber verheilt, und es gab keine Infektion. Er hat jetzt mein rechtes Bein eingegipst, so daß das Gelenk wieder in Ordnung kommen wird. Ich besitze einige schicke Souvenirs, die er bei der letzten Operation herausgeholt hat.

Wenn ich keine Schmerzen hätte, würde ich mich jetzt nicht wohl fühlen. Der Arzt wird in einer Woche den Gips abnehmen, und in 10 Tagen darf ich auf Krücken gehen.

Ich werde wieder gehen lernen müssen.

Ihr fragt nach Art Newburn. Er war in unserer Abteilung, ist aber nach II versetzt worden. Brummy ist jetzt in unserer Abteilung. Weint nicht, wenn ich Euch sage, daß ich in meiner frühen Jugend Poker spielen gelernt habe. Art Newburn hat sich einiges darauf eingebildet, ein guter Pokerspieler zu sein. Ich möchte nicht auf die traurigen Einzelheiten eingehen, aber ich habe ihn vom Gegenteil überzeugt. Obwohl ich nichts auf der Hand hatte, nahm ich keine neuen Karten auf. Verdoppelte seine Eröffnung und bluffte ihm einen 50-Lire-Einsatz ab. Er hielt drei Asse und fürchtete sich vor meinem Blatt. Erzähl das mal einem, Paps, der das Spiel kennt. Ich glaube, Art hat in einem Brief nach Hause an die Oak Parkers gesagt, er würde auf mich aufpassen. Also, Paps, unter Männern, nennt man das aufpassen? Ja wohl kaum. Du siehst also, obwohl der Krieg nicht lustig ist, passieren doch eine Menge lustige Dinge im Krieg. Art hat aber die italienische Meisterschaft im Hufeisenwerfen gewonnen.

Dies ist der längste Brief, den ich jemals wem geschrieben habe, und er sagt am wenigsten. Grüßt jeden, der nach mir fragt, und, wie Mutter Pettingill sagt, «Laßt uns die heimischen Herdfeuer weiter in Gang halten!».

Gute Nacht, liebe Grüße an alle.

Ernie

(Kön. 41–45)

Hemingways Verwundung war «eine Erfahrung, auf die er in seinen Büchern immer wieder zurückgreift: er gestaltet die Verletzung der physischen Integrität durch unpersönliche Gewalt als Einbruch in die Identität des Individuums. Auch die Faszination mit der – im Gegensatz zur Gewalt des Krieges – kontrollierten Aggressivität (Boxen, Stierkampf) hat hier eine psychische Wurzel.

Es folgt ein dreimonatiger Lazarettaufenthalt in Mailand im Ospedale Croce Rossa Americana. *Seine jugendlich-burschikose, herzliche Männlichkeit beeindruckt Männer und Frauen. Er verliebt sich in Agnes von Kurowsky, eine amerikanische Krankenschwester; die ältere, sehr selbständige, emanzipierte und von der Zerstörung Europas betroffene Frau bleibt gegenüber seiner jungenhaften, narzißtischen Liebe – bei aller Neigung – reserviert.»* (M. C. 331)

Betrachtet man die Romane Ernest Hemingways unter dem Gesichtspunkt der Entwicklung ihrer Helden, so wäre der 1929 erschienene Roman In einem andern Land (A Farewell to Arms) *vor dem 1926 publizierten ersten* Fiesta *einzuordnen.* In einem anderen Land *gestal-*

tet das Kriegserlebnis des Autors. Der Held des Buches, Frederic Henry, ist freiwilliger Fahrer beim italienischen Sanitätskorps. Er wird am Bein verwundet. Nach einem Lazarettaufenthalt kehrt er zu seiner Einheit zurück und erlebt den Durchbruch der deutschen und österreichischen Truppen bei Caporetto (Herbst 1917). Als er irrtümlich in den Verdacht gerät, ein Deserteur zu sein und erschossen werden soll, flieht er. Es gelingt ihm, sich in die Schweiz abzusetzen. Seine Kriegserlebnisse sind eng verknüpft mit der Geschichte der Liebe Henrys zu der englischen Krankenschwester Catherine Barkley, die er im Lazarett kennenlernt. Sie flieht mit ihm. Catherine bringt Frederics Sohn tot zur Welt und stirbt im Kindbett.

Aus den Erlebnissen im Ersten Weltkrieg schöpft Hemingway auch Stoff für short stories wie diese:

Müde bin ich, geh zur Ruh

In jener Nacht lagen wir im Zimmer auf dem Fußboden, und ich hörte dem Fressen der Seidenraupen zu. Die Seidenraupen fraßen Maulbeerblätter auf den Hürden, und die ganze Nacht über hörte man sie fressen und ein fallendes Geräusch in den Blättern. Ich für mein Teil wollte nicht schlafen, weil ich schon sehr lange mit dem Wissen lebte, daß meine Seele, falls ich je im Dunkeln die Augen zumachte und mich gehen ließ, meinen Körper verlassen würde. So war ich schon sehr lange, seit damals, als ich nachts in die Luft gesprengt worden war und gefühlt hatte, wie sie aus mir herausgefahren und weg und dann wieder zurückgekehrt war. Ich versuchte, niemals daran zu denken, aber sie pflegte jetzt immer nachts aus mir herauszufahren, gerade in dem Augenblick, wenn ich am Einschlafen war, und ich konnte es nur mit sehr großer Anstrengung verhindern. Und während ich jetzt ziemlich sicher bin, daß sie meinen Körper nicht wirklich verlassen hätte, wollte ich es damals in jenem Sommer nicht auf den Versuch ankommen lassen.

Ich hatte verschiedene Arten, mich zu beschäftigen, während ich so wach dalag. Ich dachte an einen Forellenstrom, in dem ich vor langer Zeit als Junge geangelt hatte, und fischte ihn in Gedanken seiner ganzen Länge nach sorgfältig ab, fischte sehr sorgfältig unter all den Baumstämmen, allen Uferbiegungen nach, in allen tiefen Stellen und den klaren, flachen Strecken, und manchmal fing ich Forellen, und manchmal entkamen sie auch. Mittags machte ich eine Pause, um meine Brote zu essen, manchmal auf einem Baumstamm über dem Strom, manchmal an einem hohen Ufer unter einem Baum, und ich aß meine Brote immer sehr langsam und beobachtete, während ich aß, den Strom unter mir. Oft ging mir der Köder aus, weil ich immer nur zehn Würmer in einer Tabaksbüchse mitnahm, wenn ich losging. Hatte ich sie alle aufgebraucht, mußte ich neue Würmer finden, und manchmal war es sehr schwierig, am Ufer des Stromes zu graben, wo die Zedern die Sonne abhielten und es kein Gras, sondern nur kahle, feuchte Erde gab, und oft fand ich keine Würmer. Aber ich fand immer irgendeine Art Köder, nur an einem Tag im Sumpf konnte ich überhaupt keinen Köder finden und mußte eine der Forellen, die ich gefangen hatte, in Stücke schneiden und sie als Köder benutzen.

Manchmal fand ich in den sumpfigen Wiesen, im Gras oder unter den Farnkräutern Insekten und benutzte diese. Da gab es Käfer und Insekten, deren Beine wie Grashalme aussahen, und Engerlinge in alten, morschen Baumstämmen, weiße Engerlinge mit braunen, zubeißenden Köpfen, die nicht am Haken blieben und sich im kalten Wasser in nichts auflösten, und Holzwürmer unter Baumstämmen, wo ich manchmal Angelwürmer fand, die im Boden verschwanden, sobald ich den Stamm hochhob. Einmal benutzte ich einen Salamander, den ich unter einem alten Baumstamm fand. Der Salamander war sehr klein und zierlich und behende und von wunderbarer Farbe. Er hatte winzige Füße, mit denen er sich am Haken festzuhalten versuchte, und nach diesem einen Mal benutzte ich nie wieder einen Salamander, obschon ich sehr häufig welche fand. Auch Grillen benutzte ich nicht wegen der Art und Weise, wie sie sich am Haken benahmen.

Manchmal lief der Strom durch eine offene Wiese, und ich

konnte im trockenen Gras Grashüpfer fangen und sie als Köder benutzen, und manchmal fing ich Grashüpfer und warf sie in den Strom und beobachtete, wie sie schwimmend auf dem Strom entlangtrieben und, wenn die Strömung sie ergriff, Kreise beschrieben und dann verschwanden, wenn eine Forelle auftauchte. Manchmal fischte ich so vier oder fünf verschiedene Ströme in einer Nacht ab. Ich begann so nah wie irgend möglich an der Quelle und fischte stromabwärts. Wenn ich zu schnell fertig war und die Zeit nicht herumging, fischte ich den Strom noch einmal ab, indem ich da, wo er sich in den See ergoß, begann und den Strom hinaufging und all die Forellen zu bekommen suchte, die mir vorher entgangen waren. In manchen Nächten erfand ich auch Ströme, und manche waren sehr aufregend, und es erschien mir alles wie ein Wachtraum. An manchen dieser Ströme kann ich mich noch erinnern, und ich glaube, daß ich in ihnen gefischt habe, und sie verschwimmen in meiner Erinnerung mit den Strömen, die ich tatsächlich kenne. Ich gab ihnen allen Namen und fuhr mit der Eisenbahn hin und ging manchmal noch meilenweit zu Fuß, um zu ihnen zu gelangen.

Aber in manchen Nächten konnte ich nicht fischen, und in diesen Nächten war ich frierend-wach und sagte meine Gebete wieder und wieder her und versuchte, für alle Leute, die ich je gekannt hatte, zu beten. Das nahm eine Menge Zeit in Anspruch, denn wenn man versucht, sich an alle Leute, die man je gekannt hat, zu erinnern, und man zu den frühesten Dingen, an die man sich erinnern kann, zurückgeht – was bei mir der Dachboden in dem Haus war, in dem ich zur Welt kam und wo der Hochzeitskuchen meiner Eltern in einer Blechbüchse von einem Sparren herabhing, und auf dem Dachboden unzählige Gläser mit Schlangen und anderem Zeugs standen, die mein Vater als Junge gesammelt und in Alkohol präpariert aufgehoben hatte – und der Alkohol war in manchen Gläsern so weit gesunken, daß die Rücken einiger Schlangen und anderer Tiere freilagen und weiß geworden waren –, wenn man so weit zurückdachte, erinnerte man sich an eine Menge Leute. Wenn man für sie alle betete und für jeden ein Ave Maria und ein Vaterunser sagte, nahm es viel Zeit, und schließlich wurde es hell, und dann konnte man einschlafen, wenn man an einem Ort war, wo man bei Tageslicht schlafen konnte.

In jenen Nächten versuchte ich, mich an alles zu erinnern, was mir je passiert war, indem ich, gerade bevor ich in den Krieg ging, begann und mich von einem zum andern zurückerinnerte. Ich stellte fest, daß ich mich nicht weiter als an jenen Dachboden in dem Haus meines Großvaters zurückerinnern konnte. Dann begann ich da und erinnerte mich so herum noch einmal an alles, bis ich wieder beim Krieg angelangt war.

Ich erinnerte mich, daß wir nach dem Tod meines Großvaters aus jenem Haus wegzogen und in ein neues, das meine Mutter entworfen und gebaut hatte. Alles mögliche, was nicht mitgenommen werden sollte, wurde auf dem Hof verbrannt, und ich erinnere mich, daß die Gläser aus der Bodenkammer ins Feuer geworfen wurden und wie sie in der Hitze sprangen und wie das Feuer durch den Alkohol hoch aufflammte. Ich erinnere mich, daß die Schlangen in dem Feuer auf dem Hof verbrannten. Aber hierbei kamen keine Menschen vor, sondern nur Dinge. Ich konnte mich nicht einmal mehr erinnern, wer die Sachen verbrannte, und ich fuhr weiter fort, bis ich auf Menschen stieß, und dann hielt ich an und betete für sie.

Ich erinnere mich, daß meine Mutter in dem neuen Haus ständig großreinmachte und eine Menge Sachen ausrangierte. Einmal, als mein Vater auf einem Jagdausflug war, veranstaltete sie ein richtiges Scheuerfest im Erdgeschoß und verbrannte alles, was dort nicht hingehörte. Als mein Vater nach Hause kam, aus seinem Jagdwagen stieg und das Pferd festgebunden hatte, brannte das Feuer noch auf der Straße neben unserem Haus. Ich ging ihm entgegen. Er reichte mir sein Gewehr und besah sich das Feuer. «Was ist denn das?» fragte er.

«Ich hab das Erdgeschoß ausgeräumt, mein Lieber», sagte meine Mutter von der Veranda her. Sie stand da und lächelte zur Begrüßung. Mein Vater blickte ins Feuer und stieß mit dem Fuß gegen etwas. Dann bückte er sich und hob etwas aus der Asche auf. «Hol 'ne Harke, Nick», sagte er zu mir. Ich ging ins Erdgeschoß und brachte ihm eine Harke, und mein Vater harkte vorsichtig in der Asche herum. Er harkte Steinäxte und steinere Messer zum Abhäuten und Werkzeuge, um Pfeilspitzen zu schneiden, und Tonscherben und eine Menge Pfeilspitzen heraus. Sie waren alle vom Feuer geschwärzt und rissig. Mein Vater harkte sie alle sehr sorgfältig heraus und breitete sie auf dem Gras am Straßenrand aus. Sein Gewehr in dem Lederfutteral und seine Jagdtaschen lagen auf dem Gras, wo er sie hingelegt hatte, als er aus dem Jagdwagen gestiegen war.

«Nimm die Flinte und die Taschen ins Haus, Nick, und bring mir eine Zeitung», sagte er. Meine Mutter war ins Haus gegangen. Ich nahm das Gewehr, das schwer zu tragen war und mir gegen die Beine schlug, und die beiden Jagdtaschen und machte mich damit auf den Weg. «Nimm eins nach dem andern», sagte mein Vater. «Versuch nicht zuviel auf einmal zu tragen.» Ich legte die Jagdtaschen wieder hin und nahm die Flinte hinein und brachte eine Zeitung von dem großen Haufen, der im Arbeitszimmer meines Vaters lag, mit heraus. Mein Vater breitete all die geschwärzten und rissigen Steingeräte auf dem Papier aus und wickelte sie dann ein.

«Die besten Pfeilspitzen sind alle kaputt», sagte er. Er ging mit dem Papierbündel ins Haus, und ich blieb mit den beiden großen Jagdtaschen draußen auf dem Gras. Nach einer Weile brachte ich sie hinein. In dieser Erinnerung kamen nur zwei Personen vor, also betete ich für beide.

Aber in manchen Nächten konnte ich mich nicht einmal an meine Gebete erinnern. Ich kam nur so weit «Wie im Himmel also auch auf Erden», und dann mußte ich von neuem anfangen und war völlig unfähig, darüber hinauszugelangen. Dann mußte ich mir eingestehen, daß ich mich nicht daran erinnern konnte, und mußte es aufgeben, in jener Nacht meine Gebete herzusagen, und irgend etwas anderes versuchen. So versuchte ich in manchen Nächten alle Tiere der Erde bei Namen zu nennen, und dann die Vögel und dann die Fische und dann Länder und Städte und dann die verschiedenen Lebensmittel und die Namen aller Straßen, an die ich mich in Chicago erinnern konnte, und wenn ich mich überhaupt an nichts mehr erinnern konnte, dann lag ich nur so da und lauschte. Und ich erinnere mich an keine Nacht, in der man nicht etwas hören konnte. Wenn ich ein Licht haben konnte, hatte ich keine Angst vorm Einschlafen, weil ich wußte, daß meine Seele nur im Dunkeln aus mir herausfahren würde.

Und natürlich war ich viele Nächte an Orten, wo ich ein Licht haben konnte, und dann schlief ich ein, denn ich war beinahe immer müde und oft sehr schläfrig. Und ich bin auch überzeugt, daß ich sehr oft einfach, ohne es zu wissen, schlief – aber ich schlief nie wissentlich, und in dieser Nacht hörte ich den Seidenraupen zu. Nachts kann man ganz deutlich hören, wie die Seidenraupen fressen, und ich lag mit offenen Augen da und hörte ihnen zu.

Außer mir war nur noch ein anderer Mensch im Zimmer, und auch er war wach. Ich hörte seinem Wachsein eine ganze Zeitlang zu. Er konnte nicht so still liegen wie ich, vielleicht weil er nicht soviel Übung im Wachsein hatte. Wir lagen auf Wolldecken, die über das Stroh gebreitet waren, und wenn er sich bewegte, raschelte das Stroh, aber die Seidenraupen hatten vor keinem Geräusch, das wir machten, Angst und fraßen unbeirrt weiter. Man hörte draußen, sieben Kilometer hinter der Front, die nächtlichen Geräusche, aber sie waren anders als die kleinen Geräusche in der Dunkelheit in unserem Zimmer drinnen. Der andere Mann im Zimmer versuchte, still zu liegen. Dann bewegte er sich wieder. Ich bewegte mich auch, damit er wußte, daß ich wach war. Er hatte zehn Jahre in Chicago gelebt. Man hatte ihn 1914 eingezogen, als er gerade zurückgekommen war, um seine Familie zu besuchen, und man hatte ihn mir als Bursche zugeteilt, weil er Englisch sprach. Ich hörte, wie er lauschte, deshalb bewegte ich mich wieder zwischen meinen Decken.

«Können Sie nicht schlafen, Signor Tenente?» fragte er.

«Nein.»

«Ich kann auch nicht schlafen.»

«Was ist denn los?»

«Ich weiß nicht. Ich kann nicht schlafen.»

«Fühlen Sie sich auch nicht wohl?»

«Doch, ganz. Ich kann nur nicht schlafen.»

«Wollen wir 'n bißchen reden?» fragte ich.

«Gern. Worüber kann man sich aber in diesem gottverfluchten Ort unterhalten?»

«Dieser Ort ist nicht schlecht», sagte ich.

«Gewiß doch», sagte er.

«Erzählen Sie mir von drüben, von Chicago», sagte ich.

«Ach», sagte er. «Das hab ich Ihnen alles schon einmal erzählt.»

«Erzählen Sie mir, wie Sie sich verheiratet haben.»

«Das hab ich Ihnen schon erzählt.»

«War der Brief, den Sie Montag bekamen – von ihr?»

«Gewiß. Sie schreibt mir regelmäßig. Sie verdient ganz anständig mit dem Geschäft.»

«Sie werden ein gutgehendes Geschäft vorfinden, wenn Sie zurückkommen.»

«Gewiß, sie führt es ausgezeichnet. Sie verdient eine Masse Geld.»

«Glauben Sie nicht, daß wir die anderen mit unserem Sprechen aufwecken?» fragte ich.

«Nein. Sie können nichts hören. Die schlafen sowieso wie die Schweine. Ich bin anders», sagte er. «Ich bin nervös.»

«Sprechen Sie leise», sagte ich. «Wollen Sie rauchen?»

Wir rauchten vorsichtig in der Dunkelheit.

«Sie rauchen nicht viel, Signor Tenente?»

«Nein, ich hab's mir beinahe abgewöhnt.»

«Nun», sagte er, «es tut einem nicht gut, und ich nehme an, daß man es nachher gar nicht entbehrt. Haben Sie schon gehört, daß Blinde nicht rauchen, weil sie den Rauch nicht sehen können?»

«Das glaube ich nicht.»

«Ich halt's auch für Stuß», sagte er. «Ich hab's mal irgendwo gehört. Sie wissen ja, wie man so Sachen hört.»

Wir waren beide still, und ich hörte den Seidenraupen zu.

«Hören Sie diese verdammten Seidenraupen?» fragte er. «Man kann sie knabbern hören.»

«Es ist komisch», sagte ich.

«Sagen Sie, Signor Tenente, ist wirklich etwas mit Ihnen los, daß Sie nicht schlafen können? Ich sehe Sie nie schlafen. Sie haben nachts, solange ich bei Ihnen bin, noch nicht geschlafen.»

«Ich weiß nicht, John», sagte ich. «Vorigen Frühling ist es mir ziemlich dreckig gegangen, und nachts quält's mich.»

«Genau wie ich», sagte er. «Ich hätte nie in diesen Krieg reingeraten sollen. Ich bin zu nervös.»

«Vielleicht wird es besser.»

«Sagen Sie, Signor Tenente, wieso sind Sie denn überhaupt in diesen Krieg reingeraten?»

«Das weiß ich nicht, John. Damals wollte ich.»

«Wollte», sagte er, «das ist allerdings ein fabelhafter Grund.»

«Wir sollten nicht so laut reden», sagte ich.

«Die schlafen genau wie Schweine», sagte er. «Und Englisch verstehen sie ohnehin nicht. Die wissen überhaupt nichts. Was wollen Sie denn machen, wenn der Krieg vorbei ist und wir wieder in den Staaten sind?»

«Ich werde für 'ne Zeitung arbeiten.»

«In Chicago?»

«Vielleicht.»

«Lesen Sie eigentlich je, was der Kerl, der Brisbane, schreibt? Meine Frau schneidet es für mich aus und schickt es mir.»

«Natürlich.»

«Kennen Sie ihn?»

«Nein, aber ich hab ihn mal gesehen.»

«Den Kerl würde ich gern mal treffen. Er ist ein ausgezeichneter Schriftsteller. Meine Frau liest kein Englisch, aber sie bestellt die Zeitung weiter, genauso wie wenn ich zu Hause bin, und schneidet die Leitartikel und den Sportteil aus und schickt's mir.»

«Wie geht's den Kindern?»

«Glänzend. Meine eine Tochter ist jetzt in der vierten Klasse. Wissen Sie, Signor Tenente, wenn ich die Kinder nicht hätte, wäre ich jetzt nicht Ihr Bursche. Dann hätte man mich die ganze Zeit über in die vorderste Linie gesteckt.»

«Ich freue mich, daß Sie sie haben.»

«Ich auch. Es sind famose Kinder, aber ich wünschte mir einen Jungen. Drei Mädchen und kein Junge. Das ist schon gemeines Pech.»

«Warum versuchen Sie nicht, einzuschlafen?»

«Nein. Ich kann jetzt nicht schlafen. Ich bin jetzt ganz wach, Signor Tenente. Aber wissen Sie, ich mach mir Sorgen, daß Sie nicht schlafen.»

«Wird schon wieder werden, John.»

«Wenn man sich vorstellt, so 'n junger Kerl wie Sie, der nicht schläft.»

«Es wird schon wieder werden. Es braucht einfach seine Zeit.»

«Sie müssen wieder in Ordnung kommen. Man kann doch nicht ohne Schlaf existieren. Sorgen Sie sich um etwas? Bedrückt Sie irgendwas?»

«Nein, John, ich glaube nicht.»

«Sie sollten heiraten, Signor Tenente. Dann würden Sie sich keine Sorgen machen.»

«Ich weiß nicht.»

«Sie sollten heiraten. Warum suchen Sie sich denn nicht irgendeine nette Italienerin mit viel Geld? Sie können jede kriegen, die Ihnen gefällt. Sie sind jung, und Sie haben 'ne Reihe Orden und Auszeichnungen und sehen nett aus. Sie sind mehrere Male verwundet gewesen.»

«Ich spreche die Sprache nicht gut genug.»

«Sie sprechen sie glänzend. Zum Teufel mit der Sprache! Sie brauchen doch nicht mit ihnen zu reden. Heiraten sollen Sie sie.»

«Ich werd's mir überlegen.»

«Sie kennen doch ein paar Mädchen, nicht?»

«Natürlich.»

«Also dann heiraten Sie die mit dem meisten Geld. Wissen Sie, hier sind alle so erzogen, daß sie gute Ehefrauen werden.»

«Ich werd's mir überlegen.»

«Überlegen Sie sich's nicht, Signor Tenente. Tun Sie's.»

«Schön.»

«Jeder Mann sollte verheiratet sein. Sie werden es niemals bereuen. Jeder Mann sollte verheiratet sein.»

«Schön», sagte ich. «Wir wollen jetzt mal versuchen, ein bißchen zu schlafen.»

«Schön, Signor Tenente. Ich werd's noch mal versuchen. Aber denken Sie an das, was ich gesagt habe.»

«Ich werde daran denken», sagte ich. «Jetzt wollen wir aber mal ein bißchen schlafen, John.»

«Schön», sagte er. «Hoffentlich werden Sie schlafen, Signor Tenente.»

Ich hörte, wie er in seinen Decken auf dem Stroh herumrollte, und dann war es ganz still, und ich hörte, wie er regelmäßig atmete. Dann begann er zu schnarchen. Ich hörte eine lange Zeit zu, wie er schnarchte, und dann hörte ich auf, zuzuhören, wie er schnarchte, und hörte zu, wie die Seidenraupen fraßen. Sie fraßen unentwegt, und die Blätter raschelten. Ich hatte etwas Neues, an das ich denken konnte, und lag mit offenen Augen im Dunkeln und dachte an all die Mädchen, die ich gekannt hatte, und was für Frauen sie wohl abgeben würden. Es war sehr interessant, darüber nachzudenken, und eine Zeitlang verdrängte es das Forellenfischen und kam meinem Beten in die Quere. Zum Schluß kam ich aber doch wieder aufs Forellenfischen zurück, weil ich merkte, daß ich mich deutlich an alle Ströme erinnern konnte, und immer war irgend etwas Neues an ihnen, während die Mädchen, wenn ich ein paarmal an sie gedacht hatte, verschwammen und ich sie mir nicht ins Gedächtnis zurückrufen konnte, und schließlich verschwammen sie alle und waren eigentlich alle gleich, und ich gab's fast ganz auf, an sie zu denken. Aber mein Beten setzte ich fort, und ich betete nachts oft für John, und sein Jahrgang wurde vor der Oktoberoffensive von der Front zurückgezogen. Ich war froh, daß er fortkam; ich hätte mich sehr um ihn gesorgt. Er besuchte mich einige Monate später in Mailand im Lazarett und war sehr außer sich, weil ich noch nicht verheiratet war, und ich weiß, daß er außer sich wäre, wenn er wüßte, daß ich bis heute noch immer unverheiratet bin. Er ging nach Amerika zurück und dachte sehr positiv über die Ehe und war davon überzeugt, daß sie alles ins Lot bringen würde.

(G. W. 6/308–315) (1927)

Nick Adams war Hemingways erster Held. Er steht auch im Mittelpunkt der Geschichte Großer doppelherziger Strom, *deren erster Teil hier abgedruckt ist. Sie handelt nach dem Zeugnis des Autors «von der Heimkehr aus dem Krieg, aber der Krieg wurde in ihr nicht erwähnt».* (Paris – ein Fest fürs Leben, G. W. 9/234)

Großer doppelherziger Strom

I

Der Zug fuhr weiter, das Gleis entlang, außer Sicht, um einen von den Hügeln mit niedergebranntem Baumbestand. Nick setzte sich auf den Packen Zeltbahn und Bettzeug, den der Packmeister aus der Tür des Gepäckwagens herausgeworfen hatte. Es war keine Stadt da, nichts als die Schienen und das verbrannte Land. Die dreizehn Kneipen, die früher die einzige Straße Seneys säumten, hatten keine Spur hinterlassen. Die Grundmauern des Hotels *Mansion House* ragten aus dem Boden hervor. Das war alles, was von der Stadt Seney übrig war. Selbst die Oberfläche des Bodens war weggebrannt.

Nick blickte den verbrannten Teil des Berghangs hinauf, wo er erwartet hatte, die verstreut liegenden Häuser der Stadt zu finden, und ging dann die Bahngleise entlang zu der Brücke, die über den Fluß führte. Der Fluß war da. Er wirbelte gegen die Holzpfeiler der Brücke. Nick sah hinunter in das klare, durch den kieselsteinernen Grund braunfarbige Wasser und beobachtete die Forellen, die sich mit fächelnden Flossen stetig in der Strömung hielten. Während er sie beobachtete, änderten sie durch schnelle Wendungen ihre Stellung, nur um sich von neuem in dem reißenden Wasser an ihrem Platz zu halten. Nick beobachtete sie lange Zeit.

Er beobachtete, wie sie sich hielten, mit den Mäulern gegen die Strömung, viele Forellen im tiefen, schnellströmenden Wasser, leicht verzerrt, da er sie tief unten durch die gläserne konvexe Oberfläche der Vertiefung beobachtete, deren Oberfläche sanft fließend gegen den Widerstand der eingerammten Holzpfeiler der Brücke drängte und anstieg. Auf dem Grund der Vertiefung waren die großen Forellen. Nick sah sie zuerst nicht; dann erblickte er sie auf dem Grund der Vertiefung, große Forellen, die sich auf dem kiesigen Grund in einem wechselnden Schleier von Kies und Sand, der durch die Strömung emporgewirbelt wurde, zu halten suchten.

Nick sah von der Brücke hinunter in die Vertiefung. Es war ein heißer Tag. Ein Eisvogel flog stromaufwärts. Es war lange her, seit Nick in einen Strom geblickt und Forellen gesehen hatte. Sie waren ganz, wie sie sein sollten. Als der Schatten des Eisvogels sich den Strom hinaufbewegte, schoß eine große Forelle in einem weiten Winkel stromaufwärts; nur ihr Schatten gab den Winkel an, dann verlor sie ihren Schatten, als sie durch die Oberfläche des Wassers brach, funkelte in der Sonne, und dann, als sie wieder in den Strom unter die Oberfläche tauchte, schien ihr Schatten mit der Strömung den Fluß hinunterzuschwimmen, widerstandslos dem Platz unter der Brücke zu, wo sie sich steifte und gegen die Strömung stellte.

Nicks Herz zog sich zusammen, als die Forelle sich bewegte. Er fühlte all die alten Gefühle.

Er wandte sich um und sah den Strom hinab. Er dehnte sich in die Ferne, kieselsteingründig mit Sandbänken, großen Felsblöcken und einer starken Vertiefung dort, wo er um den Fuß einer Klippe wegbog.

Nick ging zurück, auf den Schwellen entlang dorthin, wo seine Sachen in den Schlacken neben den Bahngleisen lagen. Er war glücklich. Er richtete die Traggurte an seinem Packen, zog die Riemen fest, schwang den Packen auf den Rücken, zwängte die Arme durch die Schulterriemen und verringerte den Druck auf den Schultern, indem er seine Stirn gegen das breite Band des Kopfriemens stemmte. Dennoch war es zu schwer. Es war viel zu schwer. Er hatte sein ledernes Angelfutteral in der Hand, lehnte sich vornüber, um das Gewicht des Packens hoch auf den Schultern zu halten, und ging den Weg entlang, der dem Schienenstrang parallel lief, ließ die verbrannte Stadt hinter sich in der Hitze und bog dann ab um einen Hügel – zu beiden Seiten je einen hohen, brandnarbigen Hügel – auf einen Weg, der ins offene Land zurückführte. Er ging den Weg entlang, und das Zerren des schweren Packens tat ihm weh. Der Weg stieg ständig. Es war mühsam, bergan zu gehen. Seine Muskeln schmerzten, und der Tag war heiß, aber Nick fühlte sich glücklich. Er fühlte, er hatte alles hinter sich gelassen, das Denken-Müssen, das Schreiben-Müssen und noch manches andere Muß. Es lag alles hinter ihm.

Von dem Augenblick an, als er vom Zug abgesprungen war und der Packmeister seine Sachen aus der offenen Wagentür herausgeworfen hatte, war alles anders gewesen. Seney war niedergebrannt; das Land war verbrannt und verändert, aber das machte nichts. Es konnte nicht alles verbrannt sein. Er wußte das. Er stapfte den Weg entlang, schwitzte in der Sonne und stieg aufwärts, um die Hügelkette zu überschreiten, die die Eisenbahn von den Kiefernebenen trennte.

Der Weg senkte sich dann und wann, führte aber immer bergan. Nick stieg weiter. Schließlich erreichte der Weg, nachdem er der verbrannten Bergseite parallel gelaufen war, die Höhe. Nick lehnte sich gegen einen Baumstumpf und schlüpfte aus den Traggurten seines Packens. Vor ihm lag die Kiefernebene, so weit er sehen konnte. Das verbrannte Land hörte links mit der Hügelkette auf. Vor ihm erhoben sich Inseln von dunklen Kiefern aus der Ebene. Weit entfernt, zur Linken, war die Flußlinie. Nick folgte ihr mit den Augen und sah das Wasser in der Sonne glitzern.

Vor ihm war nichts als die Kiefernebene bis zu den fernen blauen Hügeln, die die Hochebene des Lake Superior andeuteten. Er konnte sie kaum sehen, schwach und weit entfernt im Hitzeflimmern über der Ebene. Wenn er sie zu stark fixierte, waren sie weg. Wenn er aber nur hinblinzelte, waren sie da, die weit entfernten Hügel der Hochebene.

Nick setzte sich gegen den verkohlten Baumstumpf und rauchte eine Zigarette. Sein Packen balancierte auf der Fläche des Baumstumpfs mit fertig gerichteten Traggurten und einer von seinem Rücken eingedrückten Vertiefung. Nick saß da, rauchte und sah über das Land hin. Er brauchte die Karte nicht herauszunehmen. Er wußte, der Lage des Flusses nach, wo er war.

Während er rauchte – die Beine von sich gestreckt –, bemerkte er einen Grashüpfer, der auf dem Boden entlang- und dann seine wollene Socke hinaufkroch. Der Grashüpfer war schwarz. Während des Aufstiegs hatte Nick viele Grashüpfer aus dem Staub aufgejagt. Sie waren alle schwarz. Dies waren nicht jene großen Grashüpfer, die beim Auffliegen mit gelben und schwarzen oder roten und schwarzen Flügeln aus ihren schwarzen Flügeldecken emporschwirren. Es waren ganz gewöhnliche Grashüpfer, aber alle von rußschwarzer Farbe. Nick waren sie schon beim Gehen aufgefallen, ohne daß er wirklich über sie nachgedacht hatte. Als er jetzt den schwarzen Grashüpfer beobachtete, der mit vierlappiger Lippe an der Wolle seiner Socken nagte, wurde ihm klar, daß sie alle schwarz geworden waren, weil sie in dem verbrannten Land lebten. Ihm war klar, daß der Brand im vergangenen Jahr gewesen sein mußte, aber die Grashüpfer waren alle jetzt schwarz. Wie lange sie wohl so bleiben würden?

Vorsichtig langte er mit der Hand hinab und ergriff den Grashüpfer bei den Flügeln. Er drehte ihn um – alle seine Beine strampelten in der Luft – und besah sich seinen gegliederten Leib. Ja, auch der war schwarz und schillerte da, wo Rücken und Kopf staubig waren.

«Mach weiter, Grashüpfer«, sagte Nick und sprach zum erstenmal. «Flieg irgendwohin.»

Er schnellte den Grashüpfer in die Luft und beobachtete, wie er über den Weg zu einem verkohlten Baum hinübersegelte.

Nick stand auf. Er lehnte den Rücken gegen das Gewicht seines Packens da, wo er senkrecht auf dem Stumpf auflag, und zwängte die Arme durch die Tragriemen. Er stand mit dem Packen auf dem Rücken auf der Kuppe des Hügels und sah über das Land hinweg, in der Richtung des fernen Stromes, und dann stieg er abseits vom Weg die Böschung hinunter. Der Boden unter seinen Füßen war angenehm zum Gehen. Zweihundert Meter den Hang hinab hörte das Brandgebiet auf. Von da an ging es durch knöchelhoch wachsende Farne und Gruppen von Strauchkiefern; langwelliges Land mit vielen Anhöhen und Hängen, sandigem Boden und wieder lebendigem Land.

Nick hielt seine Richtung nach der Sonne. Er wußte, wo er

auf den Fluß stoßen wollte, und er ging weiter durch die Kiefernebene, stieg kleine Anhöhen hinauf, sah neue Anhöhen vor sich und manchmal von der Kuppe einer solchen Anhöhe eine große, dichte Kieferninsel zur Rechten oder zur Linken. Er brach ein paar Büschel von dem heideartigen Farn ab und steckte sie unter die Tragriemen. Das Scheuern zerrieb es, und er roch es im Gehen.

Er war müde und ihm war sehr heiß, als er durch die holprige, schattenlose Kiefernebene wanderte. Er wußte, daß er jederzeit, wenn er links abbog, auf den Fluß stoßen konnte. Er war höchstens eine Meile entfernt. Aber er hielt weiter nach Norden zu, um so weit aufwärts, wie er in einem Tagesmarsch kommen konnte, auf den Fluß zu stoßen.

Schon geraume Zeit hatte Nick beim Gehen eine der großen Kieferninseln vor sich gehabt, die sich über der welligen Hochebene, die er durchschnitt, erhob. Er tauchte hinab, und dann, als er langsam zum Kammgrat heraufkam, bog er ab und hielt auf die Kiefern zu.

Es gab kein Unterholz in der Insel von Kiefernbäumen. Die Stämme der Bäume ragten gerade in die Höhe oder neigten sich gegeneinander. Die Stämme waren gerade und braun, ohne Äste. Die Äste saßen hoch oben. Manche griffen ineinander und warfen einen dichten Schatten auf dem braunen Waldboden. Um das Wäldchen war eine kahle Fläche. Der Boden unter Nicks Füßen war weich und braun. Der Kiefernnadelboden griff hier über und breitete sich jenseits der Reichweite der hohen Äste aus. Die Bäume waren in die Höhe gewachsen, und die Äste saßen hoch oben und ließen den kahlen Bereich, den sie einst beschattet hatten, in der Sonne. Hart am Rand dieser Ausdehnung des Waldbodens begann das Farnkraut.

Nick ließ seinen Packen hinuntergleiten und legte sich in den Schatten. Er lag auf dem Rücken und sah hinauf in die Kiefernbäume. Sein Hals, sein Rücken und sein Kreuz ruhten aus, als er sich streckte. Wohltuend fühlte er die Erde gegen seinen Rücken. Er sah durch die Äste hinauf zum Himmel und schloß dann die Augen. Er öffnete sie und sah von neuem hinauf. Hoch oben in den Ästen ging ein Wind. Er schloß die Augen wieder und schlief ein.

Nick wachte steif und verkrampft auf. Die Sonne war beinahe untergegangen. Sein Packen war schwer, und die Riemen schmerzten, als er ihn auf den Rücken hob. Er lehnte sich mit dem Packen vornüber und nahm das lederne Angelfutteral auf und begann seinen Marsch von den Fichtenbäumen über die Farnkrautlichtung dem Fluß zu. Er wußte, es konnte nicht mehr als eine Meile sein.

Er kam eine mit Baumstümpfen bedeckte Böschung hinunter auf eine Wiese. Am Rand der Wiese strömte der Fluß. Nick war froh, an den Fluß zu kommen. Er ging durch die Wiese stromaufwärts. Seine Hose wurde vom Tau durchnäßt, als er ging. Nach dem heißen Tag war der Tau früh und schwer gefallen. Der Fluß machte kein Geräusch. Er strömte zu schnell und glatt dahin. Bevor Nick zu einem hochgelegenen Platz hinaufstieg, um sein Lager aufzuschlagen, sah er vom Rand der Wiese den Fluß entlang auf die steigenden Forellen. Sie kamen an die Oberfläche nach den Insekten, die aus dem Sumpf am anderen Ufer des Stromes kamen, als die Sonne unterging. Die Forellen sprangen aus dem Wasser, um sie zu schnappen. Während Nick durch das schmale Stück Wiese den Strom entlangging, waren Forellen hoch aus dem Wasser emporgeschnellt. Als er jetzt den Strom abwärts blickte, hatten sich die Insekten wohl auf der Wasseroberfläche niedergelassen, denn die Forellen fraßen gleichmäßig den ganzen Strom hinunter. Auf der langen Strecke, so weit hinunter, wie er sehen konnte, stiegen die Forellen auf und machten Kreise, so, wie wenn es zu regnen anfinge.

Der bewaldete, sandige Boden stieg an, und man übersah die Wiese, ein Stück Fluß und den Sumpf. Nick ließ seinen Packen und sein Angelfutteral zu Boden gleiten und sah sich nach einem ebenen Stück Erde um. Er war sehr hungrig, und er wollte sein Lager aufschlagen, bevor er abkochte. Zwischen zwei Strauchkiefern war der Boden ziemlich eben. Er nahm die Axt aus dem Packen und hackte zwei hervorstehende Wurzeln weg. Das ebnete ein Stück Erde, groß genug, um darauf zu schlafen. Er glättete den sandigen Boden mit der Hand und riß alle Farnbüschel mit den Wurzeln aus. Seine Hände rochen gut nach den Farnen. Er glättete die aufgewühlte Erde. Er wollte nicht, daß irgend etwas Klumpen unter den Decken machen würde. Als er den Boden glatt hatte, breitete er seine drei Decken aus. Die eine legte er doppelt direkt auf die Erde. Die anderen beiden breitete er darüber.

Mit der Axt spaltete er ein helles Kiefernscheit von einem der Stümpfe ab und schnitt daraus Pflöcke für sein Zelt. Er brauchte lange, starke, die fest in der Erde staken. Nachdem er das Zelt ausgepackt und auf der Erde ausgelegt hatte, sah sein Packen, der gegen eine Strauchkiefer lehnte, viel kleiner aus. Nick band das Seil, das dem Zelt als Firststange diente, an den Stamm eines der Kiefernbäume, zog das Zelt mit dem anderen Seilende vom Boden hoch und band es an der zweiten Kiefer fest. Das Zelt hing auf dem Seil wie eine Decke auf einer Wäscheleine. Nick steckte einen Pfahl, den er zurechtgeschnitten hatte, unter die hintere Spitze der Zeltbahn und machte ein Zelt daraus, indem er die Seiten auspflöckte. Er pflöckte die Seiten straff aus und schlug die Pflöcke mit der flachen Axt tief in den Boden, bis die Seilschlingen mit Erde bedeckt waren und die Plane stramm wie ein Trommelfell war.

Vor die Öffnung des Zeltes spannte Nick Gaze, um die Moskitos auszusperren. Er kroch unter der Latte des Moskitoschutzes mit einer Reihe von Dingen aus seinem Packen durch, um sie ans Kopfende seines Lagers unter die schräge Plane zu legen. Drinnen drang das Licht durch die braune Plane. Es roch angenehm nach Leinwand. Schon hatte es etwas Geheimnisvolles und Gemütliches. Nick war glücklich, als er in dem Zelt umherkroch. Er war tagsüber nicht unglücklich gewesen. Dies jedoch war anders. Jetzt war alles getan. Das hatte getan werden müssen. Jetzt war es getan. Es war eine anstrengende Tour gewesen. Er war sehr müde. Das war geschafft. Er hatte sein Lager aufgeschlagen. Er war unter Dach. Nichts konnte ihm etwas anhaben. Es war ein guter Platz zum Lagern. Und er war da an dem guten Platz. Er war in seinem Heim, wo er es gemacht hatte. Jetzt war er hungrig.

Er kam heraus, kroch unter der Fliegengaze durch. Draußen war es ganz dunkel. Im Zelt war es heller.

Nick ging hinüber zu seinem Packen und fand mit den Fingern zuunterst in seinem Packen in einer papiernen Nageltüte einen langen Nagel. Er trieb ihn in den Kiefernstamm, hielt ihn knapp und schlug ihn behutsam mit der flachen Axt ein. Er hängte seinen Packen an dem Nagel auf. Alle seine Vorräte waren in dem Packen. Sie waren jetzt vom Boden weg und geschützt.

Nick hatte Hunger. Er glaubte nicht, daß er je hungriger gewesen war. Er öffnete und leerte eine Büchse Schweinefleisch mit Bohnen und eine Büchse Spaghetti in die Bratpfanne.

«Es ist mein gutes Recht, solch Zeugs zu essen, wenn ich bereit bin, es zu tragen», sagte Nick. Seine Stimme klang fremd in dem dunkelnden Wald. Er sprach nicht wieder.

Er machte ein Feuer mit ein paar Scheiten Fichtenholz, die er mit der Axt von einem Baumstumpf abschlug. Über das Feuer stellte er einen Drahtrost und drückte die vier Füße mit seinem Stiefel fest in den Boden. Nick setzte die Bratpfanne auf den Rost über die Flammen. Er war jetzt noch hungriger. Die Bohnen und Spaghetti wurden warm. Nick rührte sie um und mischte sie durcheinander. Sie fingen an zu schmurgeln und machten kleine Blasen, die nur langsam an die Oberfläche stiegen. Es roch gut. Nick holte eine Flasche Tomatenketchup heraus und schnitt vier Scheiben Brot. Die kleinen Blasen kamen jetzt schneller. Nick setzte sich neben das Feuer und nahm die Bratpfanne ab. Er goß ungefähr die Hälfte des Inhalts auf einen Blechteller. Es breitete sich langsam auf dem Teller aus. Nick wußte, es war zu heiß. Er goß etwas Tomatenketchup darüber. Er wußte, die Bohnen und die Spaghetti waren noch zu heiß. Er blickte auf das Feuer, dann auf das Zelt; er würde sich nicht dadurch, daß er sich die Zunge verbrannte, alles verderben. Seit Jahren hatte er keine gebackenen Bananen mit Genuß essen können, weil er nie abwarten konnte, bis sie abgekühlt waren. Seine Zunge war sehr empfindlich. Er war sehr hungrig. Jenseits des Flusses im Sumpf, im Dämmerdunkel, sah er Nebel aufsteigen. Er sah noch einmal auf sein Zelt. Gut! Er nahm einen vollen Löffel von seinem Teller.

«Herrgott», sagte Nick. «Himmelherrgott noch einmal!» sagte er glücklich.

Er leerte den ganzen Teller, bevor er an das Brot dachte. Nick aß den zweiten Teller voll mit Brot und wischte den Teller blank. Er hatte seit einer Tasse Kaffee und einem Schinkenbrot in der

Bahnhofswirtschaft in St. Ignace nichts gegessen. Das war ein famoses Erlebnis gewesen. So hungrig war er schon mal gewesen, aber er hatte seinen Hunger nicht stillen können. Er hätte schon vor vielen Stunden sein Lager aufschlagen können, wenn er gewollt hätte. Es gab am Fluß genug Plätze zum Lagern. Aber hier war es gut.

Nick schob zwei große Kiefernscheite unter den Rost. Das Feuer flackerte auf. Er hatte vergessen, Wasser für den Kaffee zu holen. Aus seinem Packen nahm er einen zusammenlegbaren Leinwandeimer heraus und ging den Hügel hinunter, über den Wiesenrand zum Fluß. Das andere Ufer lag in weißem Nebel. Das Gras war naß und kalt, als er am Ufer kniete und den Leinwandeimer in den Strom tauchte. Er bauschte sich und zerrte heftig in der Strömung. Das Wasser war eiskalt. Nick spülte den Eimer aus und trug ihn voll zum Lager zurück. Oben, weiter weg vom Fluß, war es nicht so kalt.

Nick schlug einen zweiten großen Nagel ein und hängte den Eimer mit Wasser daran. Er schöpfte den Kaffeetopf halb voll, legte noch ein paar Scheite unter den Rost auf das Feuer und stellte den Topf auf. Er konnte sich nicht besinnen, auf welche Art er Kaffee machte. Er konnte sich an eine Diskussion mit Hopkins hierüber erinnern, aber nicht, welche Ansicht er vertreten hatte. Er beschloß, ihn aufkochen zu lassen. Dann fiel ihm ein, daß das Hopkin's Methode gewesen war. Damals hatte er mit Hopkins über alles gestritten. Während er auf das Kochen des Kaffees wartete, machte er eine kleine Büchse Aprikosen auf. Er machte gern Büchsen auf. Er leerte die Büchse mit den Aprikosen in eine Blechtasse. Während er auf den Kaffee auf dem Feuer aufpaßte, trank er vorsichtig, um nichts zu verschütten, zuerst den süßen Saft der Aprikosen, und dann lutschte er nachdenklich die Aprikosen herunter. Sie waren besser als frische Aprikosen.

Der Kaffee kochte, während er aufpaßte. Der Deckel hob sich, und Kaffee und Kaffeesatz liefen am Topf herunter. Nick nahm ihn vom Rost. Es war ein Triumph für Hopkins. Er tat Zucker in die leere Aprikosentasse und goß etwas Kaffee zum Abkühlen hinein. Es war zu heiß zum Ausschenken, und er benutzte seinen Hut, um den Henkel des Kaffeetopfs anzufassen. Er ließ den Kaffee überhaupt nicht im Topf ziehen. Nicht die erste Tasse. Es sollte durchweg à la Hopkins sein. Das verdiente Hop. Er nahm Kaffeemachen sehr ernst. Er war der ernsthafteste Mensch, den Nick je gekannt hatte. Nicht schwerfällig ernsthaft. Das war lange Zeit her. Hopkins sprach, ohne die Lippen zu bewegen. Er hatte Polo gespielt. Er machte viele Millionen Dollar in Texas. Er hatte sich das Fahrgeld geliehen, um nach Chicago zu fahren, als das Telegramm mit der Nachricht kam, daß seine erste große Petroleumquelle erschlossen war. Er hätte nach Geld telegrafieren können. Das hätte zu lange gedauert. Man nannte Hops Braut die blonde Venus. Hop war es egal, weil sie nicht seine richtige Braut war. Hopkins sagte voller Überzeugung, daß keiner sich über seine richtige Braut lustig machen würde. Er hatte recht. Hopkins fuhr los, als das Telegramm kam. Das war am Black River gewesen. Das Telegramm brauchte acht Tage, um ihn zu erreichen. Hopkins schenkte Nick seine .22-kalibrige Selbstladepistole. Seinen Fotoapparat gab er Bill. Zur ewigen Erinnerung an ihn. Man wollte nächsten Sommer wieder zusammen angeln gehen. Der Hop-Häuptling war reich. Er wollte eine Yacht kaufen, um mit uns am Nordufer des Lake Superior zu kreuzen. Er war aufgeregt, aber es war ihm Ernst damit. Man sagte auf Wiedersehen, und allen war elend zumute. Es machte der Tour ein Ende. Man sah Hopkins niemals wieder. Das war vor langer Zeit am Black River gewesen.

Nick trank den Kaffee, den Kaffee à la Hopkins. Der Kaffee war bitter. Nick lachte. Das war ein guter Schluß für die Geschichte. Sein Verstand begann zu arbeiten. Er wußte, er konnte ihn abdrosseln; er war müde genug. Er goß den Kaffeerest aus dem Topf und schüttelte den Satz los und ins Feuer. Er zündete eine Zigarette an und ging ins Zelt. Er saß auf seinen Decken und zog Schuhe und Hose aus, rollte die Schuhe in die Hose als Kopfkissen und legte sich zwischen die Decken.

Durch die Öffnung des Zeltes beobachtete er das Aufglühen des Feuers, wenn der Nachtwind hineinblies. Es war eine stille Nacht. Der Sumpf war vollkommen still. Nick streckte sich behaglich unter der Decke aus. Ein Moskito summte dicht an seinem Ohr. Nick setzte sich auf und strich ein Zündholz an.

Der Moskito saß auf der Zeltbahn über seinem Kopf. Nick langte mit dem Streichholz schnell zu ihm hinauf. Der Moskito zischte zufriedenstellend in der Flamme. Das Streichholz ging aus. Nick legte sich wieder hin unter die Decken. Er drehte sich auf die Seite und schloß die Augen. Er war schläfrig. Er fühlte den Schlaf kommen. Er rollte sich unter der Decke zusammen und schlief ein.

(G. W. 6/176–184) (1924)

«In Oak Park war der dekorierte Kriegsteilnehmer von der Familie und der lokalen Öffentlichkeit gefeiert worden. Er hat Anpassungsschwierigkeiten und kann sich für keine der möglichen sozialen Rollen entscheiden. Er weicht vor der Integration in die Alltagswelt nach Michigan aus.

Durch Vermittlung der befreundeten und einflußreichen Familie Connable aus Toronto kann er für den Toronto Star *arbeiten. Zwischen Februar und Mai 1920 schreibt er ca. zehn Artikel (Lokales, Humoristisches, human interest stories)»* (M. C. 331). *Ein Beispiel:*

Rasieren gratis

The Toronto Star Weekly, 6. März 1920

Manche Bürger unserer südlichen Nachbarrepublik pflegen ihren Staat bescheiden das «Land der Freien und die Heimat der Mutigen» zu nennen. Es mag sein, daß sie mutig sind, aber frei ist dort nichts. Der Freitisch ist schon einige Zeit abgeschafft, und der Versuch, einer Freimaurerloge beizutreten, kostet Sie 75 Dollar. Sie wissen Bescheid.

Die einzige Heimstatt der Freien und der Mutigen ist die Friseurschule. Dort ist alles frei. Und Mut muß man auch haben. Falls Sie 5 Dollar 60 im Monat einsparen wollen an Rasieren und Haarschneiden, so gehen Sie zur Friseurschule. Aber beißen Sie die Zähne zusammen. Ein Besuch des Unternehmens verlangt die nackte Kaltblütigkeit eines Mannes, der offenen Auges in den Tod geht. Falls Sie es nicht glauben, so gehen Sie nur in die Abteilung für Anfänger und stellen sich für eine kostenlose Rasur zur Verfügung. Ich hab's gemacht.

Beim Betreten des Hauses kommen Sie in einen wohlausgestatteten Friseursalon im Erdgeschoß. Hier arbeiten die Schüler, die vor dem Examen stehen. Rasieren kostet fünf, Haarschneiden fünfzehn Cents.

«Sie kommen gleich dran», sagte einer der Eleven. Die anderen gafften.

«Tut mir leid», sagte ich, «ich gehe hinauf.»

Oben findet die Gratisbehandlung statt, durch die Stifte.

Es wurde totenstill im Laden. Die jungen Haarkünstler sahen sich bedeutungsvoll an, und einer strich sich ausdrucksvoll mit dem Finger über die Kehle. «Er geht hinauf», flüsterte einer.

«Er geht hinauf», wiederholten die anderen und zwinkerten sich zu.

Ich ging hinauf.

Oben standen eine Menge junger Burschen in weißen Jacken herum, und eine Reihe von Stühlen stand die Wand entlang. Als ich eintrat, traten zwei oder drei hinter ihre Stühle. Die anderen blieben stehen, wo sie standen.

«Los, Kerls, hier kommt wieder einer», rief einer der weißen Mäntel von den Stühlen her.

«Laß doch die machen, die Lust haben», kam Antwort aus der Gruppe.

«Wenn du die Ausbildung selber zahlen müßtest, würdest du anders reden», gab der Beflissene zurück.

«Halt's Maul. Mich hat das Jugendamt hergeschickt», antwortete der Arbeitsverweigerer, und die Gruppe setzte ihre Unterhaltung fort.

Ich setzte mich in den Stuhl, der von einem rothaarigen Burschen bedient wurde.

«Schon lange hier?» fragte ich, um auf andere Gedanken zu kommen.

Er grinste: «Nicht sehr lange.»

Ich fragte: «Dauert's noch lange, bis Sie unten arbeiten dürfen?»

«Oh, ich habe schon unten gearbeitet», sagte er beim Einseifen.

Ich fragte: «Und warum sind Sie wieder hier oben?»

«Pech gehabt», sagte er und fuhr mit dem Einseifen fort.

Grad da kam einer von den Arbeitsverweigerern herüber und sah auf mich herunter.

«Wollen Sie die Kehle durchgeschnitten kriegen?» horchte er mich freundlich aus.

Ich sagte: «Nein.»

«Hoho!» sagte der Arbeitsverweigerer.

Da fiel mir auf, daß mein Barbier die linke Hand verbunden hatte.

«Was haben Sie gemacht?» fragte ich.

«Ich hätte mir heute morgen beinahe den Daumen mit dem Rasiermesser abgeschnitten», antwortete er freundlich.

Das Rasieren ging ganz gut. Wissenschaftler teilen mit, daß Erhängen ein ganz angenehmer Tod sei. Der Druck des Stricks auf Adern und Nerven erzeuge eine Art von Anästhesie. Es ist die Warterei, die dem Verurteilten auf die Nerven geht.

Der Rothaarige sagte mir, an manchen Tagen kämen an die hundert Leute zum Rasieren. «Nicht nur Landstreicher. Viele von ihnen nehmen nur die Chance wahr, einmal etwas umsonst zu bekommen.»

Eine Gratis-Rasur ist nicht das einzige, was man in Toronto umsonst bekommen kann. Die Königliche Dentistenschule behandelt jedermann, der in die Huron oder in die College Street kommt. Man muß nur das Material bezahlen, das verbraucht wird. Nach Dr. F. S. Jarman, Zahnarzt und Chef der Prüfungsabteilung, werden etwa tausend Patienten behandelt. Jede Behandlung wird von Studenten ausgeführt, unter Aufsicht geprüfter Dentisten. Zähne werden umsonst gezogen, wenn örtliche Betäubung genügt. Unter Lachgas kostet es zwei Dollar. Dr. Jarman sagt, beim Dentisten kostet die Extraktion normalerweise drei Dollar. In der Dentistenschule kann man sich dagegen für zwei Dollar ganze fünfundzwanzig Zähne ziehen lassen. Leuten, die gerne die Preise drücken, sollte das nicht gleichgültig sein.

Vorbeugende Behandlung oder das Entfernen von Zahnstein kostet in der Dentistenschule zwischen einem halben und einem Dollar. In der Privatpraxis bezahlt man bis zu zehn Dollar.

Plomben werden in Gold ausgeführt, wenn der Patient die Materialkosten, für gewöhnlich einen bis zwei Dollar, übernimmt. Brücken werden im gleichen Zahlungssystem angefertigt.

Die Dentistenschule weist keinen Patienten zurück. Jeder wird behandelt, auch wenn er die Materialkosten nicht bestreiten kann. Wer das Risiko nicht scheut, kann an seinen Zähnen also eine ganze Menge Geld sparen.

Im Grace-Krankenhaus, in der Huron Street, gegenüber der Dentistenschule, gibt es eine Poliklinik für arme Leute. Dort werden im Durchschnitt 1241 Patienten im Monat umsonst behandelt. Nur «wirklich Bedürftige» haben Zugang. Diejenigen unter uns, die zwar kein Geld haben, aber von der Fürsorgeschwester nicht als «wirklich bedürftig» angesehen werden, müssen für die Arztrechnung selber aufkommen. Nach den Unterlagen des Grace-Hospitals waren im vergangenen Monat mehr als die Hälfte der Patienten Juden. Der Rest waren Engländer, Schotten, Italiener, Mazedonier und Leute von unbekannter Herkunft.

Die Fred-Victor-Mission in der Queen und der Jarvis Street unterhielt früher einen Freitisch, aber die Missionsleitung teilt mit, daß nahezu keine Nachfrage mehr bestehe. Das Alkoholverbot und der Krieg lösten das Problem der Herumtreiberei, und wo die Tagediebe früher Schlange standen für einen Essens-Bon, gibt es heutzutage nur gelegentlich noch einen Bittsteller.

Für diejenigen, die umsonst wohnen und essen und keine Arztrechnung bezahlen wollen, gibt es einen todsicheren Ausweg: Such dir den größten Polizisten, den du finden kannst, geh hin und hau ihm eins in die Fresse. Wie lange man dich freihält, bestimmt Colonel [George Taylor] Denison [Polizeipräsident] nach Gefühl. Wieviel kostenlose ärztliche Behandlung du brauchst, hängt von der Größe des Polizisten ab.

(G. W. 10/11–13)

«Den Sommer 1920 verbringt Hemingway wiederum in Michigan. Die fortschreitende Entfremdung von den Eltern führt zur Trennung. Im November zieht er nach Chicago, wo er zum Mittelpunkt eines Freundeskreises von Journalisten mit schriftstellerischen Ambitionen und von ehemaligen Kriegskameraden wird.

Im März 1921 besucht er Hadley Richardson in St. Louis, die er im Dezember 1920 kennengelernt hat; im April kommt die junge Frau nach Chicago. Nach einem letzten Sommer in Michigan heiraten die beiden am 3. September 1921. Die Ehe ist durch Einkünfte Hadleys aus ererbtem Aktienbesitz nur kärglich gesichert. Dennoch fassen sie den Plan einer großen Italien-Reise, lassen ihn jedoch fallen, als ihnen Sherwood Anderson, einer der bekanntesten amerikanischen Schriftsteller, rät, nach Paris als der rechten Stadt für einen angehenden Autor zu gehen. Im Januar 1922 beziehen Ernest und Hadley Hemingway eine Wohnung in der Rue du Cardinal-Lemoine 74, nahe der Rue Mouffetard, in Paris.» (M. C. 332)

Hemingway schreibt weiter Artikel für den Toronto Star.

Amerikanische Bohème in Paris

The Toronto Star Weekly, 25. März 1922

Paris, Frankreich. – Man hat Greenwich Village in New York abgeschäumt und das Dickste löffelweise in Paris abgesetzt, in der Gegend des Café *Rotonde*. Natürlich schäumt's weiter im Village, und es zieht neue Blasen an Stelle der alten, aber der dickste, sämigste, überschäumendste Abschaum hat sich davongemacht, übers Meer, irgendwie, und hat das Café *Rotonde* zur führenden Attraktion für Touristen erhoben, die auf der Suche nach Quartier Latin-Atmosphäre sind.

Es ist eine sonderbare Bande, die die Tische der *Rotonde* besetzt hält, und sie führt sich sonderbar auf. Sie haben alle so hart um Nonchalance und wirklich individuelle Aufmachung gerungen, daß sie die Exzentrizität zu einer Art Uniform gemacht haben. Beim ersten Blick in das hohe, verräucherte, tischestarrende Café kommen Sie sich vor, als beträten Sie das Vogelhaus im Zoo. Da herrscht ein vielstimmiges Gekräh und Gekrächz, durchflattert von Kellnern wie von Elsternscharen. Die Tische sind voll – sie sind immer voll – da wird jemand auf einen Stuhl gezogen, und man fällt über ihn her, irgend etwas wird umgeworfen. Neue Ankömmlinge drängen durch die Windfangtüren, und zwischen den Tischen wendet sich ein weiterer schwarz-weißer Kellner dem Eingang zu, so daß Sie ihm Ihre Bestellung nachschreien müssen, ehe Sie sich umschauen können – nach einem Gesicht.

Es gibt nur wenige Gesichter pro Nacht in der *Rotonde*, und wenn Sie sie zusammen haben, ist es Zeit, daß Sie gehen. Es ist ein ganz fester, ganz bestimmter, unübersehbarer Moment, in dem Sie merken, daß Sie genug haben von der *Rotonde* und gehen müssen. Wenn Sie wissen wollen, wie bestimmt und fix und unverwechselbar er ist, dann versuchen Sie am besten einmal, sich durch einen Krug voll saurer Melasse zu schlagen. Manche merken schon beim ersten Mundvoll, daß Aufhören oder Weitermachen hier keine Frage der freien Entscheidung ist, andere halten es länger durch, aber eine äußerste Grenze gibt's für jedermann, der bei Trost ist, denn die Bande, die sich an den Tischen zusammengefunden hat, geht einem auf den Magen, und von diesem gehen die stärksten Gemütsbewegungen aus.

Auf den ersten Blick werden Sie möglicherweise eine kurzbeinige, plumpe Frau sehen, ein Gesicht wie ein emaillierter Lachsschinken, fette Finger, die aus den langen blauen Seidenärmeln irgendeines chinesischen Kittels hervorsehen, eine Frisur wie ein frisch blondierter Besen. Sie lümmelt sich an ihrem Tisch, eine meterlange Zigarettenspitze im Munde, und starrt mit leerer Miene auf ihr Meisterwerk, das – zusammen mit einigen dreitausend anderen – an der Wand des Cafés aufgehängt ist: ihr Beitrag zum «Salon Rotonde – nur für Interessenten». Das Meisterwerk sieht aus wie roter Pfefferminzpudding, der eine Treppe heruntergelaufen ist, und die andächtige, wenn auch ausdruckslose Künstlerin verbringt Nachmittag und Abend in devoter Haltung davor.

Wenn Sie mit der Malerin und ihrem Erzeugnis fertig sind, brauchen Sie Ihren Kopf nur ein bißchen zu drehen, um eine üppige Blondine zu gewahren, die mit drei jungen Männern zusammensitzt. Die üppige Dame trägt einen blumenbeladenen Hut aus der Zeit der *Lustigen Witwe*, erzählt Witze und lacht hysterisch. Die drei jungen Männer lachen auch, wenn sie lacht. Jetzt bringt der Kellner die Rechnung, die Üppige zahlt, rückt mit fliegenden Händen ihren Hut zurecht und geht, zusammen mit den drei jungen Männern. In der Tür lacht sie noch einmal auf. Sie ist mit ihrem Mann zusammen nach Paris gekommen, vor drei Jahren. Sie kamen aus einer Kleinstadt in Connecticut. Er war Maler und hatte Erfolg gehabt, zehn Jahre hindurch, immer mehr Erfolg. Voriges Jahr ist er allein nach Amerika zurückgekehrt.

Das sind zwei von zwölfhundert Leuten, die sich in der *Rotonde* drängen. Sie können hier alles nur mögliche treffen, nur keine wirklichen Künstler. Der Jammer ist, daß sich die Leute, die ins Quartier kommen und die *Rotonde* besichtigen, einbilden, sie hätten die wahren Künstler von Paris vor sich. Ich möchte das gerne berichtigen, öffentlich. In Paris leben die glaubhaften, die arbeitenden Künstler für sich und scheren sich nicht um die Brut in der *Rotonde*.

Die Tatsache, daß es zwölf Francs für den Dollar gibt, hat das Publikum der *Rotonde* herübergebracht – zusammen mit einer ganzen Menge anderer Leute. Wenn der Wechselkurs wieder normal ist, werden sie wieder nach Hause fahren müssen. Sie sind Bummler. Verbummelt. Sie verbrauchen alle Energie, die Künstler in ihre Arbeit stecken, im Geschwätz über das, was sie demnächst tun werden – und im Geschimpf über jeden Künstler, der es zu einer gewissen Anerkennung gebracht hat. Das Gerede über Kunst befriedigt sie genauso, wie das Erzeugen von Kunst die wirklichen Künstler befriedigt. Natürlich macht es Spaß, über Kunst zu reden, aber sie bestehen darauf, Künstler zu sein.

Seit den alten Tagen, als Charles Baudelaire mit einem Hummer an der Leine durchs Quartier Latin spazierte, sind nicht viele gute Gedichte in Cafés geschrieben worden. Ich vermute, daß auch Baudelaire schon seinen Hummer bei der Concierge abgegeben hat, ehe er hinaufstieg, eine Treppe, die Flasche mit dem Chloroform zumachte und auf den Waschtisch stellte und sich hinsetzte, um an den *Fleurs du mal* zu feilen – allein mit seinem Kopf und seinem Papier wie alle Künstler seit eh und je. Die Kongregation der Bummler an der Ecke Boulevard Montparnasse–Boulevard Raspail hat keine Zeit dazu. Sie brauchen den ganzen Tag für die *Rotonde*.

(G. W. 10/17–19)

Fiesta

Als Fiesta (The Sun Also Rises) *im Oktober 1926 erscheint, gibt Hemingway damit sein eigentliches Debüt als Romancier, obwohl er für die im Frühjahr des gleichen Jahres herausgekommene Satire auf zeitgenössische amerikanische Schriftsteller* Die Sturmfluten des Frühlings (The Torrents of Spring) *den Untertitel ‹Roman› gewählt hatte.* Fiesta *spiegelt das Leben der durch den Ersten Weltkrieg entwurzelten und den überlieferten Werten entfremdeten Generation der in Paris lebenden amerikanischen Journalisten, Literaten und Maler. «Die Schlachtfelder des Buches* In einem andern Land *ließen die Bars des Romans* Fiesta *verständlich erscheinen», schrieb später der amerikanische Schriftsteller und wichtige Literaturkritiker Robert Penn Warren. «Der Roman zeigte, wie Zynismus oder Enttäuschung, geistiges Versagen oder Anbetung materiellen Erfolges, Ausschweifung oder Verzweiflung ihren Ursprung haben mochten in Heroismus, Ehrlichkeit und Treue, die eine unverdiente Niederlage erlitten hatten.» Hemingway stellt dem Buch den berühmten – und bald als Schlagwort mißbrauchten – Satz Gertrude Steins «Ihr seid eine verlorene Generation» voran. Der Original-Titel und das Motto des Romans sind dem Prediger Salomo entnommen: «Es ist alles ganz eitel . . . Ein Geschlecht vergehet, das andere kommt; die Erde bleibt aber ewiglich. Die Sonne gehet auf und gehet unter und läuft an ihren Ort, daß sie wieder daselbst aufgehe . . .»*

Der Ich-Erzähler von Fiesta, *der amerikanische Journalist Jake Barnes, durch eine Kriegsverletzung impotent geworden, ist zugleich eine Hauptperson und der distanzierte Beobachter der sterilen Welt, in der er und sein Pariser Bekanntenkreis leben. (Der Kritiker Malcolm Cowley schrieb später: «Jeder, der damals in Paris gelebt hat, kann die Charaktere wiedererkennen. Ihre Unterhaltungen sind derart genau niedergeschrieben worden, daß man sie mit den verschiedenen Stimmen sprechen hört.») Man trifft sich in den Cafés und Bars am Montparnasse, beim*

Bal dansant und in den vornehmen Hotels. Jake hat sich einen Schutzschild aus Indifferenz und Zynismus geschaffen, der seine Sensibilität nur notdürftig verbirgt. Das wird vor allem an seiner Liebe zu der Engländerin Brett (Lady Ashley) deutlich. Sie stürzt sich – ihr Verlobter ist im Krieg gefallen – in das unbekümmerte Treiben des Freundeskreises, findet nirgends Befriedigung und kehrt immer wieder zu Jake und damit in das Erlebnis der sexuellen Frustration zurück.

Ich legte die Post auf den Tisch, ging in mein Schlafzimmer, zog mich aus und duschte. Ich trocknete mich gerade ab, als ich die Glocke im Entree klingeln hörte. Ich zog meinen Schlafrock und meine Morgenschuhe an und ging zur Tür. Es war Brett. Hinter ihr stand der Graf. Er hielt einen großen Rosenstrauß.

«Tag, Liebling», sagte Brett. «Willst du uns nicht reinlassen?»

«Aber bitte, ich badete gerade.»

«Du bist ein Glückspilz: baden!»

«Nur eine Dusche. Setzen Sie sich, bitte, Graf. Was wollen Sie trinken?»

«Ich weiß nicht, mein Herr, ob Sie Blumen gern haben», sagte der Graf, «aber ich nahm mir die Freiheit, Ihnen diese Rosen mitzubringen.»

«Gib sie mir.» Brett nahm sie. «Hol mir ein bißchen Wasser, Jake.» Ich füllte den großen, irdenen Krug in der Küche mit Wasser, und Brett stellte die Rosen hinein und stellte ihn in die Mitte des Eßzimmertischs.

«Donnerwetter, hatten wir einen Tag.»

«Du weißt nicht mehr, daß du mit mir im *Crillon* eine Verabredung hattest?»

«Wirklich? Da muß ich einfach blau gewesen sein.»

«Sie waren vollkommen betrunken, meine Liebe», sagte der Graf.

«Wahrhaftig? Und der Graf hat sich wie ein Fels bewährt.»

«Du hast ja bei der Concierge einen phantastischen Stein im Brett.»

«Na und ob. Hab ihr 200 Francs gegeben.»

«Sei nicht so blödsinnig.»

«Sein Geld», sagte sie und nickte zu dem Grafen hinüber.

«Ich fand, man mußte ihr für die letzte Nacht doch eine Kleinigkeit geben. Es war sehr spät.»

«Er ist fabelhaft», sagte Brett. «Er besinnt sich auf alles, was passiert ist.»

«Sie ja auch, meine Liebe.»

«Komisch», sagte Brett, «wer möchte denn das eigentlich? Aber, Jake, kriegen wir nun was zu trinken oder nicht?»

«Hol du's doch, ja? In der Zeit zieh ich mich an. Du weißt ja, wo's steht.»

Während ich mich anzog, hörte ich, wie Brett Gläser und einen Siphon hinstellte und wie sie sich unterhielten. Ich zog mich langsam, auf dem Bett sitzend, an. Ich fühlte mich müde und zerschlagen. Brett kam ins Zimmer, mit einem Glas in der Hand, und setzte sich auf mein Bett.

«Was ist los, Liebling? Fühlst du dich elend?»

Sie küßte mich kühl auf die Stirn.

«O Brett, ich liebe dich so.»

«Lieber», sagte sie, und dann: «Soll ich ihn wegschicken?»

«Nein, er ist nett.»

«Ich schicke ihn weg.»

«Nein, nicht.»

«Doch, ich schick ihn weg.»

«Das kannst du doch nicht einfach.»

«Werden wir ja sehen. Bleib hier. Ich sag dir, er ist verrückt nach mir.»

Sie hatte das Zimmer verlassen. Ich lag mit dem Gesicht nach unten auf dem Bett. Mir war hundeelend. Ich hörte sie sprechen, aber ich hörte nicht zu. Brett kam herein und setzte sich auf mein Bett.

«Armes, Liebes.» Sie streichelte meinen Kopf.

«Was hast du ihm gesagt?» Ich lag mit abgewandtem Gesicht da. Ich wollte sie nicht sehen.

«Hab ihn nach Champagner geschickt. Macht ihm Riesenspaß, Champagner zu kaufen.»

Dann später: «Geht's dir jetzt besser, Liebling? Ist der Kopf besser?»

«Ja, besser.»

«Lieg nur ruhig. Er ist ans andere Ende der Stadt gefahren.»

«Brett, könnten wir nicht zusammen leben? Könnten wir nicht einfach zusammen leben?»

«Ich glaube nicht. Ich würde dich mit jedem betrügen. Das könntest du nicht aushalten.»

«Ich halt's doch jetzt aus.»

«Das wäre doch anders. Es ist meine Schuld, Jake. Ich bin nun mal so.»

«Könnten wir nicht für kurze Zeit aufs Land gehen?»

«Hätte nicht viel Sinn. Wenn du willst, ja. Aber ich kann nicht friedlich auf dem Land leben. Selbst nicht mit einem Liebhaber.»

«Ich weiß.»

«Zu gemein, nicht? Hat auch gar keinen Sinn, daß ich dir sage, daß ich dich liebhabe.»

«Du weißt, daß ich dich liebe.»

«Komm, sprich nicht mehr. Reden ist ja nur Quatsch. Ich fahr weg von hier, und dann kommt Michael zurück.»

«Warum willst du wegfahren?»

«Besser für dich, besser für mich.»

«Wann fährst du?»

«Sobald ich kann.»

«Wohin?»

«San Sebastián.»

«Können wir nicht zusammen fahren?»

«Nein, das wäre wahnsinnig, nachdem wir gerade all das besprochen haben.»

«Wir waren uns doch nicht einig.»

«Ach, du weißt's genausogut wie ich. Sei nicht eigensinnig, Liebling.»

«Ja, gewiß doch», sagte ich, «natürlich hast du recht. Mir ist nur so scheußlich zumute, und wenn mir so scheußlich ist, rede ich immer wie ein Idiot.»

Ich setzte mich auf, legte mich vornüber, fand meine Schuhe neben dem Bett und zog sie an. Ich stand auf.

«Mach nicht solch ein Gesicht, Liebling.»

«Was soll ich denn für ein Gesicht machen?»

«Ach, sei nicht so dumm. Ich reise morgen.»

«Morgen?»

«Ja, hab ich's nicht gesagt? Ja.»

«Komm also, laß uns was trinken. Der Graf wird gleich zurück sein.»

«Ja, müßte er wirklich. Weißt du, er ist ganz hervorragend im Champagnerkaufen. Das bedeutet wer weiß was für ihn.»

Wir gingen ins Eßzimmer. Ich nahm die Cognacflasche und goß Brett einen ein und dann auch mir. Es klingelte. Ich ging zur Tür, und da stand der Graf und hinter ihm stand der Chauffeur mit einem Korb voll Champagner.

(G. W. 1/124–127)

Nach einer Episode, die Jake beim Forellenfang in den Pyrenäen zeigt – er darf für eine kurze Zeit in das verlorene Paradies seiner Jugend und in die verläßliche Welt der Männerkameradschaft zurückkehren –, wechselt der Schauplatz der Handlung. Die Gruppe von Freunden erlebt die Fiesta in Pamplona.

Wir kamen spätnachmittags in Pamplona an, und der Bus hielt vor dem Hotel *Montoya*. Auf dem Platz wurden elektrische Drähte gespannt, um den Platz für die Fiesta zu beleuchten. Ein paar Kinder kamen angelaufen, als der Bus hielt, und ein Zollbeamter der Stadt ließ alle Leute vom Autobus herunterklettern und auf dem Trottoir ihre Bündel öffnen. Wir gingen ins Hotel und trafen Montoya auf der Treppe. Er schüttelte uns die Hände und lächelte auf seine verlegene Art und Weise.

«Ihre Freunde sind angekommen», sagte er.

«Mr. Campbell?»

«Ja. Mr. Cohn und Mr. Campbell und Lady Ashley.»

Er lächelte, als ob ich noch allerhand hören würde.

«Wann sind sie angekommen?»

«Gestern. Ich hab für Sie die Zimmer reserviert, die Sie vorher hatten.»

«Fein. Haben Sie Mr. Campbell das Zimmer nach der Plaza gegeben?»

«Ja, die Zimmer, die Sie gesehen hatten.»

«Und wo sind unsere Leutchen jetzt?»

«Ich glaube, sie sind zur Pelota gegangen.»

«Und was gibt's Neues über die Stiere?»

Montoya lächelte. «Heute abend», sagte er, «heute abend um sieben Uhr bringen sie die Villarstiere, und morgen kommen die Miuras. Gehen Sie alle hin?»

«Aber natürlich. Die anderen haben noch nie eine *desencajonada* gesehen.»

Montoya legte mir die Hand auf die Schulter.

«Ich seh Sie dann da.»

Er lächelte wieder. Er lächelte, als ob Stierkampf unser beider ganz besonderes Geheimnis sei; ein tiefes und ziemlich unpassendes Geheimnis, um das wir beide wußten. Er lächelte immer, als ob unser Geheimnis ein bißchen schlüpfrig und für keinen Outsider passend sei, etwas was wir beide aber verstanden. Es war ganz unzweckmäßig, es Fremden mitzuteilen, die es nicht verstehen würden.

«Ist Ihr Freund auch ein *aficionado*?» Montoya lächelte Bill an.

«Ja. Er ist extra aus New York gekommen, um die Kämpfe in San Firmin zu sehen.»

«So?» zweifelte Montoya höflich. «Aber er ist nicht so *aficionado* wie Sie.»

Er legte mir wieder verlegen seine Hand auf die Schulter.

«Doch», sagte ich, «er ist ein wahrer *aficionado*, wenn auch nicht so einer wie Sie.»

Afición bedeutet Leidenschaft. Ein *aficionado* ist einer, der sich leidenschaftlich für Stierkämpfe begeistert. Alle guten Stierkämpfer stiegen in Montoyas Hotel ab; das heißt, die mit *afición* stiegen dort ab. Die es als Gewerbe betrieben, kamen vielleicht einmal, aber sie kamen nicht wieder. Die Guten kamen jedes Jahr. Ihre Fotografien hingen in Montoyas Zimmer. Die Fotografien waren entweder Juanito Montoya oder seiner Schwester gewidmet. Die Fotografien der Stierkämpfer, von denen Montoya wirklich etwas gehalten hatte, waren gerahmt. Die Fotografien von Stierkämpfern, die keine *afición* besessen hatten, hob Montoya in seiner Schreibtischschublade auf. Sie trugen häufig die schmeichelhaftesten Widmungen. Aber sie bedeuteten ihm nichts. Eines Tages nahm Montoya sie alle heraus und warf sie in den Papierkorb. Er wollte sie nicht um sich haben.

Wir unterhielten uns häufig über Stiere und Stierkämpfer. Ich stieg seit mehreren Jahren im *Montoya* ab. Wir unterhielten uns nie sehr lange miteinander. Es war wohl mehr das Vergnügen, zu entdecken, was jeder von uns fühlte. Es kamen Männer von weit her, und bevor sie Pamplona verließen, pflegten sie bei Montoya auf ein paar Minuten vorzusprechen und sich mit ihm über Stiere zu unterhalten.

Diese Männer waren *aficionados*. Wahre *aficionados* konnten immer Zimmer bekommen, selbst wenn das Hotel voll war. Montoya machte mich mit vielen von ihnen bekannt. Zuerst waren sie immer riesig höflich und sehr amüsiert über die Tatsache, daß ich Amerikaner war. Irgendwie nahm man als Selbstverständlichkeit an, daß ein Amerikaner keine *afición* besitzen konnte. Er konnte simulieren oder sie mit Erregung verwechseln, aber er konnte sie nicht wirklich haben. Wenn sie merkten, daß ich *afición* besaß und keine Stichworte und keine Querfragen mich entlarven konnten – eigentlich war es mehr wie ein kleines, mündliches Examen mit ein wenig defensiven und versteckten Fragestellungen –, gab es zum Schluß immer dasselbe verlegene Auf-die-Schulter-Klopfen oder ein *buen hombre*. Aber beinahe immer die gleiche Berührung. Es schien, als ob sie einen anfassen mußten, um auch wirklich sicherzugehen.

Montoya konnte einem Stierkämpfer alles verzeihen, der *afición* besaß. Er konnte Nervenkrisen, Angst, schlechte, unerklärliche Handlungen, alle Arten von Vergehen verzeihen. Einem, der *afición* besaß, konnte er alles vergeben. Er vergab mir sofort alle meine Freunde. Ohne daß er je etwas darüber gesagt hätte, waren sie einfach wie ein kleiner Schandfleck zwischen uns, vielleicht in der Art wie das Pferdeaufschlitzen beim Stierkampf.

Bill war hinaufgegangen, sobald wir angekommen waren, und ich fand ihn in seinem Zimmer mit Waschen und Umziehen beschäftigt.

«Na», sagte er, «viel Spanisch geredet?»

«Er hat mir erzählt, daß die Stiere heute abend eintreffen.»

«Komm, wir wollen die Bande suchen und dann hingehen.»

«Schön, wahrscheinlich sitzen sie im Café.»

«Hast du Billetts?»

«Ja. Fürs Ausladen.»

«Wie ist es denn?» Er zog seine Backe vor dem Spiegel hin und her, um zu sehen, ob unter dem Kinnbacken noch unrasierte Stellen seien.

«Recht interessant», sagte ich, «die Stiere werden einer nach dem andern ausgeladen, aus den Käfigen gelassen, und in den Corrals werden sie von Ochsen in Empfang genommen, die sie vom Kämpfen abhalten, und die Stiere stürzen sich auf die Ochsen, und die Ochsen laufen rum wie die alten Jungfern und versuchen, sie zu beruhigen.»

«Schlitzen sie jemals die Ochsen auf?»

«Ja. Manchmal stürzen sie sich einfach auf sie und bringen sie um.»

«Können die Ochsen gar nichts dagegen tun?»

«Nein. Sie versuchen sich mit ihnen anzufreunden.»

«Wozu sind sie eigentlich darin?»

«Um die Stiere zu beruhigen und sie daran zu hindern, daß sie sich die Hörner an den Steinwänden abbrechen oder sich gegenseitig aufschlitzen.»

«Wie herrlich, wie herrlich, ein Ochse zu sein.»

Wir gingen die Treppe hinunter, zur Tür hinaus und über den Platz zum *Café Iruña*. Zwei einsam aussehende Billettschalter standen auf dem Platz. Die Fenster, auf denen *Sol, Sol y sombra* und *Sombra* stand, waren geschlossen. Sie wurden erst am Tag vor Beginn der Fiesta aufgemacht.

Jenseits des Platzes breiteten sich die weißen Korbstühle und Tische des *Iruña* unter den Arkaden bis zum Straßenrand aus. Ich sah mich nach Mike und Brett an den Tischen um. Da saßen sie. Brett und Mike und Robert Cohn. Brett trug eine Baskenmütze. Mike auch. Robert Cohn war barhaupt und trug seine Brille. Brett sah uns kommen und winkte. Um ihre Augen standen Fältchen, als wir uns dem Tisch näherten.

«Hallo, Kinder!» rief sie.

(. . .)

Wir riefen den Kellner, bezahlten und gingen durch die Stadt. Ich ging mit Brett voran, aber Robert Cohn holte uns ein und ging auf Bretts freier Seite. Wir drei gingen am Ayuntamiento, dessen Balkons mit Fahnen geschmückt waren, bis zum Markt hinunter und die steile Straße, die auf die Brücke über die Arga führte, hinab. Viele Leute waren unterwegs, um die Stiere zu sehen. Wagen fuhren den Berg hinunter und über die Brücke, und die Kutscher, die Pferde und die Peitschen ragten über die Fußgänger auf der Straße hinaus. Jenseits der Brücke gingen wir einen Weg hinauf, der zu den Corrals führte. Wir kamen an einer Weinhandlung vorbei, die ein Schild im Fenster hatte: «Guter Wein 30 Centimos à Liter.»

«Da gehen wir hin, wenn Ebbe in der Kasse ist», sagte Brett.

Die Frau, die in der Tür der Weinhandlung stand, sah uns an, als wir vorbeigingen. Sie rief jemand im Haus, und drei Mädchen kamen ans Fenster und starrten heraus. Sie starrten Brett an.

Am Tor des Corrals nahmen zwei Männer den hineingehenden Leuten die Billetts ab. Wir gingen durch das Gitter. Drinnen standen Bäume und ein niedriges weißes Steinhaus. Am hintersten Ende sah man die Steinwand der Corrals mit Öffnungen, die wie Schießscharten um die ganzen Corrals herumliefen. Eine Leiter führte bis auf die Mauer, und die Leute kletterten die Leiter hinauf und verteilten sich auf den Mauern, die die beiden Corrals voneinander trennten. Als wir über das Gras gingen und uns der Leiter unter den Bäumen näherten, kamen wir an den großen graugestrichenen Käfigen, in denen die Stiere waren, vorbei.

In jeder Reisekiste war ein Stier. Sie waren mit der Eisenbahn von einem Stiergestüt in Kastilien gekommen und waren von den flachen Wagen auf der Station abgeladen und hierhergebracht worden und sollten aus den Käfigen in die Corrals gelassen werden. Jeder Käfig trug den Namen und das Zeichen des Stierzüchters eingebrannt.

Wir kletterten hinauf und fanden einen Platz auf der Mauer, von dem aus man in den Corral sehen konnte. Die Steinwände waren geweißt, auf der Erde lag Stroh, und an den Wänden entlang standen hölzerne Futtertröge und Wassermulden.

«Seht mal dort», sagte ich.

Jenseits des Flusses erhob sich das Plateau der Stadt. Überall an den alten Mauern und Befestigungswällen entlang standen Menschen. Die drei Befestigungslinien waren drei schwarze Linien Menschen. Über den Wällen sah man viele Köpfe an den

Fenstern. Am entferntesten Ende des Plateaus waren Jungen auf die Bäume geklettert.

«Die müssen sich doch viel versprechen», sagte Brett.

«Die wollen die Stiere sehen.»

Mike und Bill standen auf der anderen Mauer jenseits des Corralgrabens. Sie winkten uns zu. Leute, die spät gekommen waren, standen hinter uns und drängten gegen uns, wenn andere Leute sie stießen. «Warum geht's denn nicht los?» fragte Robert Cohn.

Ein einzelnes Maultier wurde zu einem der Käfige gezerrt und zog ihn bis zum Tor in der Mauer des Corrals. Ein paar Männer schoben und hoben ihn dann mit Brechstangen in die richtige Lage zum Tor. Auf der Mauer des Corrals standen Männer, die darauf warteten, das Tor zum Corral und dann die Tür des Käfigs zu öffnen.

Am äußersten Ende des Corrals trotteten zwei Ochsen mit schaukelnden Köpfen, ihre mageren Lenden schwingend, herein. Sie standen zusammen am äußersten Ende, die Köpfe gegen das Tor gerichtet, durch das der Stier hereinkommen mußte.

«Sehen nicht gerade glücklich aus», sagte Brett.

Die Männer auf der Mauer legten sich zurück und zogen das Tor des Corrals herauf. Dann zogen sie die Tür des Käfigs auf.

Ich beugte mich ein ganzes Stück vornüber, um in den Käfig hineinsehen zu können. Es war dunkel. Irgendwer klopfte mit einer eisernen Stange an den Käfig. Drinnen schien etwas zu explodieren. Der Stier, der mit seinen Hörnern einmal rechts und einmal links gegen das Holz stieß, machte einen Höllenlärm. Dann sah ich eine dunkle Schnauze und den Schatten eines Horns. Dann hörte man Trampeln auf dem Holz der hohlen Kiste, der Stier stürmte vor und hinaus in den Corral, rutschte mit seinen Vorderhufen im Stroh, als er stehenblieb, den Kopf in der Luft, der große Muskelberg im Nacken stark angeschwollen, alle Körpermuskeln erregt zitternd, als er zu der Menge auf den steinernen Mauern emporsah. Die zwei Ochsen zogen sich mit gesenktem Kopf an die Mauer zurück; ihre Augen beobachteten den Stier.

Der Stier sah sie und griff an. Ein Mann brüllte hinter einer Kiste hervor und schlug mit seinem Hut auf die Planken, so daß sich der Stier, bevor er die Ochsen erreichte, umwandte, zusammenriß und seinen Angriff auf die Stelle richtete, wo der Mann gewesen war, und ihn mit einem Halbdutzend schnellen, suchenden Stößen seines rechten Horns hinter den Planken zu erreichen suchte.

«Mein Gott, ist er nicht schön?» sagte Brett. Wir sahen direkt auf ihn herab.

«Sieh mal, wie der seine Hörner zu benutzen versteht», sagte ich. «Er hat einen Rechten und einen Linken wie ein Boxer.»

«Nein, wirklich?»

«Sieh nur hin.»

«Es geht zu schnell.»

«Wart nur. In einer Minute kommt ein neuer.»

Man hatte einen anderen Käfig an den Eingang gerückt. In der hintersten Ecke beschäftigte ein Mann von hinter einem Bretterschutz hervor den Stier, und während der Stier dem Tor den Rücken zukehrte, wurde das Gitter aufgezogen und ein zweiter Stier in den Corral hineingelassen.

Er griff direkt die Ochsen an, und zwei Männer rannten hinter den Planken schreiend hervor und gaben sich Mühe, seine Richtung zu ändern. Er veränderte seine Richtung nicht, und die Männer schrien: *«Hah! Hah! Toro!»* und schwenkten die Arme. Die zwei Ochsen wandten sich zur Seite, um den Stoß aufzufangen, und der Stier bohrte sich in einen der Ochsen.

«Sieh nicht hin», sagte ich zu Brett. Sie beobachtete es voller Spannung.

«Schön», sagte ich, «wenn es dir nichts ausmacht.»

«Ich hab's gesehen», sagte sie. «Ich habe gesehen, wie er vom rechten aufs linke Horn gewechselt hat.»

«Verdammt noch mal, alle Achtung.»

Der Ochse lag jetzt da, mit gestrecktem Hals und verdrehtem Kopf, so wie er hingestürzt war. Plötzlich ließ der Stier von ihm ab und machte Jagd auf den anderen Ochsen, der in der äußeren Ecke gestanden und mit pendelndem Kopf alles beobachtet hatte.

Der Ochse lief ungeschickt, und der Stier nahm ihn an, stieß ihn leicht in die Flanke, wandte sich dann ab und sah, während sein Muskelberg anschwoll, hinauf zu der Menge auf der Mauer. Der Ochse näherte sich ihm und tat so, als wolle er ihn beschnuppern. Der Stier stieß leicht zu, dann beschnupperte er den Ochsen, und dann trotteten sie gemeinsam hinüber zu dem anderen Stier.

Als der nächste Stier herauskam, standen alle drei, die beiden Stiere und der Ochse, Kopf an Kopf zusammen, die Hörner gegen den neuen gerichtet. In wenigen Minuten hatte der Ochse sich mit dem neuen Stier angefreundet, ihn beruhigt und ihn zu einem der Herde gemacht. Als die zwei letzten Stiere ausgeladen waren, war die ganze Herde beieinander.

Der Ochse, der durchbohrt worden war, war wieder auf den Beinen und lehnte sich gegen die Steinmauer. Keiner der Stiere ging in seine Nähe, und er machte keinen Versuch, sich der Herde anzuschließen.

Wir kletterten mit der Menschenmenge von der Mauer hinunter und warfen noch durch die Maueröffnungen einen letzten Blick auf die Stiere. Sie standen jetzt alle vollkommen ruhig mit gesenkten Köpfen da. Draußen nahmen wir einen Wagen und fuhren zum Café. Mike und Bill erschienen eine halbe Stunde später. Sie hatten unterwegs mehrfach feuchte Station gemacht.

Wir saßen im Café.

«Das ist ja eine außergewöhnliche Sache», sagte Brett.

«Ob die letzten ebenso gut kämpfen werden wie die ersten?» fragte Robert Cohn. «Sie schienen sich sehr schnell zu beruhigen.»

«Sie kennen sich ja alle», sagte ich. «Sie sind nur gefährlich, wenn sie allein oder zu zweit oder zu dritt sind.»

«Wie meinst du gefährlich?» fragte Bill. «Mir sahen sie alle gefährlich aus.»

«Sie wollen nur töten, wenn sie allein sind. Natürlich, wenn du da reingehen würdest, würde sich vielleicht einer von der Herde loslösen und gefährlich werden.»

«Das ist mir zu kompliziert», sagte Bill. «Mike, lös mich nur nie von der Herde los.»

«Das muß ich sagen», sagte Mike, «das waren Stiere, nicht? Habt ihr die Hörner gesehen?»

«Und ob», sagte Brett. «Ich hatte keine Ahnung, wie sie aussehen.»

«Hast du gesehen, wie der den Ochsen aufgespießt hat?» fragte Mike. «Das war doch fabelhaft.»

«Hundeleben, ein Ochse zu sein», sagte Cohn.

«Das ist deine Meinung?» sagte Mike. «Ich hätte gedacht, das wär was für dich, Robert.»

«Was willst du damit sagen, Mike?»

«Sie haben ein so geruhsames Leben. Sie reden nie und lungern immer so herum.»

Wir waren alle verlegen. Bill lachte. Cohn ärgerte sich. Mike fuhr fort:

«Ich stelle mir vor, daß du absolut glücklich dabei wärst. Du brauchtest nie ein Wort zu reden. Los, Robert. Sag schon was. Sitz nicht nur so da.»

«Ich hab was gesagt, Mike. Besinnst du dich nicht? Über die Ochsen.»

«Ach, sprich noch ein bißchen mehr. Sag was Komisches. Merkst du denn nicht, daß wir uns alle amüsieren?»

«Nun, laß schon sein, Michael. Du bist betrunken», sagte Brett.

«Ich bin nicht betrunken. Ich mein's ganz ernsthaft. Wird Robert Cohn die ganze Zeit über wie ein Ochse Brett nachlaufen?»

«Sei still, Michael. Zeig ein bißchen von deinem guten Stall und deiner guten Erziehung.»

«Die ganze Familie soll der Teufel holen. Nebenbei sind eigentlich nur Stiere aus einem guten Stall. Sind die Stiere nicht herrlich? Magst du sie nicht, Bill? Warum sagst du denn nichts, Robert? Sitzt doch nicht alle da wie bei einem Begräbnis. Und wenn Brett schon mit dir geschlafen hat? Sie hat mit ganz anderen Leuten geschlafen als mit so einem wie du.»

«Halt den Mund», sagte Cohn. Er stand auf. «Halt den Mund, Mike.»

«Ach, steh nur nicht so auf und tu so, als ob du mir ein paar runterhauen wolltest. Das ist mir ganz egal. Sag mal, Robert, warum läufst du wirklich Brett wie ein armer, idiotischer Ochse nach? Merkst du denn nicht, daß du unerwünscht bist? Ich weiß, wenn man mich nicht haben will. Warum weißt du nicht, wenn man dich nicht haben will? Du bist nach San Sebastián gekommen, wo man dich nicht haben wollte, und du bist Brett wie ein dämlicher Ochse immer nachgelaufen. Hältst du das für richtig?»

«Halt den Mund, du bist betrunken.»

«Vielleicht bin ich betrunken? Warum bist du nicht betrunken? Warum betrinkst du dich nie, Robert? Du weißt ja, du hast dich in San Sebastián nicht amüsiert, weil keiner unserer Freunde dich zu irgendeiner Gesellschaft einladen wollte. Ich finde, man kann ihnen daraus kaum einen Vorwurf machen. Nicht wahr? Ich bat sie darum. Aber sie wollten nicht. Man kann ihnen daraus keinen Vorwurf machen. Nicht wahr? Antworte doch. Kannst du ihnen daraus einen Vorwurf machen?»

«Scher dich zum Teufel, Mike.»

«Ich kann ihnen durchaus keinen Vorwurf machen. Kannst du ihnen daraus einen Vorwurf machen? Warum läufst du Brett die ganze Zeit über nach? Hast du denn gar keine Manieren? Hast du schon mal überlegt, wie mir dabei zumute ist?»

«Du bist gerade der Richtige, um über Manieren zu reden», sagte Brett. «Du hast ja so fabelhafte Manieren.»

«Komm, gehen wir, Robert», sagte Bill.

«Warum läufst du ihr immer nach?»

Bill stand auf und hakte Cohn unter.

«Bleibt hier», sagte Mike. «Robert Cohn wird uns eine Runde spendieren.»

Bill ging mit Cohn hinaus. Cohns Gesicht war wächsern. Mike redete weiter. Ich saß da und hörte eine Weile zu. Brett sah angeekelt aus.

«Weißt du, Michael, nun hör schon mit deinen verdammten Dämlichkeiten auf», unterbrach sie ihn.

«Dabei will ich nicht sagen, daß er nicht recht hat», wandte sie sich an mich.

Mike verlor seinen erregten Ton. Wir waren jetzt unter uns: Freunde.

«Ich war gar nicht so schlimm besoffen, wie es klang», sagte er.

«Ich weiß», sagte Brett.

«Keiner von uns ist nüchtern», sagte ich.

«Ich hab kein Wort gesagt, das ich nicht gemeint hätte.»

«Aber es war so schlecht formuliert», lachte Brett.

«Aber er ist doch ein Idiot. Er kam nach San Sebastián, wo wir ihn wirklich nicht gebrauchen konnten. Er lief immer hinter

Brett her und hat sie unentwegt angestiert. Das war zum Kotzen für mich.»

«Ja, er hat sich sehr schlecht aufgeführt», sagte Brett.

«Weißt du, Brett hat auch vorher Männergeschichten gehabt. Sie erzählt mir immer alles. Sie hat mir die Briefe von diesem Knaben Cohn zu lesen gegeben. Ich hab sie aber nicht gelesen.»

«Fabelhaft edel von dir.»

«Nein, Jake, hör mal zu. Brett ist schon mit allerhand Männern gereist. Aber es waren keine Juden, und sie haben einen nachher zufriedengelassen und sind ihr nicht nachgelaufen.»

«Verdammt nette Kerle», sagte Brett. «Das ist ja Quatsch, daß man darüber redet. Michael und ich, wir verstehen uns.»

«Sie hat mir Robert Cohns Briefe zum Lesen gegeben. Ich hab sie aber nicht gelesen.»

«Du liest doch überhaupt keine Briefe, mein Engel. Du liest ja nicht mal meine.»

«Ich kann keine Briefe lesen», sagte Mike. «Komisch, nicht?»

«Du liest überhaupt nichts.»

«Nein, das stimmt nicht. Ich lese schon. Ich lese, wenn ich zu Hause bin.»

«Nächstens wirst du schriftstellern», sagte Brett. «Also los, Michael. Damit mußt du dich abfinden. Die Sache mußt du jetzt durchhalten. Er ist nun mal hier. Verdirb uns nicht die Fiesta.»

«Schön, sag ihm, daß er sich benimmt.»

«Er wird sich schon benehmen, ich werd mit ihm sprechen.»

«Sag du's ihm doch, Jake. Entweder soll er sich benehmen oder machen, daß er wegkommt.»

«Ja», sagte ich, «wird höchst erfreulich für mich sein, ihm das zu sagen.»

«Weißt du, Brett, erzähl doch Jake, wie Robert dich nennt. Das ist einfach einzig, weißt du.»

«Nein, das kann ich nicht.»

«Los. Wir sind doch unter uns. Sind wir nicht gute Freunde, Jake?»

«Ich kann's ihm nicht erzählen. Es ist zu lächerlich.»

«Dann werd ich's ihm sagen.»

«Laß das, Michael, sei nicht so dumm.»

«Er nennt sie Circe», sagte Mike. «Er behauptet, daß sie

Männer in Schweine verwandelt. Verdammt gut, nicht? Wünschte, ich wäre einer dieser Dichterjünglinge.»

«Weißt du, er ist ganz begabt», sagte Brett. «Er schreibt einen guten Brief.»

«Ich weiß», sagte ich. «Er hat mir aus San Sebastián geschrieben.»

«Das war noch gar nichts», sagte Brett. «Er kann höchst amüsante Briefe schreiben.»

«Sie hat von mir verlangt, daß ich schreibe. Sie schützte Krankheit vor.»

«Ging mir auch verflucht schlecht.»

«Also los», sagte ich. «Wir wollen reingehen und was essen.»

«Wie soll ich mich gegen Cohn benehmen?» fragte Mike.

«Tu so, als ob gar nichts gewesen ist.»

«Von mir aus», sagte Mike, «ich bin nicht verlegen.»

«Wenn er etwas sagt, sagst du einfach, daß du besoffen warst.»

«Gut, und das Komische daran ist, ich glaube, ich war besoffen.»

«Also los», sagte Brett, «ist das Giftzeug bezahlt? Ich muß vorm Essen baden.»

Wir gingen über den Platz. Es war dunkel; rund um den Platz herum brannten die Lampen der Cafés unter den Arkaden. Wir gingen über den Kies unter den Bäumen ins Hotel.

Die anderen gingen hinauf, und ich blieb stehen, um mich mit Montoya zu unterhalten.

«Nun, wie haben Ihnen die Stiere gefallen?» fragte er.

«Gut. Schöne Stiere.»

«Sie gehen an», Montoya schüttete seinen Kopf, «aber sie sind nicht übermäßig.»

«Was gefiel Ihnen nicht?»

«Ich weiß nicht. Ich hatte nur so das Gefühl, daß sie nicht so berühmt wären.»

«Ich weiß, was Sie meinen.»

«Sie sind schon *gut*.»

«O ja, schon.»

«Wie gefielen sie Ihren Freunden?»

«Ausgezeichnet.»

«Gut», sagte Montoya.

Ich ging hinauf. Bill war in seinem Zimmer, stand auf seinem Balkon und sah auf den Platz. Ich stand neben ihm. «Wo ist Cohn?»

«Oben in seinem Zimmer.»

«Wie geht's ihm denn?»

«Natürlich scheußlich. Mike war entsetzlich. Er ist furchtbar, wenn er besoffen ist.»

«Er war gar nicht so besoffen.»

«Verdammt noch mal, nein. Ich weiß ja, was er getrunken hat, bevor wir ins Café kamen.»

«Nachher wurde er sogar recht nüchtern.»

«Schön, aber er war schrecklich. Gott weiß, ich mag Cohn wahrhaftig nicht leiden, und ich finde, es war blödsinnig von ihm, nach San Sebastián zu fahren, aber kein Mensch hat das Recht, so zu reden wie Mike.»

«Wie findest du die Stiere?»

«Toll. Auch toll, wie sie sie rauslassen.»

«Morgen kommen die Muiras.»

«Wann geht die Fiesta los?»

«Übermorgen.»

«Wir müssen aufpassen, daß Mike sich nicht immer so betrinkt. Solche Szenen sind unerträglich.»

«Wir wollen uns mal lieber zum Essen zurechtmachen.»

«Ja. Wird eine angenehme Mahlzeit werden.»

«Wahrhaftig.»

Tatsache war, daß das Abendessen richtig nett verlief. Brett trug ein schwarzes, ärmelloses Abendkleid. Sie sah wunderschön aus. Mike tat so, als ob nichts passiert war. Ich mußte hinaufgehen und Robert Cohn holen. Er war reserviert und zurückhaltend, und sein Gesicht war noch steif und bleich, aber zum Schluß wurde er ganz vergnügt. Er konnte kein Auge von Brett wenden. Es schien ihn glücklich zu machen. Wahrscheinlich war es für ihn ein angenehmes Gefühl, daß sie so schön aussah und daß er mit ihr zusammengewesen war und daß wir anderen es alle wußten. Das konnte ihm keiner nehmen. Bill war furchtbar komisch. Michael auch. Sie waren wahnsinnig komisch zusammen.

Es war so wie manches Essen im Krieg, an das ich mich

erinnere. Viel Wein, eine ignorierte Spannung und das Gefühl von Dingen, die kommen würden und die man nicht verhindern konnte. Unter der Wirkung des Weins verlor ich mein Gefühl von Ekel und war glücklich.

Sie schienen eigentlich alle ganz reizende Menschen zu sein.

(. . .)

Sonntag mittag, den 6. Juli, brach die Fiesta aus. Es gibt keinen anderen Ausdruck dafür. Den ganzen Tag über waren Leute vom Land in der Stadt eingetroffen, aber da sie sich in der Stadt verstreuten, bemerkte man sie nicht. Der Platz lag genauso ruhig wie an allen anderen Tagen in der heißen Sonne. Die Bauern saßen in den außerhalb liegenden Weinhandlungen. Dort tranken sie, um sich für die Fiesta vorzubereiten. Sie waren so frisch von den Ebenen und Bergen hereingekommen, daß es notwendig war, sich langsam an alle Werte zu gewöhnen. Sie konnten nicht von Anfang an die Preise in den Cafés bezahlen. Sie bekamen Entsprechendes für ihr Geld in den Weinhandlungen. Das Geld hatte für sie noch den Wert von soundso viel Arbeitsstunden und soundso viel Scheffeln verkauften Getreides. Am Ende der Fiesta war es ihnen dann ganz gleich, was sie bezahlten und wo sie kaufen.

Heute, am ersten Tag der Fiesta von San Fermín, saßen sie in den Weinhandlungen in den engen Straßen vom frühen Morgen an. Als ich früh am Morgen die Gassen zur Messe in der Kathedrale entlangging, hörte ich sie bei offenen Türen in den Weinhandlungen singen. Sie heizten ein bißchen ein. Bei der Elf-Uhr-Messe waren viele Leute. San Fermín ist auch ein kirchlicher Festtag.

Ich ging den Berg von der Kathedrale hinunter und die Straße hinauf zum Café auf dem Platz. Es war gegen Mittag. Robert Cohn und Bill saßen an einem der Tische. Die Tische mit den Marmorplatten und die Rohrstühle waren verschwunden. Man hatte sie durch gußeiserne Tische und Klappstühle ersetzt. Das Café sah wie ein zum Gefecht bereites Kriegsschiff aus. Heute ließen einen die Kellner den ganzen Morgen über nicht in Ruhe lesen, ohne einen zu fragen, was man bestellen wollte. Kaum saß ich, kam ein Kellner heran.

«Was trinkt ihr?» fragte ich Bill und Robert.

«Sherry», sagte Cohn.

«Jerez», sagte ich zu dem Kellner.

Bevor der Kellner den Sherry gebracht hatte, stieg die Rakete, die den Beginn der Fiesta ankündigte, auf dem Platz in die Höhe. Sie zerplatzte, und ein grauer Rauchball hing hoch über dem Teatro Gayarre, drüben auf der anderen Seite des Platzes, in der Luft. Der Rauchball hing am Himmel wie ein explodiertes Schrapnell, und während ich hinaufsah, tröpfelte eine zweite Rakete Rauch in das strahlende Sonnenlicht. Ich sah das helle Aufflammen beim Zerplatzen, und eine zweite kleine Rauchwolke erschien. Bis die zweite Rakete explodiert war, hatte sich in den Arkaden, die noch eine Minute vorher ganz leer gewesen waren, eine solche Menschenmenge angesammelt, daß der Kellner, der die Flasche hoch über seinem Kopf hielt, kaum durch das Gewühl zu unserem Tisch vordringen konnte. Von allen Seiten drängten die Leute auf den Platz, und man hörte die Pfeifen, Querpfeifen und Trommeln die Straße herunterkommen. Sie spielten die Riau-riau-Musik mit schrillenden Pfeifen und dröhnenden Trommeln, und hinter ihnen tanzten Männer und Jungens. Sobald die Pfeifenspieler aufhörten, hockten sich alle auf der Straße hin, und wenn die Rohrflöten und die Pfeifen gellten und die tiefen, trocken und hohl klingenden Trommeln den Takt wieder schlugen, sprangen alle tanzend in die Höhe. Man sah in dem Gewühl nur die Köpfe und Schultern der Tanzenden sich auf und ab bewegen.

Auf dem Platz spielte ein verkrüppelter Mann die Rohrpfeife, und ein Haufen Kinder lief ihm schreiend nach und zog ihn am Rock. Er kam über den Platz, die Kinder immer hinter ihm her, und pfiff sie an dem Café entlang und eine Seitenstraße hinunter. Wir sahen sein ausdrucksloses, pockennarbiges Gesicht, als er vorüberging, und dicht hinter ihm her schreiende und an seinem Rock zerrende Kinder.

«Das ist sicher der Dorftrottel», sagte Bill. «Mein Gott, sieh dir das an.»

Die Straße herunter kamen Tanzende. Die Straße war mit Tänzern angefüllt, nur Männer. Sie tanzten alle im Takt hinter ihren Pfeifenspielern und Trommlern her. Sie gehörten irgendeinem Verein an und trugen alle blaue Arbeitskittel und rote Taschentücher um den Hals und ein großes Banner zwischen zwei Stangen. Das Banner tanzte mit ihnen auf und ab, als sie, von der Menge umgeben, die Straße herunterkamen.

«Es lebe der Wein! Es leben die Fremden!» stand auf ihrem Banner.

«Wo sind die Fremden?» fragte Robert Cohn.

«Wir sind die Fremden», sagte Bill.

Die ganze Zeit über stiegen Raketen in die Luft. Die Tische der Cafés waren jetzt alle besetzt. Der Platz leerte sich, und die Leute füllten die Cafés.

«Wo sind Brett und Mike?» fragte Bill.

«Ich geh und hol sie», sagte Cohn.

«Bring sie her.»

Die Fiesta hatte wirklich begonnen. Sie dauerte Tag und Nacht, sieben Tage lang. Man tanzte und trank unentwegt, und der Lärm nahm kein Ende. Das, was so passierte, konnte nur während einer Fiesta passieren. Schließlich wurde alles ganz unwirklich, und es schien, als ob nichts während der Fiesta irgendwelche Folgen haben könne. Es schien gänzlich unangebracht, während der Fiesta an Folgen zu denken. Die ganze Fiesta über hatte man das Gefühl, selbst wenn es ruhig war, daß man alles, was man sagen wollte, schreien müsse, damit die anderen es hörten. Und so war es mit allem, was man tat. Es war eine Fiesta, und sie dauerte sieben Tage lang.

Am Nachmittag war die große religiöse Prozession. San Fermín wurde von einer Kirche in die andere überführt. An der Prozession nahmen alle städtischen und kirchlichen Würdenträger teil. Wir konnten sie nicht sehen, weil das Gewühl zu groß war. Vor und hinter der formellen Prozession tanzten die Riau-riau-Tänzer. Eine Gruppe in gelben Hemden tanzte in der Menge auf und ab. Alles, was wir durch die dichtgedrängte Masse, die auch alle Bürgersteige und Kurven anfüllte, von der Prozession sehen konnten, waren die Riesen, die Indios aus dem Zigarrenladen, dreißig Fuß hoch, Mauren, ein König und eine Königin, die feierlich zum Riau-riau sich drehten und walzten.

Sie standen alle vor der Kapelle, in der San Fermín und die Würdenträger verschwunden waren, nachdem sie die Riesen und die Männer, die in ihnen getanzt hatten und jetzt neben den ausruhenden Rahmen standen, und die Zwerge, die mit ihren kolossalen Blasen sich in der Menge hin und her bewegten, als Schildwache zurückgelassen hatten. Wir wollten eben hineingehen, und es roch nach Weihrauch und Menschen, die in die Kirche gingen, aber Brett wurde in der Tür angehalten, weil sie keinen Hut aufhatte; also gingen wir wieder hinaus und die Straße entlang, die von der Kapelle in die Stadt zurückführte. An beiden Straßenrändern standen Leute, die sich ihren Platz hielten, um die Prozession zurückkommen zu sehen. Ein paar Tänzer bildeten einen Kreis um Brett und fingen an zu tanzen. Sie trugen große Kränze von weißem Knoblauch um den Hals. Sie packten mich und Bill an den Armen und stellten uns in den Kreis. Bill fing auch an zu tanzen. Alle sangen. Brett wollte auch tanzen, aber sie ließen es nicht zu. Sie brauchten sie als Götzenbild, um das sie herumtanzen konnten. Als die Weise mit einem schrillen Riau-riau geendet hatte, drängten sie uns in eine Kneipe.

Wir standen vor der Theke. Brett mußte sich auf ein Weinfaß setzen. In der Weinhandlung war es dunkel und voll mit singenden Männern, rauhstimmigem Gesang. Hinter der Theke wurde der Wein aus den Fässern abgezogen. Ich legte Geld für den Wein hin, aber einer der Männer nahm es auf und steckte es mir wieder in die Tasche.

«Ich möchte einen ledernen Weinbeutel haben», sagte Bill.

«Die Straße runter ist ein Laden», sagte ich. «Ich werd uns ein paar besorgen.»

Die Tänzer wollten mich nicht weglassen. Drei von ihnen saßen auf dem hohen Weinfaß neben Brett und zeigten ihr, wie man aus den Weinbeuteln trinken müsse. Sie hatten ihr einen Knoblauchkranz umgehängt. Einer bestand darauf, ihr aus einem Glas etwas zu trinken zu geben. Irgendeiner lehrte Bill einen Gassenhauer, sang ihn ihm ins Ohr und schlug den Takt auf Bills Rücken.

Ich erklärte ihnen, daß ich wiederkommen würde. Draußen sah ich mich nach dem Laden um, in dem lederne Weinbeutel gemacht wurden. Die Menge drängte sich auf den Bürgersteigen, und viele Geschäfte hatten die Läden vor, und ich konnte ihn nicht finden. Ich ging bis zur Kirche und suchte auf beiden

Seiten der Straße. Dann fragte ich einen Mann, und er nahm mich beim Arm und führte mich hin. Die Läden waren zu, aber die Tür stand auf.

Drinnen roch es nach frischgegerbtem Leder und heißem Teer. Ein Mann schablonierte fertige Weinhäute. Sie hingen in Bündeln von der Decke. Er nahm eine herunter, blies sie auf, schraubte die Schnauze fest und sprang dann darauf.

«Sehen Sie. Es leckt nicht.»

«Ich möchte noch eine, eine große.»

Er nahm eine große von der Decke herunter, die wohl fünf Liter fassen konnte. Er blies sie auf; seine aufgeplusterten Backen standen über den Weinbeutel hervor; er stellte sich auf die *bota* und hielt sich an einem Stuhl fest.

«Was wollen Sie damit machen? Sie in Bayonne verkaufen?»

«Nein. Daraus trinken.»

Er klopfte mir auf die Schulter.

«Guter Mann, 8 Peseten für die zwei. Der niedrigste Preis.»

Der Mann, der die neuen schablonierte und sie auf einen Haufen warf, hielt inne.

«Stimmt», sagte er, «8 Peseten ist billig.»

Ich bezahlte, ging hinaus und die Straße zu der Weinhandlung zurück. Es war noch dunkler als vorher und sehr voll. Ich sah weder Brett noch Bill, und jemand sagte, sie seien im Hinterzimmer. Am Schanktisch füllte das Mädchen meine beiden Weinbeutel. Einer hielt zwei Liter. Der andere faßte fünf Liter. Beide zu füllen kostete zusammen 3 Peseten und 60 Centimos. Jemand am Schanktisch, den ich nie vorher gesehen hatte, versuchte für meinen Wein zu bezahlen, aber schließlich bezahlte ich doch dafür. Der Mann, der durchaus bezahlen wollte, lud mich zu einem Drink ein. Er erlaubte nicht, daß ich mich revanchierte, sondern sagte, er würde sich den Mund mit einem Schluck aus dem neuen Weinbeutel ausspülen. Er kippte den großen Fünf-Liter-Beutel hoch und drückte ihn, so daß der Wein in seinen Schlund spritzte.

«Gut», sagte er und gab mir den Beutel zurück.

Im Hinterzimmer saßen Brett und Bill auf Weinfässern, von den Tänzern umringt. Alle hatten die Arme um die Schultern des Nachbarn geschlungen und alle sangen. Mike saß an einem

Tisch mit einigen Männern in Hemdsärmeln und aß aus einer Schüssel Thunfisch, gehackte Zwiebeln und Essig. Sie tranken alle Wein und tunkten Essig und Öl mit Brot auf.

(. . .)

Auf unserem Weg durch die dunklen Straßen zum Hotel sahen wir die Raketen auf dem Platz aufsteigen. Durch die Seitenstraßen sah man auf den mit Menschen angefüllten Platz, die in der Mitte alle tanzten.

Wir aßen eine Riesenmahlzeit im Hotel. Es war die erste Mahlzeit zu doppelten Preisen wegen der Fiesta, und es gab noch einige neue Gänge dazu. Nach dem Essen gingen wir durch die Stadt. Ich erinnere mich, daß ich beschloß, die ganze Nacht aufzubleiben, um die Stiere um sechs Uhr früh durch die Straßen kommen zu sehen, und dann war ich so müde, daß ich so gegen vier Uhr zu Bett ging. Die anderen blieben auf.

Mein eigenes Zimmer war verschlossen, und ich konnte den Schlüssel nirgends finden, darum ging ich die Treppe hinauf und schlief in einem der Betten in Cohns Zimmer. Die Fiesta nahm draußen in der Nacht ihren Fortgang, aber ich war zu schläfrig, um wach zu bleiben. Ich erwachte durch den Lärm einer explodierenden Rakete, die das Loslassen der Stiere aus den Corrals am Ende der Stadt anzeigte. Nun würden sie durch die Stadt jagen und in den Toril stürmen. Ich hatte fest geschlafen, und als ich erwachte, wußte ich, daß es zu spät war. Ich zog einen Mantel von Cohn an und ging hinaus auf den Balkon. Unten die enge Straße war leer. Alle Balkons waren mit Leuten überfüllt. Plötzlich kam ein Haufen Menschen die Straße herunter. Sie rannten alle, dicht gedrängt. Sie kamen vorbei und liefen die Straße zu nach dem Toril, und hinter ihnen kamen mehr Leute, die noch schneller liefen, und dann ein paar Nachzügler, die wirklich rannten. Hinter ihnen war ein kleiner, freier Zwischenraum, und dann galoppierten die Stiere heran, ihre Köpfe auf und ab werfend. Alles verschwand außer Sicht. Ein Mann fiel hin, rollte in den Rinnstein und lag unbeweglich da. Aber die Stiere liefen stracks weiter und bemerkten ihn nicht. Sie rannten alle zusammen.

Nachdem sie außer Sicht waren, hörte man ein großes Gebrüll aus dem Toril. Es dauerte an. Dann schließlich den Paff einer

Rakete, der bedeutete, daß die Stiere durch die Menschenmenge hindurch in die Arena und die Corrals gelaufen waren. Ich ging ins Zimmer zurück und ins Bett. Ich hatte auf dem steinernen Balkon mit nackten Füßen gestanden. Ich wußte, daß die ganze Clique draußen in der Arena gewesen war. Als ich wieder im Bett lag, schlief ich sofort ein.

Cohn weckte mich, als er nach Hause kam. Er fing an sich auszuziehen und ging und machte das Fenster zu, weil die Leute von dem Balkon des gegenüberliegenden Hauses uns in die Fenster sahen.

«Hast du alles gesehen?» fragte ich.

«Ja. Wir waren alle da.»

«Jemand verletzt worden?»

«Einer der Stiere geriet ins Publikum in der Arena und hat sechs oder acht Leute in die Luft geschleudert.»

«Wie fand es Brett?»

«Es ging alles so schnell, daß es überhaupt niemand berührt hat.»

«Schade, daß ich nicht auf war.»

«Wir wußten gar nicht, wo du warst. Wir waren an deiner Tür, aber sie war verschlossen.»

«Wo wart ihr die Zeit über?»

«Wir haben getanzt.»

«Ich war zu müde», sagte ich.

«Himmel! Bin ich jetzt müde», sagte Cohn. «Hört dies denn überhaupt nicht auf?»

«Nicht vor einer Woche.»

Bill machte die Tür auf und streckte seinen Kopf herein.

«Wo warst du denn, Jake?»

«Ich habe sie vom Balkon aus vorbeikommen sehen. Wie war's?»

«Fabelhaft.»

«Wo gehst du hin?»

«Schlafen.»

Vor Mittag war keiner auf. Wir aßen an einem von den Tischen, die man unter die Arkaden gestellt hatte. Die Stadt war voller Leute. Wir mußten auf einen Tisch warten. Nach Tisch gingen wir hinüber ins *Iruña*. Es füllte sich, und als die Zeit der

Stierkämpfer näher kam, wurde es voller, und die Tische waren dicht besetzt. In der Luft war ein dichtes, gedrängtes Summen, wie jeden Tag vor einem Stierkampf. Das Café machte zu keiner anderen Zeit dieses Geräusch, ganz gleich, wie überfüllt es auch sein mochte. Das Summen hielt an, und wir saßen da und waren ein Teil davon.

Ich hatte sechs Plätze für alle Kämpfe genommen. Drei davon waren *barreras*, erste Reihe, erster Ring, und drei *sobrepuertos*, Sitze mit hölzernen Lehnen auf halber Höhe des Amphitheaters.

Mike fand, daß Brett das erste Mal lieber hoch oben sitzen sollte, und Cohn wollte sich zu ihnen setzen. Bill und ich sollten auf den *barreras* sitzen, und ich gab dem Kellner das übriggebliebene Billett zum Verkaufen. Bill gab Cohn Ratschläge, wie er sich benehmen und wo er hinsehen sollte, damit ihm die Pferde nicht leid täten. Bill hatte eine ganze Saison Stierkämpfe hinter sich.

«Ich habe keine Angst, wie ich es überstehen werde», sagte Cohn, «ich habe nur Angst, daß es mich langweilen wird.»

«Glaubst du?»

«Sieh nicht die Pferde an, nachdem der Stier sie aufgeschlitzt hat», sagte ich zu Brett. «Sieh zu, wenn er angreift, und sieh zu, wie der Picador versucht, den Stier abzuwehren, aber dann sieh erst wieder hin, wenn das Pferd tot ist, falls es verwundet worden ist.»

«Mir ist ein bißchen schwummerig», sagte Brett. «Wer weiß, ob ich es aushalten kann.»

«Du wirst es schon aushalten. Dir wird nur der Teil mit den Pferden schrecklich sein, und sie sind ja bei jedem Stier nur ein paar Minuten drin. Sieh eben einfach nicht hin, wenn es schlimm wird.»

«Es wird schon gehen», sagte Mike. «Ich werd schon auf sie aufpassen.»

«Ich glaub nicht, daß du dich langweilen wirst», sagte Bill.

«Ich geh rüber zum Hotel und hol die Ferngläser und den Weinbeutel», sagte ich. «Ich treff euch gleich hier. Beschwipst euch nicht inzwischen.»

«Ich komm mit», sagte Bill. Brett lächelte uns zu.

Wir gingen unter den Arkaden entlang, um die Hitze auf dem Platz zu vermeiden.

«Dieser Cohn ist unerträglich», sagte Bill. «Seine jüdische Überlegenheit ist so stark, daß er glaubt, daß er nichts als Langeweile von dem Kampf haben wird.»

«Wir werden ihn mit den Ferngläsern beobachten», sagte ich.

«Zum Teufel mit ihm.»

«Da verbringt er eine Menge Zeit.»

«Sollte dableiben.»

Auf der Treppe im Hotel trafen wir Montoya.

«Kommen Sie», sagte Montoya. «Wollen Sie Pedro Romero kennenlernen?»

«Großartig», sagte Bill. «Wo ist er?»

Wir folgten Montoya die Treppe hinauf und einen Korridor entlang.

«Er wohnt in Zimmer acht», erklärte Montoya. «Er zieht sich zum Kampf um.»

Montoya klopfte an die Tür und öffnete sie. Es war ein düsteres Zimmer; durch das Fenster, das auf die enge Straße ging, fiel nur wenig Licht herein. Es hatte zwei Betten, die durch eine klösterliche Scheidewand getrennt waren. Das elektrische Licht brannte. Der Junge stand sehr gerade und ohne zu lächeln in seinem Stierkämpferanzug da. Seine Jacke hing über einer Stuhllehne. Sie waren gerade dabei, ihm die Schärpe umzuwinden. Sein schwarzes Haar glänzte unter dem elektrischen Licht. Er trug ein weißes Leinenhemd, und der Degenträger befestigte das Ende seiner Schärpe, stand auf und trat einen Schritt zurück. Pedro Romero nickte, er schien mit seinen Gedanken sehr weit weg und machte einen würdigen Eindruck, als er uns die Hand gab. Montoya sagte, daß wir leidenschaftliche *aficionados* seien und daß wir ihm Glück wünschen wollten. Romero hörte sehr ernst zu.

Dann wandte er sich zu mir. Er war der bestaussehende Junge, der mir je begegnet ist.

«Sie gehen zum Stierkampf», sagte er auf englisch.

«Sie können Englisch?» sagte ich und fühlte mich wie ein Idiot.

«Nein», sagte er und lächelte.

Einer der drei Männer, die bisher auf den Betten gesessen hatten, kam näher und fragte, ob wir Französisch sprächen. «Wollen Sie, daß ich dolmetsche? Wollen Sie Pedro Romero irgendwas fragen?»

Wir dankten ihm. Was sollte man ihn schon fragen? Der Junge war neunzehn Jahre alt, allein bis auf seinen Degenträger und die drei Anhänger, und der Stierkampf sollte in zwanzig Minuten losgehen. Wir wünschten ihm *mucha suerte*, schüttelten ihm die Hand und gingen hinaus. Er stand da, gerade und gut aussehend und ganz für sich allein, allein in dem Zimmer mit seinen Anhängern, als wir die Tür schlossen.

«Ein feiner Junge, nicht wahr?» fragte Montoya.

«Gut aussehender Kerl», sagte ich.

«Er sieht wie ein Torero aus», sagte Montoya. «Ganz der Typ.»

«Ein feiner Junge.»

«Wir wollen sehen, wie er in der Arena ist», sagte Montoya.

Wir fanden den großen, ledernen Weinbeutel an der Wand meines Zimmers gelehnt, nahmen ihn und die Feldstecher, schlossen die Tür ab und gingen hinunter.

Es war ein guter Stierkampf. Bill und ich regten uns sehr wegen Pedro Romero auf. Montoya saß ungefähr zehn Plätze von uns entfernt. Nachdem Romero den ersten Stier getötet hatte, fing ich Montoyas Blick auf, der mir zunickte. Das war einer! Schon lange hatte es keinen mehr gegeben. Von den anderen beiden Matadoren war der eine recht gut und der andere ging an. Aber mit Romero war gar kein Vergleich, abschon keiner seiner Stiere viel taugte.

Mehrere Male während des Stierkampfs sah ich mit dem Fernglas zu Mike, Brett und Cohn hinauf. Es schien alles in Ordnung. Brett sah wie sonst aus. Alle drei lehnten sich auf die Betonbrüstung vor ihnen.

«Gib mir das Fernglas», sagte Bill.

«Sieht Cohn gelangweilt aus?» fragte ich.

«Dieser Itzig.»

Außerhalb der Arena konnte man, nachdem der Stierkampf vorüber war, sich nicht bewegen. Wir konnten uns nicht durchdrängen, sondern mußten uns langsam in der Menge, die sich wie ein Gletscher der Stadt zuschob, fortbewegen. Wir fühlten unser Gleichgewicht gestört, das war immer so nach einem Stierkampf, und außerdem hatte man ein Gefühl froher Erregung, das immer auf einen guten Stierkampf folgt. Die Fiesta nahm ihren Lauf. Die Trommeln dröhnten, und die Pfeifenmusik schrillte, und überall war das Hin und Her der Menge durch Tanzende unterbrochen. Die Tänzer waren alle inmitten der Menge, so daß man nicht das komplizierte Spiel der Füße beobachten konnte. Alles, was man sehen konnte, waren die Köpfe und Schultern, die auf und ab wogten, auf und ab. Schließlich waren wir aus dem Gewühl heraus und gingen zum Café. Der Kellner reservierte Stühle für die anderen, und jeder von uns bestellte einen Absinth, und dann beobachteten wir die Menge und die Tänzer auf dem Platz.

«Was ist denn das für ein Tanz?» fragte Bill.

«Eine Art Jota.»

«Es ist nicht immer dasselbe. Sie tanzen zu jeder Melodie etwas anderes», sagte Bill.

«Sie tanzen fabelhaft.»

Direkt vor uns auf einem freien Stück Straße tanzten ein paar Jungens. Die Schritte waren sehr kompliziert, und ihre Gesichter hatten einen gesammelten und gespannten Ausdruck. Sie sahen alle zur Erde, während sie tanzten. Ihre Schuhe, deren Sohlen aus Tauen geflochten waren, klopften und spritzten auf dem Pflaster. Ihre Zehen, ihre Hacken, ihre Fußballen berührten den Boden. Plötzlich brach die Musik wild ab, die Vorführung war zu Ende, und sie tanzten alle weiter auf der Straße entlang.

«Da kommt der Adel», sagte Bill.

Sie kamen über den Damm.

«Hallo, Leute!» sagte ich.

«Hallo, Kinder!» sagte Brett. «Ihr habt uns Plätze reserviert? Wie nett von euch.»

«Wißt ihr», sagte Mike, «dieser Romero, oder wie er heißt, das ist eine Nummer. Hab ich recht?»

«Ja, ist er nicht schön?» sagte Brett. «Und seine grüne Hose.»

«Brett konnte sich an ihr gar nicht satt sehen.»

«Hör mal, morgen mußt du mir dein Fernglas borgen.»

«Wie ist es denn gewesen?»

«Glänzend. Einfach großartig. Wißt ihr, das ist ein Schauspiel.»

«Und das mit den Pferden?»

«Ich mußte die ganze Zeit über hinsehen.»

«Sie konnte die Augen nicht von ihnen losreißen», sagte Mike. «Sie ist ein außergewöhnliches Frauenzimmer.»

«Es ist schon ziemlich ekelhaft, was mit ihnen geschieht», sagte Brett. «Aber trotzdem konnte ich nicht wegsehen.»

«Nicht elend gefühlt?»

«Nein, hab mich gar nicht schlecht gefühlt.»

«Aber Robert Cohn», warf Mike ein. «Du warst ganz grün, Robert.»

«Das erste Pferd war gräßlich», sagte Cohn.

«Du hast dich also nicht gelangweilt?» fragte Bill.

Cohn lachte. «Nein. Es war nicht langweilig. Ich hoffe, ihr nehmt's mir nicht weiter übel, daß ich das gesagt habe.»

«Alles gut und schön», sagte Bill, «solange du dich nicht gelangweilt hast.»

«Er sah nicht gelangweilt aus. Ich dachte, ihm würde schlecht werden.»

«So schlecht hab ich mich nicht gefühlt. Es war nur ein Augenblick.»

«Ich dachte, ihm würde schlecht werden. Du hast dich also nicht gelangweilt, Robert, nicht wahr?»

«Laß gut sein, Mike, ich hab doch gesagt, daß es mir leid tut, daß ich es gesagt habe.»

«Ihm war schlecht, wißt ihr. Er war absolut grün.»

«Also hör schon auf, Michael.»

«Du sollst dich nicht bei deinem ersten Stierkampf langweilen, Robert», sagte Mike. «Es kann direkt unangenehm werden.»

«Hör schon auf, Michael», sagte Brett.

«Er hat gesagt, Brett sei sadistisch», sagte Mike. «Brett ist keine Sadistin. Sie ist einfach ein herrliches, gesundes Frauenzimmer.»

«Bist du eine Sadistin, Brett?» fragte ich.

«Hoffentlich nicht.»

«Er hat gesagt, Brett sei sadistisch, einfach weil sie einen guten, gesunden Magen hat.»

«Wird nicht lange anhalten.»

Bill lenkte Mike von Cohn ab. Der Kellner brachte die Absinthgläser.

«Mochtest du es wirklich?» fragte Bill Cohn.

«Nein, ich kann nicht behaupten, daß es mir gefallen hat. Aber es ist ein wunderbares Schauspiel.»

«Herrje, was für ein Schauspiel!» sagte Brett.

«Mir wär's lieber, die Geschichte mit den Pferden fiele weg», sagte Cohn.

«Es ist ja unwichtig», sagte Bill. «Nach einer kurzen Zeit merkt man gar nicht mehr, daß es widerwärtig ist.»

«So im Anfang ist es ein bißchen toll», sagte Brett. «Das ist ein schrecklicher Augenblick, wenn sich der Stier direkt auf das Pferd stürzt.»

«Die Stiere waren gut», sagte Cohn.

«Sie waren ausgezeichnet», sagte Mike.

«Nächstes Mal will ich unten sitzen.» Brett trank aus ihrem Absinthglas.

«Sie will die Stierkämpfer in der Nähe sehen», sagte Mike.

«Sie sind schon was», sagte Brett. «Dieser Romerojunge ist ein richtiges Kind.»

«Er sieht verdammt gut aus», sagte ich. «Als wir bei ihm auf seinem Zimmer waren, ich muß sagen – ich habe nie einen besser aussehenden Burschen gesehen.»

«Für wie alt hältst du ihn?»

«Neunzehn oder zwanzig.»

«Sieh mal an.»

Der Stierkampf am zweiten Tag war viel besser als der am ersten. Brett saß zwischen Mike und mir an der *barrera*, und Bill und Cohn gingen nach oben. Romero machte das Ganze. Ich glaube, Brett sah überhaupt nur ihn. Den anderen, bis auf die ganz hartgesottenen Sachverständigen, ging es ebenso. Romero war alles. Es fochten außer ihm noch zwei Matadore, aber sie zählten nicht. Ich saß neben Brett und erklärte ihr, worum es sich handelte. Ich sagte ihr, sie solle den Stier und nicht das Pferd beobachten, wenn die Stiere die Picadores angriffen, und sah zu, daß sie beobachtete, wie der Picador die Spitze seiner Lanze placierte, damit das Ganze eine Sache mit einem Ziel wurde und nicht nur ein Schauspiel mit unerklärlichen Grausamkeiten blieb. Ich machte sie darauf aufmerksam, wie Romero mit seiner *capa* den Stier von einem gefallenen Pferd abzog und wie er ihn mit der *capa* hielt und ihn geschmeidig und anmutig herumdrehte, ohne dem Stier etwas zu tun. Sie sah, wie Romero jede schroffe Bewegung vermied und seine Stiere für das Ende aufsparte, wenn er sie nicht fertig und abgekämpft, sondern ermüdet haben wollte. Sie sah, wie nah Romero immer an dem Stier arbeitete, und ich zeigte ihr die Tricks, die die anderen Stierkämpfer benutzten, damit es aussah, als ob sie nah daran arbeiteten. Ihr wurde klar, warum sie die *capa*-Arbeit von Romero mochte und die der anderen nicht.

Bei Romero gab es keine Verzerrungen, es war immer alles gerade, rein und natürlich in der Linie. Die anderen wanden sich wie Korkenzieher, mit hochgehobenen Ellbogen, und lehnten sich an die Flanke des Stiers, wenn seine Hörner vorbei waren, damit es gefährlich aussehen sollte. Nachher merkte man schon, was Schwindel gewesen war, es gab einem ein unangenehmes Gefühl. Romeros Stierkampf gab allem innere Spannung, weil er die absolute Reinheit der Linie seiner Bewegungen bewahrte und immer ruhig und glatt die Hörner ganz dicht an sich vorbeiließ. Er brauchte die Nähe nicht zu betonen. Brett sah, daß das, was schön war, wenn es nahe am Stier geschah, weiter ab lächerlich wurde.

Ich erzählte ihr, daß seit dem Tod von Joselito alle Stierkämpfer die Technik entwickelt hatten, Gefahr vorzutäuschen, um eine falsche Erregung zu verursachen, während der Stierkämpfer sich in Wirklichkeit in Sicherheit befand. Romero war alte Schule, er hielt eine reine Linie dadurch, daß er sich im höchsten Maß der Gefahr aussetzte, während er den Stier dadurch beherrschte, daß er ihm zu verstehen gab, daß er unerreichbar sei, während er ihn auf den Tod vorbereitete.

«Ich habe keine ungeschickte Bewegung an ihm gesehen», sagte Brett.

«Wirst du auch nicht, solange er keine Angst hat», sagte ich.

«Der wird keine Angst haben», sagte Mike. «Er weiß zu verdammt viel.»

«Er wußte alles, als er anfing. Das kann keiner lernen, das ist bei ihm angeboren.»

«Und wie er aussieht», sagte Brett.

«Ich nehme an, du weißt, daß sie sich in diesen Stierkämpferburschen verliebt hat», sagte Mike.

«Würde mich gar nicht wundern.»

«Sei ein guter Kerl, Jake, und erzähl ihr nichts über ihn. Erzähl ihr doch, daß alle Stierkämpfer gewöhnlich ihre alten Mütter verprügeln.»

«Erzähl mir, daß sie Trunkenbolde sind.»

«Einfach schrecklich», sagte Mike. «Den ganzen Tag betrunken und verprügeln unentwegt ihre alten Mütter.»

«So sieht er aus», sagte Brett.

«Nicht wahr?» sagte ich.

Sie hatten die Maultiere an den toten Stier gebunden, und dann pfiff die Peitsche durch die Luft, die Männer liefen, und die Esel galoppierten mit gestreckten Beinen, und der Stier, dessen eines Horn hochstand, den Kopf auf der Seite, fegte glatt über den Sand und durch das rote Tor hinaus.

«Der nächste ist der letzte.»

«Ach nein», sagte Brett. Sie lehnte sich über die *barrera*. Romero winkte seine Picadores auf ihre Plätze, dann stand er, seine *capa* gegen die Brust haltend, und sah durch die Arena dorthin, wo der Stier herauskommen mußte.

Nachdem es vorbei war, gingen wir hinaus und wurden in dem Gewühl eingequetscht.

«Diese Stierkämpfer haben's in sich», sagte Brett. «Ich fühl mich wie eine ausgepreßte Zitrone.»

«Kriegst gleich was zu trinken», sagte Mike.

Am nächsten Tag kämpfte Pedro Romero nicht. Es waren Miura-Stiere und ein sehr schlechter Stierkampf. Am Tag darauf war kein Stierkampf angesetzt. Aber Tag und Nacht nahm die Fiesta ihren Lauf.

(G. W. 1/182–213) (1926)

«Fiesta *erschien bei Scribner's, New York, in einer Auflage von 5000 Exemplaren. Das Buch war ein Erfolg bei der Kritik und bei der College-Jugend als Roman der Verlorenen Generation. Die für die jüngere Generation und die Rezeption der Moderne wichtigen Kritiker Edmund Wilson und Malcolm Cowley lobten ihn; Hemingways Eltern waren enttäuscht.* Fiesta *war ein Skandalerfolg als Schlüsselroman über die Pariser Kulturszene. Einige, die sich porträtiert fühlten, gerieten in Zorn.*

Im Dezember 1926 waren 7000, im Februar 1927 12 000, im Oktober 23 000 Exemplare der Originalausgabe verkauft.» (M. C. 341)

«*Im Frühjahr 1928 schrieb Richmond Barrett in* Harper's Magazine *über die Wirkung des Buches: ‹Die jungen Leute haben es auswendig gelernt. Sie verlassen ihre Familien und laufen aus der Schule weg ... Sie schiffen sich nach Paris ein und wollen unter den Markisen des Dôme und der Rotonde Jünger des neuen Glaubens werden.› Aus New Haven, Connecticut, berichtete Thornton Wilder, daß die* undergraduates *von Yale sehr von dem Roman eingenommen seien, und in New York, so Malcolm Cowley, ‹versuchten die jungen Frauen, Lady Brett nachzueifern›. Edmund Wilson sagte von dem Autor Hemingway, er habe ‹die romantische Desillusionierung der Zeit ausgedrückt und die für sie typische Haltung benannt. Es war die Zeit für Höflichkeit bei gebrochenem Herzen, bittere Worte und nonchalante Konversation und heroische Zerstreuungen. Der Schlüsselsatz hieß: Trink was!, und in den Bars von New York und Paris fingen die jungen Leute an, wie Gestalten von Hemingway zu reden.›*» (Lynn 336/37)

2 Ich pfeif auf viele Sachen, die dir wichtig sind

John Dos Passos, mit Hemingway seit den Pariser Tagen befreundet, hatte von Key West geschwärmt, der inselartig im Meer gelegenen Südspitze Floridas. Nach einigen längeren Besuchen seit dem Frühjahr 1928 siedelt Ernest Hemingway im Januar 1930 dorthin über.

Er ist nun mit Pauline Pfeiffer verheiratet. Die elegante Frau aus einer wohlhabenden Unternehmer- und Grundbesitzerfamilie, Modejournalistin für Vogue, *hatte Hemingway im März 1925 kennengelernt; sie hatte sich zunächst mit Hadley angefreundet. Skiferien zu dritt in der Schweiz und ein Aufenthalt in der Villa eines befreundeten Ehepaars an der Riviera hatten zu Spannungen geführt. Hadley erinnerte sich später: «Das war die Zeit der drei Frühstückstabletts, der drei nassen Schwimmanzüge auf der Wäscheleine und der drei Fahrräder.» Schließlich wird die Ehe im Januar 1927 geschieden, der 1923 geborene Sohn John Hadley Nicanor (gen. Bumby) bleibt bei der Mutter. Ernest Hemingway und Pauline Pfeiffer heiraten im Mai 1927. Im Sommer des gleichen Jahres kommt der Sohn Patrick zur Welt.*

Hemingways Vater begeht im Dezember 1928 Selbstmord; er erschießt sich mit einem Long John *Revolver aus der Zeit des Bürgerkriegs, den er von seinem Vater geerbt hatte. Ernest Hemingway liegt viel daran, diese Waffe zu besitzen.*

«Im Anschluß an die Kurzgeschichte In einem andern Land *entwirft Hemingway im März 1928, plötzlich von Erinnerungen an 1918 überfallen, einen Roman über den Stoff seiner Kriegserfahrungen. Nach konzentrierter Arbeit ist die erste Fassung im August abgeschlossen. Ab Mai 1929 erscheint* In einem anderen Land (A Farewell to Arms) *in Fortsetzungen in* Scribner's Magazine, *wofür der Autor 15 000 Dollar erhält, die bis dahin höchste von Scribner's bezahlte Summe für einen Fortsetzungsroman. Im September kommt die Buchausgabe heraus. Lobende Kritiken. Verkauf: Oktober 28 000; Heming-*

way führt die Bestseller-Liste zusammen mit Erich Maria Remarques Im Westen nichts Neues *an. Ende 1930 Verkauf der Filmrechte an Paramount.*

Für die Dauer seiner Ehe mit Pauline ist Hemingways fester Wohnsitz Key West, wo er im Frühjahr 1931 mit finanzieller Hilfe von Paulines Onkel Gus ein Haus erwirbt; dazu kommt im April 1934 der Kauf der hochseetüchtigen Motoryacht Pilar *mit Hilfe eines Vorschusses von* Esquire *und wiederum von Onkel Gus. Mit seiner Entdeckung des Hochseeangelns auf den Marlin im Golfstrom, im Sommer 1933, hält sich Hemingway zunehmend auf Kuba in Havanna auf, seit April 1935 auch auf der Insel Bimini, die zu den Bahamas gehört. Er verbringt Hochsommer und Frühherbst nach Möglichkeit auf der Nordquist-Gästeranch in den Bergen von Wyoming, wo er angelt und auf Jagd geht (Wapiti-Hirsch, Bergantilope, Bären).»* (M. C. 344/45)

Kenneth S. Lynn, der Verfasser einer 1987 erschienenen Hemingway-Biographie, vermutet einen Zusammenhang zwischen dem Freitod des Vaters und der «bis zum Wahnsinn gesteigerten» Jagdleidenschaft. In der story Väter und Söhne *(1933) heißt es von Nick Adams:* «und jetzt, mit achtunddreißig, angelte und jagte er genauso gern wie damals, als er zuerst mit seinem Vater gegangen war. Es war eine Leidenschaft, die niemals nachgelassen hatte, und er war seinem Vater sehr dankbar dafür, daß er sie in ihm geweckt hatte.» *«Ob Hemingway an einem Tag dreißig Forellen aus dem Yellowstone River zog oder in Arkansas Wachteln schoß, so schnell er nachladen konnte, oder in Montana auf Elche ging, oder im Golfstrom mit einem riesigen Marlin kämpfte – ‹Papa› Hemingway zollte jenen Eigenschaften Tribut, für die er seinen Vater als Junge am heftigsten bewundert hatte. Rekorde bei der Jagd bewiesen, daß er ein richtiger Mann war, verglichen mit dem Feigling, der sich umgebracht hatte.»*

Tod am Nachmittag

Tod am Nachmittag *(1932) ist das erste Buch, das Hemingway nach dem Tod seines Vaters schrieb. Es ist ein Sachbuch, eine Einführung in den modernen spanischen Stierkampf für englische und amerikanische Leser. Es gründet in seinen Erfahrungen als* aficionado, *seinen Freundschaften mit einigen Matadoren (und der Beschäftigung mit 2077 Büchern über die Tauromachie, wie man in einer bibliographischen Anmerkung beiläufig erfährt).*

Man spürt die Anwesenheit des toten Dr. Hemingway nicht nur in Formulierungen wie: der Autor habe zwar schon vor seiner Bekanntschaft mit dem Stierkampf den Tod gekannt, sei aber nie in der Lage gewesen, ihn «so zu beobachten wie ein Mensch zum Beispiel den Tod seines Vaters studieren könnte». Tod am Nachmittag, *so Lynn, sei gekennzeichnet durch eine wahre Todesbesessenheit.*

Außerdem zeige sich, wie Hemingways Schreiben nun vom Hemingway-Mythos unterwandert wird. «Der Held des Buches ist kein geplagter Nick Adams mehr, kein invalider Jake Barnes, kein unausgefüllter Frederic Henry, sondern ein allgegenwärtiger, allwissender Ernest Hemingway.» (Lynn 395/96). *Allerdings sind die Auskünfte über die Kunst des Schreibens für jeden an der modernen Literatur Interessierten wichtig:*

Ich versuchte damals zu schreiben, und ich fand, daß die größte Schwierigkeit – außer ehrlich zu wissen, was man wirklich fühlte und nicht einfach das, was man fühlen sollte oder was man fühlen gelernt hatte – darin bestand, niederzuschreiben, was wirklich bei einer Handlung geschah; was es tatsächlich war, was die Gefühlsregung, die man verspürte, hervorrief. Wenn man für eine Zeitung schreibt und berichtet, was geschah, vermittelt man mit Hilfe des aktuellen Zeitelements, das da jedem Bericht über ein Tagesgeschehen einen gewissen Gefühlsgehalt verleiht, eben jene Gefühlsregung. Aber die Sache selbst, die Folge aus Bewegung und Sachverhalt, welche die Gefühlsregung hervorruft, und die in einem Jahr oder in zehn Jahren noch ebenso gültig sein würde, oder mit etwas Glück, und wenn man es rein genug ausdrückte, immer, lag jenseits meines Könnens, und ich arbeitete angestrengt darauf hin, das zu erreichen.

(G. W. 8/9–10)

Auch dies nicht zu vergessen! Wenn sich ein Mensch klar genug ausdrückt, kann jeder sehen, wenn er mogelt. Wenn er mystifiziert, um eine einfache Feststellung zu vermeiden, was ganz verschieden ist vom Durchbrechen sogenannter grammatikalischer oder syntaktischer Regeln, um einen Effekt zu erzielen, der auf keine andere Art und Weise erreichbar ist, dauert es länger, bis der Schriftsteller als Schwindler erkannt wird, und andere Schriftsteller, die an der gleichen Armut leiden, werden ihn loben, um sich selbst zu rechtfertigen. Wahrer Mystizismus sollte nicht verwechselt werden mit der Unfähigkeit, sich auszudrücken, wenn jemand zu mystifizieren sucht, wo kein Mysterium da ist, sondern nur die Notwendigkeit zu fälschen, um fehlende Kenntnisse oder die Unfähigkeit, etwas klar auszudrücken, zu verdecken. Mystizismus setzt ein Mysterium voraus, und es gibt viele Mysterien, aber Unfähigkeit ist nicht eines von ihnen, noch wird überhitzter Journalismus durch die Injektion einer falschen epischen Manier zu Literatur. Vergessen Sie auch dies nicht: alle schlechten Schriftsteller sind verliebt ins Epische.

(G. W. 8/52)

Wenn ein Schriftsteller einen Roman schreibt, sollte er lebendige Menschen schaffen, Menschen, nicht Charaktere. Ein Charakter ist eine Karikatur. Wenn ein Schriftsteller Menschen lebendig machen kann, sind vielleicht keine großen Charaktere in seinem Buch, aber es ist möglich, daß sein Buch als Ganzes Bestand haben wird, als eine Einheit, als Roman. Wenn die Leute, die der Schriftsteller macht, sich von alten Meistern, von Musik, von moderner Malerei, von Literatur oder über Wissenschaft unterhalten, dann sollten sie in dem Roman auch über jene Themen reden. Wenn sie nicht über jene Themen reden, und der Schriftsteller läßt sie darüber reden, ist er ein Fälscher, und wenn er selbst über sie spricht, um zu zeigen, wieviel er weiß, dann macht er sich wichtig. Ganz gleichgültig, wie gut ein Satz oder ein Gleichnis ist, das er parat hat, wenn er es einfügt, wo es nicht absolut notwendig und unersetzbar ist, verdirbt er seine Arbeit durch Selbstgefälligkeit. Prosa ist Architektur, nicht Inneneinrichtung, und die Zeit des Barock ist vorbei. Wenn ein Schriftsteller seine eigenen intellektuellen Betrachtungen, die er zu niedrigem Preis als Essays verkaufen kann, in den Mund künstlich konstruierter Charaktere legt, die mehr einbringen, wenn sie von Leuten in einem Roman geäußert werden, ist das vielleicht geschäftstüchtig, aber es hat nichts mit Literatur zu tun. Leute in einem Roman, nicht kunstvoll konstruierte *Charaktere*, müssen aus der angesammelten Erfahrung des Schriftstellers, aus seinem Wissen, aus seinem Kopf, aus seinem Herzen und aus allem, was er in sich hat, entstehen. Wenn er jemals außer ernsthaftem Wollen noch Glück hat und sie ganz herausstellen kann, werden sie mehr als eine Dimension besitzen, und sie werden lange Zeit fortbestehen. Ein guter Schriftsteller sollte, soweit wie möglich, alles wissen. Natürlich kann er das nicht. Ein Schriftsteller, der wahrhaft bedeutend ist, scheint mit Wissen geboren zu sein. Aber in Wirklichkeit ist er es nicht; er ist nur mit der Fähigkeit geboren, im Verhältnis zu dem Vergehen der Zeit schneller zu lernen als andere Menschen und ohne bewußte Anstrengung und mit der besonderen Begabung, das, was bereits als Wissen vorliegt, anzunehmen oder zurückzuweisen. Es gibt einige Dinge, die nicht schnell erlernt werden können, und man muß ihren Erwerb mit Zeit, die alles ist, was wir besitzen, schwer bezahlen. Es sind die allereinfachsten Dinge, und weil es eines Menschen ganzes Leben bedarf, um sie zu lernen, ist das wenig Neue, das jeder Mensch dem Leben abgewinnt, sehr kostbar und das einzig Erbe, das er hinterlassen kann. Jeder Roman, der aufrichtig geschrieben ist, trägt zu dem Gesamtwissen bei, das dem nächsten Schriftsteller, der kommt, zur Verfügung steht, doch der nächste Schriftsteller muß immer einen gewissen nominellen Prozentsatz an Erfahrung bezahlen, um das, was ihm als sein Geburtsrecht zugänglich ist, verstehen und sich einverleiben zu können, um von dort aus seinerseits wiederum seinen Ausgang zu nehmen. Wenn ein Prosaschriftsteller genug über das weiß, worüber er schreibt, kann er Dinge auslassen, die er weiß, und der Leser wird, wenn der Schriftsteller aufrichtig genug schreibt, ein so starkes Gefühl dieser Dinge haben, als ob der Schriftsteller sie erwähnt hätte. Die Würde der Bewegung eines Eisbergs ist darauf zurückzuführen, daß nur ein Achtel von ihm über Wasser ist.

(G. W. 8/161–163) (1932)

Am 10. Dezember 1933 trifft Ernest Hemingway, begleitet von Pauline und einem Freund aus Key West, in Nairobi ein. Der lange gehegte Plan einer mehrere Wochen dauernden Safari in Ostafrika ist – mit kräftiger finanzieller Unterstützung durch Onkel Gus – Wirklichkeit geworden. Unter Anleitung des legendären Weißen Jägers Philip Percival, der eine Generation zuvor schon Theodore Roosevelt geführt hatte, jagt die Gesellschaft (unterwegs mit einem Geländewagen und zwei Lastwagen für die Camp-Ausrüstung) in den Gebieten um den Kilimandscharo auf Löwen, Büffel, Großantilopen und Nashörner. Eine von den vielen Geschichten, die Percival erzählt, handelt von dem Bergsteiger Reusch. Reusch hatte im Herbst 1926 die Westflanke des Kilimandscharo erstiegen und nahe dem Gipfel das ausgedörrte und gefrorene Gerippe eines Leoparden gefunden.

Schnee auf dem Kilimandscharo

Der Kilimandscharo ist ein schneebedeckter Berg von sechstausend Meter Höhe und gilt als der höchste Berg Afrikas. Der westliche Gipfel heißt bei den Massai ‹Ngàja Ngài›, das Haus Gottes. Dicht unter dem westlichen Gipfel liegt das ausgedörrte und gefrorene Gerippe eines Leoparden. Niemand weiß, was der Leopard in jener Höhe suchte.

«Das Fabelhafte daran ist, daß man keine Schmerzen hat», sagte er, «daran merkt man, daß es anfängt.»

«Ist das wahr?»

«Ganz bestimmt. Es tut mir schrecklich leid, daß es so riecht. Das stört dich sicher.»

«Nicht! Bitte nicht.»

«Sieh sie dir an», sagte er, «was führt sie eigentlich her; wittern sie es oder können sie es sehen?»

Das Lager, auf dem der Mann ruhte, stand in dem breiten Schatten eines Mimosenbaumes, und als er über den Schatten weg hinaus in den Glast der Ebene blickte, hockten dort unflätig drei jener großen Vögel, während noch ein Dutzend am Himmel segelten und im Vorbeifliegen schnell sich bewegende Schatten warfen.

«Die sind da seit dem Tag, an dem das Lastauto zusammenbrach», sagte er. «Heute zum erstenmal haben sich ein paar am Boden niedergelassen. Ich hab zuerst genau beobachtet, wie sie fliegen, für den Fall, daß ich sie mal in einer Geschichte verwenden würde. Das kommt mir jetzt komisch vor.»

«Bitte, hör damit auf», sagte sie.

«Ich rede doch nur», sagte er. «Es ist nicht so schlimm, wenn ich rede. Aber ich will dich natürlich nicht belästigen.»

«Du belästigst mich nicht», sagte sie, «du weißt das. Ich bin nur so schrecklich nervös geworden, weil ich gar nichts tun kann. Ich finde, wir sollten es uns so leicht wie möglich machen, bis das Flugzeug kommt.»

«Oder bis das Flugzeug nicht kommt.»

«Bitte sag mir doch, was ich tun kann. Es muß doch irgend etwas geben, was ich tun kann.»

«Du kannst das Bein amputieren; das würde es vielleicht aufhalten, obschon ich es bezweifle. Oder du kannst mich erschießen. Du schießt ja jetzt gut. Ich hab dir's Schießen beigebracht, nicht wahr?»

«Bitte red doch nicht so. Kann ich dir nicht etwas vorlesen?»

«Was denn?»

«Etwas aus dem Büchersack, das wir noch nicht gelesen haben.»

«Ich kann nicht zuhören», sagte er. «Sprechen ist noch am leichtesten. Wir zanken uns, und damit vergeht die Zeit.»

«Ich zanke mich doch nicht. Ich will mich nie zanken. Komm, wir wollen uns nicht mehr zanken. Einerlei, wie gereizt wir sind. Vielleicht werden sie heute mit einem neuen Lastauto zurückkommen. Vielleicht kommt das Flugzeug.»

«Ich will mich nicht von hier fortrühren», sagte der Mann. «Es hat keinen Zweck, sich von hier fortzurühren, außer wenn es dir die Sache leichter macht.»

«Das ist feige.»

«Kannst du einen Menschen wirklich nicht, so gut es geht, sterben lassen, ohne ihn zu beschimpfen? Wozu auf mir herumhacken?»

«Du wirst nicht sterben.»

«Sei nicht töricht. Ich lieg doch im Sterben. Frag die Dreckskerle da.» Er sah dort hinüber, wo die riesenhaften, widerlichen Vögel saßen, die nackten Köpfe in ihr gesträubtes Gefieder versenkt. Ein vierter glitt nieder; zuerst lief er schnellfüßig, dann watschelte er langsam auf die anderen zu.

«Die sind um jedes Camp herum. Man beachtet sie sonst nur nicht. Du kannst nicht sterben, wenn du dich nicht selbst aufgibst.»

«Wo hast du denn das gelesen? Du bist wirklich solch ein Idiot.»

«Du könntest auch mal an andere denken.»

«Herrgott noch mal», sagte er, «das war doch mein Beruf.»

Dann lag er da und war eine Weile still und blickte durch das Hitzeflimmern der Ebene dorthin, wo der Busch begann. Ein paar Antilopen hoben sich winzig und weiß gegen das Gelb ab, und weit weg sah er eine Herde Zebras, weiß gegen das Grün des Busches. Dies war ein angenehmes Lager unter großen Bäumen, an einem Hügel gelegen, mit gutem Wasser, und dicht dabei war eine fast ausgetrocknete Wasserstelle, wo des Morgens Wildhühner aufstiegen.

«Soll ich dir nicht etwas vorlesen?» fragte sie. Sie saß auf einem Klappstuhl neben seinem Lager. «Es kommt ein Wind auf.»

«Nein, danke.»

«Vielleicht kommt das Lastauto.»

«Ich pfeife auf das Lastauto.»

«Ich aber nicht.»

«Ich pfeife auf viele Sachen, die dir wichtig sind.»

«Nicht so viele, Harry.»

«Wollen wir etwas trinken?»

«Es heißt doch, daß es schlecht für dich ist. Im *Black* steht, man soll allen Alkohol vermeiden. Du solltest nicht trinken.»

«Molo!» rief er.

«Jawohl, Bwana.»

«Bring Whisky und Soda!»

«Jawohl, Bwana!»

«Du solltest nicht», sagte sie. «Gerade das meine ich doch mit ‹sich selbst aufgeben›. Es steht da, daß es schlecht für dich ist. Ich weiß, daß es schlecht für dich ist.»

«Nein», sagte er, «es ist gut für mich.»

Also jetzt war alles vorbei, dachte er. Also jetzt würde er keine Gelegenheit mehr haben, es zu beenden. Also so hörte es auf, mit einem Gezänk über Whisky. Seit der Brand in seinem rechten Bein begonnen hatte, war er ohne Schmerzen, und mit den Schmerzen war das Grauen vergangen, und jetzt fühlte er nichts weiter als eine große Müdigkeit und Zorn, daß dies das Ende war. Auf das, was nun kam, war er sehr wenig neugierig. Jahrelang war er davon besessen gewesen, aber jetzt bedeutete es ihm an sich nichts. Es war seltsam, wie leicht es dies Müde-genug-Sein machte.

Jetzt würde er niemals die Sachen schreiben, die er sich zum Schreiben aufgespart hatte, bis er wirklich genügend wußte, um sie gut zu schreiben. Dafür würde er aber auch nicht bei dem Versuch, sie zu schreiben, versagen.

Vielleicht konnte man sie überhaupt nicht schreiben und schob es deshalb auf und vertagte das Anfangen. Ja, das würde er nun auch niemals wissen.

«Ich wünschte, wir wären nie hierhergekommen», sagte die Frau. Sie sah ihn an, während sie ihr Glas in der Hand hielt und sich auf die Lippen biß. «In Paris hättest du so etwas nie bekommen. Du hast immer gesagt, wie gern du in Paris bist. Wir hätten in Paris bleiben sollen oder sonstwohin gehen können. Ich wäre überall hingegangen. Ich hab dir gesagt, daß ich überall hingehen würde, wohin du wolltest. Wenn du auf Jagd gehen wolltest, hätten wir ja auch in Ungarn auf Jagd gehen und es bequem haben können.»

«Dein verfluchtes Geld!» sagte er.

«Das ist nicht fair», sagte sie. «Es hat dir genauso gehört wie mir. Ich habe alles verlassen und bin mit dir überall hingefahren, wohin du wolltest, und ich habe immer das getan, was du tun wolltest. Aber ich wünschte, wir wären niemals hierhergekommen.»

«Du hast gesagt, daß es dir hier gefällt.»

«Tat es auch, als du gesund warst. Aber jetzt hasse ich es. Ich sehe nicht ein, warum das mit deinem Bein passieren mußte. Was haben wir denn getan, daß uns das passieren mußte?»

«Getan? Ich vermute, ich vergaß, sofort Jod darauf zu tun, als ich mich verletzte. Dann kümmerte ich mich nicht darum, weil ich mich nie infiziere. Dann später, als es schlimmer wurde, hätte ich vielleicht nicht, als die anderen antiseptischen Mittel zu Ende gingen, die schwache Karbollösung benutzen sollen; die hat die winzigen Blutgefäße lahmgelegt und den Brand verursacht.» Er blickte sie an. «Was sonst noch?»

«Das meine ich nicht.»

«Wenn wir einen guten Autoschlosser engagiert hätten, an Stelle von einem ungelernten Kikuyu-Fahrer, der würde den Ölstand nachkontrolliert haben, und dann wäre das Lager im Lastwagen nicht heißgelaufen.»

«Das meine ich nicht.»

«Wenn du deine Leute zu Hause nicht verlassen hättest, deine verdammten Old-Westbury-, Saratoga-, Palm Beach-Leute, um mit mir loszuziehen . . .»

«Aber ich liebte dich doch. Das ist nicht fair. Und ich liebe dich jetzt, und ich werde dich immer liebhaben. Hast du mich denn nicht lieb?»

«Nein», sagte der Mann. «Ich glaube nicht. Ich hab dich nie liebgehabt.»

«Harry, was sagst du da? Du hast den Verstand verloren.»

«Nein, ich habe keinen zu verlieren.»

«Trink das nicht», sagte sie. «Liebling, bitte trink das nicht. Wir müssen alles tun, was wir tun können.»

«Tu du's», sagte er. «Ich bin müde.»

Jetzt im Geist sah er den Bahnhof von Karagatsch, und er stand da mit seinem Pack, und das war der Scheinwerfer des Simplon-Orient-Express, der jetzt das Dunkel zerschnitt, und er war im Begriff, Thrazien nach dem Rückzug zu verlassen. Das war eine der Sachen, die er sich zum Schreiben aufgespart hatte, dies und wie er am Morgen beim Frühstück aus dem Fenster sah und den ersten Schnee auf den Bergen in Bulgarien erblickte, und wie Nansens Sekretärin den alten Mann fragte, ob dies Schnee wäre, und wie der alte Mann hinblickte und sagte: «Nein, das ist kein

Schnee. Es ist zu früh für Schnee.» Und die Sekretärin wiederholte vor den anderen Mädchen: «Nein, seht doch hin, das ist kein Schnee», und wie sie alle sagten: «Es ist kein Schnee. Wir haben uns geirrt.» Aber es war schon Schnee, und als er mit dem Austausch von Bevölkerungsgruppen begann, schickte er sie hinaus, in den Schnee hinein. Und es war Schnee, durch den sie stapften, bis sie in jenem Winter umkamen.

Es war auch Schnee, der die ganze Weihnachtswoche hindurch in jenem Jahr oben im Gauertal fiel, in jenem Jahr, in dem sie in der Holzfällerhütte wohnten mit dem großen, viereckigen Kachelofen, der die Hälfte des Zimmers einnahm, und wo sie auf Matratzen schliefen, die mit Buchenblättern gefüllt waren, damals, als der Deserteur mit blutigen Füßen durch den Schnee kam. Er sagte, die Polizei wäre dicht hinter ihm her, und sie gaben ihm wollene Socken und hielten die Gendarmen im Gespräch auf, bis die Spuren verweht waren.

Am Weihnachtstag in Schrunz war der Schnee so weiß, daß es den Augen weh tat, wenn man aus der Weinstube hinausblickte und die Leute aus der Kirche nach Hause kommen sah. Es war dort, wo sie die von Schlitten geglättete, von Urin gegelbte Straße hinaufgegangen waren, am Fluß entlang mit den steil abfallenden Tannenhängen, die Skier schwer auf der Schulter, und wo sie auf dem Gletscher oberhalb des Madlenerhauses die große Abfahrt machten, wo der Schnee so glatt aussah wie Zuckerguß und so trocken war wie Pulver, und er erinnerte sich an das lautlose Sausen, das die Geschwindigkeit machte, wenn man wie ein Vogel hinunterschoß.

Sie waren eine Woche lang im Madlenerhaus eingeschneit damals im Schneesturm, und sie spielten im Rauch beim Laternenlicht Karten, und die Einsätze wurden höher und höher, je mehr Herr Lent verlor. Schließlich verlor er das Ganze. Alles, das Geld der Skischule und den Verdienst der ganzen Saison und dann sein Vermögen. Er sah ihn noch vor sich mit seiner langen Nase, wie er die Karten aufnahm und dann eröffnete Sans voir. Damals wurde dauernd gespielt. Wenn es keinen Schnee gab, wurde gespielt, und wenn es zuviel gab, wurde gespielt. Er dachte an all die Zeit in seinem Leben, die er mit Spielen verbracht hatte.

Aber er hatte niemals eine Zeile hierüber geschrieben, auch nicht über den kalten, klaren Weihnachtstag, als die Berge jenseits der Ebene sichtbar waren, an dem Barker die Linien überflogen hatte, um den Urlauberzug mit den österreichischen Offizieren mit Bomben zu belegen und sie mit einem Maschinengewehr zu beschießen, als sie auseinanderrannten und davonliefen. Er erinnerte sich an Barker, wie er nachher in die Messe kam und davon zu erzählen begann, und wie es still wurde, und wie dann jemand sagte: «Du verdammter Bluthund.»

Es waren die gleichen Österreicher, die sie damals getötet hatten, mit denen er später Ski fuhr. Nein, nicht die gleichen. Hans, mit dem er das ganze Jahr lang Ski gelaufen war, hatte bei den Kaiserjägern gestanden, und wenn sie zusammen auf die Hasenjagd gingen, das kleine Tal hinauf, oberhalb der Sägemühle, so hatten sie über die Gefechte auf dem Pasubio und über den Angriff auf Pertica und Asalone gesprochen, und er hatte niemals ein Wort davon geschrieben, auch nicht vom Monte Corno und nicht von Sette Comuni und nicht von Arsiero.

Wie viele Winter hatte er in Vorarlberg und am Arlberg zugebracht? Es waren vier, und dann erinnerte er sich an den Mann, der den Fuchs abzugeben hatte, als sie damals nach Bludenz gegangen waren, um Geschenke zu kaufen, und an den Kirschkerngeschmack von gutem Kirsch und das schnell gleitende Sausen des stäubenden Pulverschnees auf dem Harsch, und wie man «Juchhe» schrie, wenn man die letzte Strecke bis zum Steilhang hinunterlief, den man Schuß fuhr, und wie man mit drei Schwüngen durch den Ostgarten lief und dann über den Graben hinaus und auf die vereiste Straße hinter dem Gasthaus. Dann machte man die Bindungen los, stieß die Skier ab und lehnte sie gegen die hölzerne Wand des Gasthauses, während das Lampenlicht aus dem Fenster drang und sie drinnen in der rauchigen, nach jungem Wein riechenden Wärme Ziehharmonika spielten.

«Wo haben wir in Paris gewohnt?» fragte er die Frau, die neben ihm auf einem Klappstuhl, jetzt, in Afrika, saß.

«Im *Crillon*. Das weißt du doch.»

«Warum weiß ich das?»

«Da haben wir doch immer gewohnt.»

«Nein, nicht immer.»

«Dort und im *Pavillon Henri Quatre* in Saint-Germain. Du hast gesagt, wie gern du dort bist, daß du's liebst.»

«Liebe ist ein Misthaufen», erklärte Harry, «und ich bin der Hahn, der draufsteigt und kräht.»

«Wenn du wirklich fort mußt», sagte sie, «ist es absolut nötig, alles, was du zurückläßt, kaputtzumachen? Mußt du wirklich alles fortnehmen? Ich meine, mußt du dein Pferd und deine Frau töten und deinen Sattel und deinen Harnisch verbrennen?»

«Ja», sagte er. «Dein verdammtes Geld war mein Harnisch. Mein Wolf & Harnisch.»

«Nicht.»

«Schön», sagte er, «ich werde damit aufhören. Ich will dir nicht weh tun.»

«Es ist jetzt ein kleines bißchen spät dafür.»

«Also schön. Dann werde ich dir weiter weh tun. Er ist auch amüsanter. Das einzige, was mir wirklich je mit dir Vergnügen gemacht hat, kann ich ja jetzt nicht tun.»

«Das ist nicht wahr. Du hast an vielen Sachen Vergnügen gehabt, und ich hab alles getan, was du wolltest.»

«Gott nein! Hör schon auf mit dem Getue, ja?»

Er blickte sie an und sah, daß sie weinte.

«Hör mal», sagte er. «Denkst du, daß ich das zum Spaß tue? Ich weiß nicht, warum ich's tue. Wahrscheinlich versucht man zu töten, um sich selbst am Leben zu halten. Ich war ganz vernünftig, als wir zu reden anfingen. Ich wollte dies bestimmt nicht, und jetzt bin ich so verrückt wie ein toller Hund und so niederträchtig zu dir wie nur möglich. Hör nicht auf das, was ich sage, Liebling. Ich hab dich lieb, wirklich. Du weißt, daß ich dich liebhabe. Ich habe niemals irgend jemand so geliebt wie dich.»

Er schlitterte in die gewohnte Lüge, von der er lebte.

«Du bist geliebt zu mir.»

«Hu-re du», sagte er, «reiche Hu-re, du. Das ist Poesie. Ich bin jetzt voller Poesie. Fäule und Poesie. Faule Poesie.»

«Hör auf, Harry. Warum mußt du jetzt wieder so teuflisch sein?»

«Ich will nichts zurücklassen», sagte der Mann. «Ich will nichts übriglassen.»

Jetzt war es Abend, und er hatte geschlafen. Die Sonne war hinter dem Hügel verschwunden, und ein Schatten lag über der Ebene, und die kleinen Tiere ästen nahe beim Camp, schnell hinabtauchende Köpfe und hin- und herschwingende Schwänze; er beobachtete, wie sie sich jetzt ein gutes Stück vom Busch entfernt hielten. Die Vögel lauerten nicht mehr am Boden. Sie hockten alle plump in einem Baum. Es waren jetzt viel mehr. Sein Boy saß neben seinem Lager.

«Memsahib ist weg, jagen», sagte der Boy. «Will Bwana was?»

«Nein.»

Sie war unterwegs, um etwas Fleisch zu schießen, und da sie wußte, wie gern er das Wild beobachtete, hatte sie sich weit entfernt, um den Frieden des kleinen Abschnitts der Ebene, den er übersehen konnte, nicht zu stören. Sie tat nie etwas gedankenlos, dachte er. Nie, soweit sie etwas davon wußte oder gelesen oder jemals gehört hatte.

Es war nicht ihre Schuld, daß es mit ihm bereits vorbei war, als er zu ihr kam. Woher sollte eine Frau wissen, daß man nichts von dem meinte, was man sagte, daß man nur aus Gewohnheit sprach und um es bequem zu haben? Als er nicht mehr meinte, was er sagte, hatte er mit seinen Lügen bei Frauen mehr Erfolg als früher, wenn er ihnen die Wahrheit gesagt hatte.

Es war gar nicht einmal so sehr, daß er log, als daß einfach keine Wahrheit da war, die man sagen konnte. Er hatte sein Leben hinter sich, und es war vorbei, und dann fuhr er fort, es mit anderen Menschen und mehr Geld noch einmal zu leben, an den schönsten Plätzen von früher und einigen neuen.

Wenn man nicht dachte, dann war alles fabelhaft. Man war innerlich abgebrüht, so daß man nicht auf die Art und Weise in die Brüche ging wie die meisten, und man tat so, als ob man sich nichts aus der Arbeit machte, die man früher getan hatte, jetzt, wo man sie nicht mehr zuwege brachte. Aber zu sich selbst sagte man, daß man über diese Leute schreiben würde, über diese Schwerreichen, daß man nicht wirklich zu ihnen gehörte, daß man als Spion in ihrem Land war, daß man weggehen und dann darüber schreiben würde und daß es dann endlich von jemand beschrieben würde, der wußte, worüber er schrieb. Aber er würde es niemals tun, denn jeder Tag des Nichtschreibens, des Luxus, jeder Tag dieser Existenz, die er verachtete, stumpfte seine Fähigkeit ab und schwächte seinen Arbeitswillen, so daß er schließlich überhaupt nicht mehr arbeitete. Die Leute, die er jetzt kannte, fühlten sich alle viel wohler, wenn er nicht arbeitete. In Afrika war es, wo er in der guten Zeit seines Lebens am glücklichsten gewesen war, deshalb war er hierhergekommen, um noch einmal anzufangen. Sie hatten diese Safari mit einem Mindestmaß an Komfort gemacht. Es gab keine Entbehrungen, aber auch keinen Luxus, und er hatte gedacht, daß er dadurch wieder ins Training kommen, daß er sich irgendwie das Fett von der Seele herunterarbeiten könnte, so wie ein Boxer in die Berge geht, um zu arbeiten und zu trainieren, um es aus seinem Körper herauszuschwitzen.

Ihr hatte es gefallen. Es gefiel ihr ausgezeichnet, sagte sie. Sie liebte alles, was aufregend war und einen Szenenwechsel mit sich brachte, wo es neue Menschen gab und alles angenehm war, und er hatte die Illusion gehabt, daß sein Arbeitswille in alter Stärke wiederkehrte. Wenn dies nun aber das Ende war, und er wußte, es war das Ende, dann durfte er sich jetzt nicht winden und sich selbst den tödlichen Biß beibringen wie eine Schlange, deren Rückgrat gebrochen ist. Es war nicht die Schuld dieser Frau. Wenn sie es nicht gewesen wäre, wäre es eine andere gewesen. Wenn er von einer Lüge lebte, mußte er versuchen, auch im Tod dazu zu stehen. Er hörte einen Schuß jenseits des Hügels.

Sie schoß ausgezeichnet, diese gute, diese reiche Hure, diese freundliche Hüterin und Zerstörerin seiner Begabung. Unsinn! Er hatte seine Begabung selbst zerstört. Warum sollte er dieser Frau, weil sie ihn so angenehm aushielt, die Schuld zuschieben? Er hatte seine Begabung damit zerstört, daß er sie nicht benutzt, daß er sich selbst und das, woran er glaubte, verraten hatte, daß er so viel trank, bis die Schärfe seiner Wahrnehmungen litt, durch Faulheit, durch Trägheit, durch Snobismus, durch Hochmut und durch Vorurteil – auf Teufel komm raus! Was war das? Ein Verzeichnis alter Bücher? Was war seine Begabung denn schon groß? Eine Begabung war es sicher, aber anstatt sie zu benutzen, hatte er sie verschachert. Es war nie das, was er getan hatte, sondern das, was er tun könnte, und er hatte sich sein Brot lieber auf andere Weise als mit der Feder verdient. Es war auch seltsam, daß, wenn er sich in eine neue Frau verliebte, diese immer mehr Geld hatte als die letzte. Aber wenn er nicht mehr verliebt war, wenn er nur noch log wie bei dieser Frau jetzt, die mehr Geld hatte als alle übrigen, die alles Geld der Welt hatte, die Mann und Kinder gehabt hatte, die sich Liebhaber genommen hatte, die ihr nicht genügten, und die ihn, als Schriftsteller, als Mann, als Kameraden und als kostbaren Besitz von Herzen liebte, war es nicht merkwürdig, daß er, als er sie gar nicht liebte und log, ihr mehr für ihr Geld geben konnte, als wenn er wirklich geliebt hatte?

Wir sind wohl alle für das, was wir tun, geschaffen, dachte er. Wie wir unser Brot verdienen, darin liegt unsere Begabung. Er hatte in einer oder der anderen Form Vitalität verkauft sein ganzes Leben lang, und wenn die Gefühle nicht zu sehr mitspielen, kann man mehr fürs Geld geben. Das war ihm klargeworden, aber auch darüber würde er jetzt niemals schreiben. Nein, er würde nicht hierüber schreiben, obwohl es sich schon lohnte, darüber zu schreiben.

Jetzt kam sie in Sicht; sie ging quer über die Lichtung dem Lager zu. Sie hatte Jodhpurs an und trug ihre Büchse. Die beiden Boys kamen hinter ihr her und trugen eine Antilope am Riemen zwischen sich. Sie war immer noch eine gutaussehende Frau, dachte er, und sie hatte einen anziehenden Körper. Sie hatte eine ausgesprochene Bettbegabung, und es machte ihr Spaß; sie war nicht hübsch, aber er mochte ihr Gesicht. Sie las unendlich viel, ritt und jagte gern und trank bestimmt zuviel. Ihr Mann war gestorben, als sie noch eine verhältnismäßig junge Frau war, und eine Zeitlang hatte sie sich ihren zwei eben erwachsenen Kindern, die sie nicht brauchten und die durch ihre Anwesenheit nur in Verlegenheit gerieten, und ihrem Stall voller Pferde, ihren Büchern und Schnapsflaschen gewidmet. Sie las gern abends vor dem Essen, und sie trank Whisky und Soda, während sie las. Zur Essenszeit war sie leicht betrunken, und nach einer Flasche Wein zum Abendbrot war sie gewöhnlich betrunken genug, um schlafen zu können.

Das war vor den Liebhabern. Als sie Liebhaber hatte, trank sie nicht soviel, weil sie nicht betrunken zu sein brauchte, um zu schlafen.

Aber die Liebhaber langweilten sie. Sie war mit einem Mann verheiratet gewesen, der sie niemals gelangweilt hatte, und diese Leute langweilten sie sehr.

Und dann kam eines ihrer Kinder bei einem Flugzeugunglück ums Leben, und nachdem das vorbei war, hatte sie keine Lust mehr auf Liebhaber, und da Trinken kein Betäubungsmittel war, mußte sie sich ein neues Leben aufbauen. Plötzlich hatte sie eine panische Angst vor dem Alleinsein bekommen. Aber sie wollte einen Menschen um sich haben, vor dem sie Achtung haben konnte.

Es hatte sehr einfach angefangen. Ihr gefiel, was er schrieb, und sie hatte ihn immer um das Leben, das er führte, beneidet. Sie glaubte, daß er genau das tat, was er wollte. Die Mittel, durch die sie ihn sich gewonnen, und die Art, wie sie sich schließlich in ihn verliebt hatte, gehörten alle einfach zu dem planmäßigen Vorgang, sich ein neues Leben aufzubauen, und er hatte alles, was von seinem alten Leben übrig war, verschachert.

Er hatte es verschachert für Sicherheit, auch für Luxus; das ließ sich nicht leugnen, und wofür noch? Er wußte es nicht. Sie hätte ihm alles, was er sich wünschte, gekauft. Das wußte er. Sie war außerdem eine verflucht nette Frau. Er würde mindestens so gern mit ihr wie mit irgendeiner anderen schlafen, sogar lieber noch mit ihr, weil sie reicher war, weil sie sehr nett war und ihn schätzte und weil sie niemals Szenen machte. Und jetzt fand dies Leben, das sie sich aufgebaut hatte, sein Ende, weil er kein Jod benutzt hatte, als er sich vor vierzehn Tagen das Knie an einem Dorn ritzte, als sie sich vorwärts bewegten, um zu versuchen, eine Herde von stehenden Wasserböcken zu fotografieren, die mit erhobenen Köpfen Umschau hielten, während ihre Nüstern die Luft durchschnupperten und ihre weit aufgeklappten Ohren auf das leiseste Geräusch horchten, das sie in den Busch zurückscheuchen würde. Und sie waren wirklich ausgerissen, noch bevor er eine Aufnahme gemacht hatte.

Da kam sie.

Er wandte den Kopf auf dem Lager, um ihr entgegenzusehen. «Hallo», sagte er.

«Ich habe einen Antilopenbock geschossen», erzählte sie ihm. «Das gibt eine gute Brühe für dich, und zum Klim laß ich sie Kartoffelbrei machen. Wie fühlst du dich?»

«Viel besser.»

«Ist das nicht großartig! Weißt du, eigentlich hab ich's mir fast gedacht. Du schliefst fest, als ich wegging.»

«Ich habe gut geschlafen. Bist du weit gegangen?»

«Nein. Gerade nur bis hinter den Hügel. Ich habe die Antilope mit einem guten Blattschuß gekriegt.»

«Wahrhaftig, du schießt ausgezeichnet.»

«Macht mir Riesenspaß. Ich finde Afrika wunderbar. Tatsächlich. Wenn's *dir* gutgeht, ist's überhaupt das Schönste, das ich je erlebt habe. Du weißt gar nicht, wie gern ich mit dir auf Jagd gegangen bin, und das Land liebe ich.»

«Ich auch.»

«Liebling, du weißt ja gar nicht, wie wunderbar ich's finde, daß es dir besser geht. Ich konnte es vorhin nicht aushalten, als du dich so fühltest. Du wirst nie wieder mit mir so reden, nicht wahr? Versprichst du mir das?»

«Nein», sagte er. «Ich weiß nicht mehr, was ich gesagt habe.»

«Du brauchst mich doch nicht kaputtzumachen, nicht wahr? Ich bin ja nur eine Frau in mittleren Jahren, die dich liebt und die tun möchte, was du tun möchtest. Man hat mich ja bereits zwei- oder dreimal kaputtgemacht. Du willst mich doch nicht noch einmal kaputtmachen, nicht wahr?»

«Ich möchte dich ein paarmal im Bett kaputtmachen», sagte er.

«Ja, das ist die richtige Art von Kaputtmachen. Unsere Natur will, daß wir einander so kaputtmachen. Das Flugzeug wird morgen bestimmt hier sein.»

«Woher weißt du das?»

«Ich bin sicher. Es muß kommen. Die Boys haben das Holz und das Gras für die Signalfeuer schon bereit. Ich war heute wieder unten und habe es mir angesehen. Es ist reichlich Platz zum Landen da, und wir haben alles an beiden Enden fertig.»

«Wieso glaubst du, daß es morgen kommt?»

«Ich bin ganz sicher. Es ist ja überfällig. Und in der Stadt wird man dir dann dein Bein zusammenflicken, und dann werden wir einander auf unsere gute Weise kaputtmachen und nicht auf diese entsetzliche Art mit Reden.»

«Wollen wir etwas trinken? Die Sonne ist untergegangen.»

«Meinst du, du solltest?»

«Ich trinke einen.»

«Also trinken wir einen zusammen. *Molo, letti dui whisky-soda!*» rief sie.

«Du solltest deine Moskitostiefel anziehen», sagte er zu ihr.

«Ich tu's nach dem Baden . . .»

Während es dunkelte, tranken sie, und gerade bevor es ganz dunkel war, nicht mehr hell genug, um zu schießen, wechselte eine Hyäne über die Lichtung auf ihrem Weg um den Hügel.

«Das Mistvieh streunt hier jeden Abend herum», sagte der Mann. «Jeden Abend seit vierzehn Tagen.»

«Die macht nachts immer den Lärm. Mich stört's nicht weiter, aber es ist ein widerliches Viehzeug.»

Während sie so zusammen tranken, hatte er keine Schmerzen, nur das Unbehagen, immer in derselben Lage liegen zu müssen, und während die Boys das Feuer anzündeten, dessen Schatten auf die Zelte sprang, spürte er von neuem, wie er dies Leben einer wohligen Selbstaufgabe bejahte. Sie *war* sehr gut zu ihm. Er war nachmittags grausam und ungerecht gewesen. Sie war eine ganz famose Frau, wirklich großartig. Und gerade da fiel ihm ein, daß er im Sterben lag.

Es kam wie ein Sausen, nicht wie ein Sausen von Wasser oder von Wind, sondern von einer plötzlichen, übelriechenden Leere, und das Seltsame daran war, daß die Hyäne leicht am Rand davon entlangglitt.

«Was ist, Harry?» fragte sie ihn.

«Nichts», sagte er. «Du solltest dich lieber auf die andere Seite setzen, gegen den Wind.»

«Hat Molo den Verband gewechselt?»

«Ja, ich nehme jetzt nur noch Borwasser.»

«Wie fühlst du dich?»

«Ein bißchen taumelig.»

«Ich geh hinein, baden», sagte sie. «Ich bin gleich wieder da, dann essen wir zusammen, und dann bringen wir dein Bett hinein.»

Also war es gut, sagte er zu sich, daß wir mit dem Gezänk aufgehört haben. Mit dieser Frau hatte er sich niemals viel gezankt, während er sich mit den Frauen, die er liebte, so viel gezankt hatte, daß am Ende alles, was sie gemeinsam hatten, durch die ätzende Wirkung ihrer Zänkereien zerstört wurde. Er hatte zuviel geliebt, zuviel verlangt, und alles war fadenscheinig geworden.

Er dachte an sein Alleinsein in Konstantinopel, damals, als sie sich in Paris vor seiner Abreise gezankt hatten. Er hatte die ganze Zeit über gehurt, und dann, als das vorbei war, und es ihm nicht gelungen war, seine Einsamkeit zu töten, sondern sie nur immer schlimmer wurde, hatte er ihr, der ersten, der, die ihn verlassen hatte, einen Brief geschrieben, in dem er ihr sagte, daß er es nie hätte abtöten können . . . Wie ihm, als er einmal glaubte, sie vor dem Régence zu sehen, inwendig ganz schwach und übel geworden sei, und daß er einer Frau, die ihr in irgendeiner Art ähnelte, den Boulevard entlang gefolgt sei, angsterfüllt, sie möge es nicht sein, voller Angst, das Gefühl, das es ihm gab, zu verlieren. Wie ihn jede, mit der er geschlafen hatte, sie nur noch mehr vermissen ließ. Wie das, was sie getan hatte, ja völlig bedeutungslos sei, da ihm klar wäre, daß er sich nicht von seiner Liebe zu ihr heilen könne. Er schrieb diesen Brief im Club, völlig nüchtern, adressierte ihn nach New York und bat sie, ihm nach Paris ins Büro zu schreiben. Das schien ungefährlich. Und an dem Abend, als sie ihm so sehr fehlte, daß er sich inwendig jämmerlich leer fühlte, schlenderte er bei Taxim's vorbei, las ein Mädchen auf und ging mit ihr essen. Nachher war er mit ihr in ein Lokal gegangen, um zu tanzen. Sie tanzte schlecht, und er ließ sie stehen für eine scharfe armenische Nutte, die ihren Bauch derart gegen ihn preßte, daß es ihn beinahe versengte. Er nahm sie einem englischen Kanonier nach einer Schlägerei weg. Der Kanonier forderte ihn auf, hinauszukommen, und sie prügelten sich draußen auf der Straße, auf den Pflastersteinen, in der Dunkelheit. Er hatte ihm zwei ordentliche Kinnhaken versetzt, und als er nicht k. o. ging, war ihm klar, daß allerhand bevorstand. Der Kanonier boxte ihn in den Bauch und dann unters Auge. Dann holte er aus und landete einen linken Schwinger, und der Kanonier fiel über ihn her und packte seine Jacke und riß den Ärmel ab, und er hieb ihn zweimal hinters Ohr, und dann erledigte er ihn mit einem Rechten, als er ihn wegstieß. Als der Kanonier zu Boden ging, schlug er mit dem Kopf zuerst auf, und er rannte mit dem Mädchen weg, weil man die Militärpolizei kommen hörte. Sie stiegen in ein Taxi und fuhren hinaus zu Rimmily Hissa, am Bosporus entlang und dann zurück in der kühlen Nacht, und sie gingen ins Bett, und sie fühlte sich so überreif an, wie sie aussah, jedoch glatt, rosenblättrig, sirupartig, glattbauchig, vollbusig, und sie brauchte kein Kissen unter ihrem Hintern, und er verließ sie, bevor sie aufwachte, und schwammig genug sah sie aus im ersten Tageslicht, und er tauchte mit einem blauen Auge im Pera Palace auf und trug seine Jacke überm Arm, weil ein Ärmel fehlte. Am selben Abend ging es weiter nach Anatolien, und er erinnerte sich, wie er später einmal auf dieser Expedition den ganzen Tag über durch Mohnfelder geritten war, aus denen man Opium gewann, und wie seltsam man sich schließlich fühlte, und alle Entfernungen schienen nicht zu stimmen, wo sie den Angriff mit den neu eingetroffenen Offizieren aus Konstantinopel gemacht hatten, die von nichts die geringste Ahnung hatten, und die Artillerie hatte in die Truppen hineingefeuert, und der englische Beobachter hatte wie ein Kind geheult.

Das war jener Tag, an dem er zum erstenmal tote Männer in weißen Ballettröckchen und Schnabelschuhen mit Pompons darauf gesehen hatte. Die Türken waren stetig und truppweise vorgedrungen, und er hatte gesehen, wie die berockten Männer wegliefen und wie die Offiziere in sie hineinfeuerten und dann selbst rannten, und dann waren auch er und der englische Beobachter gerannt, bis ihm die Lunge weh tat und er den Geschmack von Kupfermünzen im Mund hatte, und sie hinter einigen Felsblöcken anhielten, und da rückten die Türken heran, in Wellen wie vorher. Später hatte er jene Dinge gesehen, an die er niemals denken konnte, und noch später hatte er viel Schlimmeres gesehen. Er hatte, als er nach Paris zurückkam, nicht davon sprechen können, und hielt es auch nicht aus, wenn jemand anders es erwähnte. Und als er damals an dem Café vorüberging, saß der amerikanische Dichter mit einem dummen Ausdruck auf seinem Schafsgesicht vor einem Haufen Untertassen und sprach über die Dadaisten mit einem Rumänen, der angeblich Tristan Tzara hieß, der immer ein Monokel trug und Kopfweh hatte – und oben in seiner Wohnung mit seiner Frau, die er jetzt wieder liebte, wo der Zank vollständig vorbei war, wo die Verrücktheit vollständig vorbei war, wo er froh war, wieder zu Hause zu sein, da schickte das Büro ihm seine Post hinauf in die Wohnung. Und eines Morgens kam dann der Antwortbrief auf den, den er geschrieben hatte, auf dem Tablett herein, und als er die Handschrift sah, überlief es ihn eiskalt, und er versuchte, den Brief unter einen andern zu schieben. Aber seine Frau sagte: «Von wem ist denn der Brief, mein Lieber?», und das war das Ende vom Anfang davon.

Er erinnerte sich an die guten Tage mit ihnen allen und die Streitereien. Sie suchten sich immer die schönsten Plätze für die Streitereien aus. Und warum hatten sie wohl immer Streit angefangen, wenn er sich gerade am wohlsten fühlte? Er hatte niemals etwas davon geschrieben, zuerst wohl, weil er keinem weh tun wollte, und später fand er dann, daß es auch ohne dies genug zum Schreiben gab. Aber er hatte immer gedacht, daß er es doch schließlich einmal schreiben würde. Es gab so viel zu schreiben. Er hatte gesehen, wie die Welt sich wandelte, nicht nur die Ereignisse, obschon er auch viele Ereignisse gesehen und Menschen beobachtet hatte, aber er hatte die feineren Veränderungen gesehen, und er konnte sich erinnern, wie die Menschen zu verschiedenen Zeiten gewesen waren. Er war dabeigewesen, und er hatte es beobachtet, und es war seine Aufgabe, darüber zu schreiben, aber nun würde er es niemals tun.

«Wie fühlst du dich?» sagte sie. Sie war, nachdem sie gebadet hatte, aus dem Zelt gekommen.

«Ganz gut.»

«Magst du jetzt essen?» Er sah Molo hinter ihr mit einem Klapptisch und den anderen Boy mit den Schüsseln.

«Ich möchte schreiben», sagte er.

«Du solltest etwas Brühe trinken, um bei Kräften zu bleiben.»

«Ich sterbe heute nacht», sagte er. «Ich brauche nicht bei Kräften zu bleiben.»

«Bitte kein Melodram, Harry», sagte sie.

«Gebrauch doch deine Nase. Ich bin bereits bis zur Hälfte des Oberschenkels hinauf verfault. Zum Teufel noch mal, wozu soll ich mich jetzt mit Brühe abgeben? Molo, bring Whisky-Soda!»

«Bitte, trink die Brühe», sagte sie sanft.

«Schön.»

Die Brühe war zu heiß. Sie mußte in der Tasse abkühlen, bis er sie trinken konnte, ohne sich den Mund zu verbrennen.

«Du bist eine großartige Frau», sagte er. «Hör nicht auf das, was ich sage.»

Sie sah ihn an mit dem so wohlbekannten, so beliebten Gesicht aus *Spur* und *Town and Country*, nur ein wenig ramponiert vom Trinken, nur ein wenig ramponiert vom Bett, aber *Town and Country* zeigte niemals jene gesunden Brüste und jene brauchbaren Schenkel und jene leicht die Kreuzgegend streichelnden Hände, und als er aufblickte und ihr so wohlbekanntes, angenehmes Lächeln sah, fühlte er wieder den Tod kommen. Diesmal war es kein Sausen. Es war ein Hauch wie von Wind, der eine Kerze aufflackern und die Flamme hochschießen läßt.

«Man kann mein Netz später herausbringen und es am Baum aufhängen und das Feuer aufschichten. Ich gehe heute nacht nicht ins Zelt. Es lohnt nicht den Umzug. Es ist eine klare Nacht. Es wird keinen Regen geben.»

So starb man also, inmitten von Flüstern, das man nicht hörte. Nun, Zank würde es nicht mehr geben. Das konnte er versprechen. Dieses eine noch nie gehabte Erlebnis würde er sich jetzt nicht verderben. Wahrscheinlich würde er es doch tun. Man versaute sich ja alles. Aber vielleicht auch nicht.

«Du kannst kein Diktat aufnehmen, nicht wahr?»

«Ich hab's nie gelernt», erwiderte sie ihm.

«Macht nichts.»

Es war nicht genug Zeit, natürlich, obschon es sich anscheinend wie ein Fernrohr ineinanderschob, so daß man alles in einen Absatz hineinbekam, wenn man's richtig anfaßte.

Da lag ein Blockhaus, weiß beworfen mit Mörtel, auf einem Hügel über dem See. Da gab es eine Glocke an einer Stange neben der Tür, um die Leute zum Essen zu rufen. Hinter dem Haus waren Felder, und hinter den Feldern waren Bäume. Eine Reihe italienischer Pappeln führte vom Haus zur Werft und von dort um die Landspitze herum. Ein Weg ging hinauf in die Hügel, direkt an den Bäumen vorbei, und auf diesem Weg pflückte er Brombeeren. Dann brannte das Blockhaus herunter, und all die Gewehre, die in den Ständern aus Hirschläufen über dem Kamin waren, verbrannten, und nachher lagen die Läufe, in deren Magazinen das Blei geschmolzen war, mit den weggebrannten Schäften auf der Asche, die man benutzte, um für die großen, eisernen Seifenkessel Lauge zu machen, und man fragte Großvater, ob man sie zum Spielen haben könnte, und er sagte «Nein». Weil es eben immer noch seine Gewehre waren, verstehen Sie? Und er kaufte auch niemals neue. Auf Jagd ging er auch nicht mehr. Das Haus wurde an derselben Stelle wieder aufgebaut; jetzt aus Balken und weiß gestrichen, und von der gedeckten Veranda aus konnte man die Pappeln und dahinter den See sehen, aber Gewehre gab es niemals wieder. Die Läufe der Gewehre, die an den Hirschläufen an der Wand des Blockhauses gehangen hatten, lagen draußen auf dem Aschenhaufen, und keiner rührte sie je an.

Nach dem Krieg pachteten wir einen Forellenbach im Schwarzwald, und es gab zwei Wege, die dorthin führten. Einer ging durch das Triberger Tal hinab und schlängelte sich an der Talstraße entlang im Schatten der Bäume, die die weiße Straße einsäumten, und dann eine Seitenstraße hinan, die durch die Hügel hinaufführte, an einer Menge kleiner Anwesen mit großen Schwarzwaldhäusern vorbei, bis jene Straße den Bach überquerte. Hier begann unser Fischwasser.

Man konnte sonst auch steil bis zum Waldsaum hinaufklettern und dann über die Hügelkuppen durch die Tannenwälder hinauf bis an den Rand einer Wiese gehen und über die Wiese hinunter bis zur Brücke. Es standen Birken am Bach, und er war nicht breit, sondern schmal, klar und reißend mit kleinen Ausbuchtungen dort, wo er die Wurzeln der Birken unterhöhlt hatte. Der Hotelbesitzer in Triberg hatte eine ausgezeichnete Saison. Es war besonders nett, und wir waren alle sehr befreundet. Im nächsten Jahr kam die Inflation, und das Geld, das er im Jahr zuvor verdient hatte, reichte nicht aus, um Lebensmittel für den Beginn der neuen Saison zu kaufen, und er erhängte sich.

Das konnte man diktieren, aber man konnte nicht die Place Contrescarpe diktieren, wo die Blumenverkäufer ihre Blumen auf der Straße färbten, und der Farbstoff dort, wo der Autobus abfuhr, über das Pflaster lief, und die alten Männer und Frauen ewig von Wein und Fusel betrunken waren, und wo den Kindern bei der Kälte die Nasen liefen, und auch nicht den Geruch von schmutzigem Schweiß, von Armut und Betrunkenheit im Café des Amateurs und den Huren vom Bal Musette, über dem sie wohnten. Die Concierge, die in ihrer Loge den Sergeant der Garde Républicaine zu Besuch hatte, dessen Helm mit dem Roßhaarbusch auf dem Stuhl lag. Die Locataire überm Gang, deren Mann Radrennfahrer war, und ihre Freude in der crémerie an jenem Morgen, als sie L'Auto aufgemacht hatte und sah, wo er im Paris-Tours, seinem ersten großen Rennen, als Dritter gelegen hatte. Sie war rot geworden und hatte gelacht und war dann weinend mit der gelben Sportzeitung in der Hand die Treppe hinaufgegangen. Der Mann von der Frau, die den Bal Musette betrieb, fuhr ein Taxi, und wenn er, Harry, morgens in aller Frühe ein Flugzeug nehmen mußte, klopfte der Mann an die Tür, um ihn zu wecken, und dann tranken sie beide ein Glas Weißwein an der Messingtheke, bevor sie aufbrachen. Er kannte seine Nachbarn in jenem Viertel damals, weil sie alle arm waren.

Um jene Place herum gab es zwei Sorten: die Säufer und die sportifs. Die Säufer suchten ihre Armut auf ihre Weise zu vergessen, und die sportifs, indem sie trainierten. Sie waren die Nachkommen der Communards und brauchten sich nicht groß zu besinnen, wo sie politisch standen. Sie wußten, wer ihre Väter, ihre Verwandten, ihre Brüder und Freunde erschossen hatte, als die Versailler Truppen einrückten und nach der Commune die Stadt besetzten und jeden hinrichteten, den sie greifen konnten, der Schwielen an den Händen hatte oder eine Mütze trug oder sonst wie ein Arbeiter aussah. Und in jener Armut und in jenem Viertel jenseits der Straße, gegenüber einer boucherie chevaline und einer Wein-Konsumgenossenschaft, hatte er den Anfang zu allem gemacht, was er je schreiben würde. Es gab niemals einen anderen Teil von Paris, den er so liebte, die wildwuchernden Bäume, die alten, weiß getünchten, unten braun gestrichenen Häuser, das lange Grün des Autobusses auf jenem runden Platz, das Lila von den gefärbten Blumen auf dem Pflaster, das jähe Abfallen der Rue du Cardinal-Lemoine den Hügel hinab zur Seine und nach der anderen Seite die enge, wimmelnde Welt der Rue Mouffetard. Die Straße, die zum Panthéon hinaufführte, und die andere, die er immer mit dem Rad entlangfuhr, die einzige asphaltierte Straße im ganzen Viertel – glatt unter den Rädern – mit den hohen, schmalen Häusern und dem billigen, vielstöckigen Hotel, in dem Paul Verlaine gestorben war. Die Wohnung, in der sie lebten, bestand nur aus zwei Zimmern, und er hatte ein Zimmer in der obersten Etage jenes Hotels, das ihn im Monat 60 Francs kostete, und da schrieb er, und von dort konnte er die Dächer und Schornsteine und alle Hügel von Paris sehen.

Von der Wohnung aus konnte man nur die Bude vom Holz- und Kohlenmann sehen. Er verkaufte auch Wein, schlechten Wein. Den goldenen Pferdekopf der boucherie chevaline, wo die geschlachteten Tiere gelb, golden und rot in der offenen Auslage hingen, und den grün gestrichenen Konsumverein, wo sie ihren Wein kauften, guten Wein und billig. Sonst gab es nichts als getünchte Mauern und die Fenster der Nachbarn, die nachts, wenn jemand betrunken auf der Straße lag, stöhnend und jammernd, in jener typisch französischen ivresse, deren Existenz man abzuleugnen versucht, die Fenster öffneten, und dann das Gemurmel der Gespräche.

«Wo ist der Polizist? Wenn man ihn nicht braucht, ist der Scheißkerl immer da. Er schläft mit irgendeiner Concierge. Hol den agent.» Bis irgendjemand einen Eimer voll Wasser aus dem Fenster schüttete und das Gejammer aufhörte. «Was war das? Wasser? Donnerwetter, das war 'ne Idee.» Und die Fenster sich schlossen. Marie, seine femme de ménage, die gegen den Acht-Stunden-Tag protestierte und sagte: «Wenn ein Mann bis sechs arbeitet, trinkt er sich auf dem Heimweg nur einen Kleinen an und verschwendet nicht zuviel. Wenn einer nur bis fünf arbeitet, ist er jeden

Abend betrunken, und man hat überhaupt kein Geld mehr. Unter der Kürzung der Arbeitszeit hat bloß die Frau des Arbeiters zu leiden.»

«Möchtest du nicht noch etwas Brühe haben?» fragte ihn die Frau.

«Nein, danke sehr; sie ist ausgezeichnet.»

«Versuch doch noch ein bißchen.»

«Ich möchte gern einen Whisky-Soda.»

«Es ist nicht gut für dich.»

«Nein, ‹es ist schlecht für mich, zu wissen, daß du verrückt nach mir bist!› Text und Musik von Cole Porter.»

«Du weißt, ich hab's gern, wenn du trinkst.»

«O ja, nur daß es schlecht für mich ist.»

Wenn sie geht, dachte er, werde ich alles haben, was ich will. Nicht alles, was ich will, aber alles, was es gibt. Gott, war er müde. Zu müde. Er wollte ein bißchen schlafen. Er lag still, und der Tod war nicht da. Er war wohl in eine andere Straße eingebogen. Er fuhr paarweise auf Rädern und bewegte sich lautlos auf dem Pflaster.

Nein, er hatte niemals über Paris geschrieben, nicht über das Paris, an dem er hing. Aber was war mit allem übrigen, das er niemals geschrieben hatte?

Was war mit der Ranch und dem silbrigen Grau des Salbeigebüschs, dem schnell strömenden, klaren Wasser in den Bewässerungsgräben und dem satten Grün der Luzerne? Der Pfad führte hinauf in die Berge, und das Vieh war im Sommer so scheu wie Wild. Das Gebrüll und das gleichförmige Geräusch und die langsam sich bewegende Masse, die den Staub aufwirbelte, wenn man das Vieh im Herbst hinuntertrieb. Und hinter dem Gebirge die klare Schärfe der Bergspitze im Abendlicht, und als er hinunterritt im Mondlicht, wie sich der Pfad hell durch die Ebene zog. Jetzt erinnerte er sich daran, wie er im Dunkeln durchs Gehölz hinuntergekommen war und sich am Schwanz des Pferdes festgehalten hatte, wenn er nichts sehen konnte, und an all die Geschichten, die er hatte schreiben wollen.

Über den blöden Hüterjungen, den man damals auf der Ranch zurückließ, und dem eingeschärft war, keinen ans Heu zu lassen, und über jenen altenUeckskerl von den Forks, der den Jungen, als er mal für ihn arbeitete, verprügelt hatte, und der vorbeikam, um sich Futter zu holen.

Wie der Junge «Nein» gesagt hatte, und der Alte sagte, er würde ihn wieder verprügeln. Der Junge holte die Flinte aus der Küche und erschoß ihn, als er versuchte, in die Scheune zu gehen, und als sie auf die Ranch zurückkamen, lag er bereits eine Woche tot und steif gefroren in der Vieheinzäunung, und die Hunde hatten ihn teilweise aufgefressen. Aber was übrig war, packte man, in eine Decke gewickelt, auf einen Schlitten und band es fest, und man ließ sich von dem Jungen beim Ziehen helfen, und zusammen nahm man es auf und beförderte es auf Skiern die Straße hinunter und sechzig Meilen weiter hinab in die Stadt, um den Jungen der Polizei zu übergeben. Er hatte keine Ahnung davon, daß man ihn verhaften würde. Er dachte, er habe seine Pflicht getan, und man wäre sein Freund, und er würde belohnt werden. Er hatte geholfen, den alten Mann hinunterzuschaffen, damit jeder erfahren würde, wie schlecht der alte Mann gewesen war, und daß er versucht hatte, Futter zu stehlen, das ihm nicht gehörte, und als der Sheriff dem Jungen die Handschellen anlegte, konnte er es gar nicht fassen. Dann fing er an zu weinen. Das war eine der Geschichten, die er sich zum Schreiben aufgespart hatte. Er kannte mindestens zwanzig gute Geschichten aus jener Gegend, und er hatte auch nicht eine geschrieben. Warum?

«Erzähl du ihnen, warum», sagte er.

«Warum was, Lieber?»

«Warum nichts.»

Sie trank nicht mehr soviel, seit sie ihn hatte. Aber falls er am Leben blieb, würde er niemals über sie schreiben, das wußte er jetzt. Auch über keine der anderen. Die Reichen waren fade und tranken zuviel, oder sie spielten zuviel Tricktrack. Sie waren fade, und alle einer wie der andere. Er erinnerte sich an den armen Julian und seine romantische Ehrfurcht vor ihnen, und wie er einmal eine Geschichte begonnen hatte, die so anfing: «Die Steinreichen sind anders als du und ich.» Und wie jemand zu Julian gesagt hatte: «Jawohl, sie haben mehr Geld.»

Aber das fand Julian gar nicht komisch. Er hielt sie für eine besonders glorreiche Menschenart, und als ihm aufging, daß es gar nicht so war, warf ihn das genauso um wie jede andere Sache, die ihn umwarf.

Er hatte Leute, die es umwarf, verachtet. Man brauchte es ja noch nicht zu mögen, weil man es verstand. Er konnte mit allem fertig werden, dachte er, weil ihm nichts weh tun konnte, solange es ihn nichts anging.

Gut, jetzt würde ihn der Tod nichts angehen. Etwas, wovor er sich immer gegraut hatte, waren Schmerzen. Er konnte Schmerzen so gut ertragen wie jeder andere, bis sie zu lange anhielten und ihn aushöhlten, aber hier hatte er etwas, das entsetzlich weh getan hatte, und gerade als er fühlte, daß es ihn zerbrach, hatte der Schmerz aufgehört.

Er erinnerte sich an damals, als Williamson, der Artillerieoffizier, von einer Handgranate getroffen wurde, die eine deutsche Patrouille warf, als er in jener Nacht durch den Stacheldraht zurückkam, und wie er schrie und jeden gebeten hatte, ihn zu töten. Er war ein dicker Kerl, sehr tapfer und ein guter Offizier, wenn er auch zum Theatralischen neigte. Aber in jener Nacht blieb er im Stacheldraht hängen, und eine Rakete beleuchtete ihn, und seine Eingeweide hingen im Stacheldraht verstrickt, so daß sie ihn losschneiden mußten, nachdem sie ihn lebendig hereingebracht hatten. «Erschieß mich, Harry, um Christi willen, erschieß mich.» Sie hatten einmal darüber diskutiert, daß Gott keinem etwas schicke, was er nicht ertragen könne, und irgendeiner hatte die Theorie aufgestellt, daß dies bedeute, daß eben an einem gewissen Punkt der Schmerz automatisch das Bewußtsein auslösche. Aber er hatte sich immer an Williamson in jener Nacht erinnert. Nichts ließ ihn das Bewußtsein verlieren, bis er ihm all seine Morphiumtabletten gab, die er immer aufgespart hatte, um sie selbst zu nehmen, und dann wirkten sie auch noch nicht gleich.

Dies jedoch, was er hatte, war kinderleicht, und wenn es nicht mit der Zeit schlimmer wurde, brauchte man sich keine Sorgen zu machen. Nur daß er gern in besserer Gesellschaft gewesen wäre.

Er dachte ein bißchen an die Gesellschaft, die er gern haben würde.

Nein, dachte er, wenn man alles, was man tut, zu lange und zu spät tut, kann man nicht erwarten, daß die Menschen noch da sind. Sie sind alle weg. Das Fest ist vorbei, und man ist mit seiner Gastgeberin allein.

Mich langweilt das Sterben genauso wie alles übrige, dachte er.

«Es ist langweilig», sagte er laut.

«Was denn, Lieber?»

«Alles, was man zu verdammt lange tut.»

Er betrachtete ihr Gesicht zwischen sich und dem Feuer. Sie lag im Stuhl zurückgelehnt, und der Feuerschein fiel auf ihr von feinen Linien durchzogenes Gesicht, und er konnte sehen, daß sie schläfrig war. Er hörte die Hyäne außerhalb des Feuerbereichs lärmen.

«Ich habe geschrieben», sagte er, «aber es hat mich müde gemacht.»

«Glaubst du, du wirst schlafen können?»

«Sicher. Warum gehst du nicht rein?»

«Ich sitze gern hier bei dir.»

«Spürst du irgend etwas Seltsames?» fragte er sie.

«Nein, nur ein bißchen Müdigkeit.»

«Aber ich», sagte er. Er hatte gerade gespürt, wie der Tod wieder vorbeikam. «Weißt du, das einzige, was ich nie verloren habe, ist meine Neugier», sagte er zu ihr.

«Du hast überhaupt nichts verloren. Du bist der kompletteste Mann, den ich je gekannt habe.»

«Mein Gott», sagte er, «wie wenig so eine Frau weiß. Was ist das? Deine Intuition?»

Weil gerade eben der Tod gekommen war und seinen Kopf auf das Fußende des Lagers lehnte, und er seinen Atem riechen konnte.

«Glaub nichts von all dem Zeug mit Sichel und Schädel», sagte er zu ihr. «Es können genausogut zwei Polizisten auf Rädern sein, oder ein Vogel. Oder er könnte eine breite Schnauze haben wie eine Hyäne.»

Er war jetzt an ihm hochgekrochen, aber er hatte keine Gestalt mehr. Er nahm einfach Raum ein.

«Sag ihm, daß er weggehen soll.»

Er ging nicht weg, sondern kam ein bißchen näher.

«Du hast einen höllischen Atem», sagte er zu ihm. «Du stinkender Dreckskerl.»

Er drängte sich noch näher an ihn heran, und jetzt konnte er nichts zu ihm sagen, und als er sah, daß er nicht sprechen konnte, kam er noch ein bißchen näher, und jetzt versuchte er, ihn, ohne zu sprechen, wegzuscheuchen, aber er bewegte sich an ihm hoch, so daß sein Gewicht voll auf seine Brust drückte, und während er da hockte und er sich weder bewegen noch sprechen konnte, hörte er die Frau sagen: «Bwana schläft jetzt. Nehmt das Lager sehr vorsichtig auf und tragt es ins Zelt.»

Er konnte nicht sprechen, um ihr zu sagen, daß sie ihn wegscheuchen sollte, und er hockte jetzt schwerer auf ihm, so daß er nicht atmen konnte. Und dann, als sie sein Lager hochhoben, war plötzlich alles gut, und das Gewicht wich von seiner Brust.

Es war Morgen, und es war bereits eine ganze Zeit lang Morgen, und er hörte das Flugzeug. Es sah sehr klein aus, und dann beschrieb es einen weiten Kreis, und die Boys liefen hinunter und zündeten die Feuer an und nahmen Paraffin dazu und häuften Gras auf, so daß es zwei große Rauchfahnen an beiden Enden des geebneten Platzes gab, und der Morgenwind blies sie dem Lager zu, und das Flugzeug beschrieb noch zwei Kreise, zuletzt ganz niedrig, und glitt dann hinab, richtete sich aus und landete glatt, und der alte Compton in seiner weiten Hose, seiner Tweedjacke und einem braunen Filzhut kam auf ihn zu.

«Was ist denn los, alter Hengst?» sagte Compton.

«'n schlimmes Bein», sagte er zu ihm. «Willst du was frühstücken?»

«Danke, ich möchte nur eine Tasse Tee. Weißt du, es ist unser alter ‹Gabelschwanz›; die Memsahib werde ich nicht mitnehmen können. Es ist nur für einen Platz. Euer Lastauto ist unterwegs.»

Helen hatte Compton beiseite genommen und sprach mit ihm. Compton kam aufgeräumter als je zurück.

«Wir laden dich gleich ein», sagte er. «Ich komme dann zurück für die Mem. Ich fürchte, ich muß in Arusha Zwischenlandung machen, um zu tanken. Wollen uns mal gleich in Bewegung setzen.»

«Und dein Tee?»

«Weißt du, ich mach mir wirklich nichts daraus.»

Die Boys hatten das Lager aufgenommen und trugen es dem kleinen Flugzeug zu, um die grünen Zelte herum und hinunter, am Felsen entlang, hinaus in die Ebene und an den Lichtsignalen vorbei, die jetzt, wo alles Gras aufgezehrt war, hell brannten, und der Wind blies die Flammen an. Es war schwierig, ihn hineinzubekommen, aber als er erst einmal drinnen war, lehnte er sich auf dem ledernen Sitz zurück, und das Bein lag steif ausgestreckt neben Comptons Sitz. Compton warf den Motor an und stieg ein. Er winkte Helen und den Boys zu, und während das Geratter in das alte, wohlbekannte Brausen überging, wendeten sie, und Compton hatte ein wachsames Auge auf die Warzenschweinlöcher und brauste holpernd die Strecke zwischen den Feuern entlang und hob sich mit dem letzten Stoß in die Luft, und er sah sie alle unten stehen und winken und das Lager neben dem Hügel flacher werden und die Ebene sich ausbreiten, Gruppen von Bäumen und den Busch flach werden, während die Wildspuren jetzt glatt zu den Wasserstellen liefen, und dann sah er eine neue Wasserstelle, von der er gar nichts gewußt hatte. Die Zebras, jetzt kleine, gerundete Rücken, und die Gnus, großköpfige Punkte, die aufwärts zu steigen schienen, als sie wie in langen Fingern sich über die Ebene bewegten und dann auseinanderliefen, als der Schatten sich ihnen näherte. Sie waren jetzt winzig, und ihre Bewegungen hatten nichts Galoppierendes mehr, und die Ebene war jetzt, so weit man sehen konnte, grau-gelb, und vor ihm war Compies Tweedrücken und sein brauner Filzhut. Dann waren sie über den ersten Hügeln, und die Gnus zogen hinauf, und dann waren sie über Bergen mit plötzlichen Tiefen von grün aufstrebenden Wäldern und dichten Bambushängen und dann wieder dunklem Wald wie in Spitzen und Mulden ausgehauen, bis sie darüber hinweg waren, und abfallende Hügel, und dann eine neue Ebene, heiß jetzt und lilabraun, uneben von der Hitze, und Compie, der sich umdrehte, um zu sehen, wie es ihm bekam. Dann sah man neue Berge, dunkel vor sich.

Und dann, anstatt nach Arusha weiterzufliegen, drehten sie nach links – er mußte wohl ausgerechnet haben, daß er genügend Brennstoff hatte –, und als er hinabsah, erblickte er eine treibende, rosa Wolke, die sich über den Boden bewegte und in der Luft so wie der erste Schnee in einem Schneetreiben, der von nirgendwoher kommt, und er wußte, daß die Heuschrecken vom Süden heranzogen. Dann begannen sie zu steigen, und sie schienen nach Osten zu fliegen, und dann wurde es dunkel, und sie waren in einem Gewitter, und der Regen war so dicht, daß es schien, als ob man durch einen Wasserfall flog, und dann waren sie hindurch, und Compie wandte den Kopf und grinste und deutete vorwärts, und dort vor ihnen, so weit er sehen konnte, so weit wie die ganze Welt, groß, hoch und unvorstellbar weiß in der Sonne war der flache Gipfel des Kilimandscharo. Und dann wußte er, dorthin war es, wohin er ging.

Gerade dann hörte die Hyäne auf, im Dunkel zu wimmern, und begann einen seltsamen, menschlichen, fast weinenden Ton von sich zu geben. Die Frau hörte es und bewegte sich unruhig hin und her. Sie wachte nicht auf. Im Traum war sie im Haus in Long Island, und es war der Abend vor dem ersten Ball ihrer Tochter. Irgendwie war ihr Vater da, und er war sehr grob gewesen. Dann war das Geräusch, das die Hyäne machte, so laut, daß sie erwachte, und einen Augenblik lang wußte sie nicht, wo sie war, und sie hatte große Angst. Dann nahm sie die Taschenlampe und beleuchtete damit das andere Lager, das sie hineingetragen hatten, nachdem Harry eingeschlafen war. Sie konnte seinen Körper unter dem Moskitonetz sehen, aber irgendwie hatte er sein Bein herausgezwängt, und es hing am Lager hinunter. Der Verband war vollständig abgegangen, und sie konnte nicht hinsehen.

«Molo!» rief sie. «Molo, Molo.»

Dann sagte sie «Harry, Harry!», dann mit erhobener Stimme: «Harry. Bitte, Harry, o Gott, Harry.»

Es kam keine Antwort, und sie konnte ihn nicht atmen hören.

Draußen vor dem Zelt machte die Hyäne immer noch das gleiche seltsame Geräusch, von dem sie erwacht war. Aber sie hörte es nicht, weil ihr Herz so klopfte.

(G. W. 6/50–75) (1936)

Von seinen Erlebnissen in Afrika berichtete Hemingway in Die grünen Hügel Afrikas (Green Hills of Africa). *Die dreizehn Kapitel dieser autobiographischen Erzählung handeln von der Jagd und den Teilnehmern der Safari, es gibt Gespräche über die Familie und die Literatur. Die Vorbemerkung lautet:*

«Im Gegensatz zu vielen Romanen ist in diesem Buch weder eine Person noch ein Ereignis erfunden. Wem nicht genug Liebe vorkommt, dem steht es frei, beim Lesen all das hineinzulegen, was er oder sie im Augenblick an Liebe empfindet. Der Autor hat versucht, ein wirklich wahres Buch zu schreiben, um festzustellen, ob die Eigenart eines Landes und die Eindrücke eines vierwöchigen Jagdunternehmens bei wahrheitsgetreuer Darstellung neben einem Werk der Phantasie bestehen können.»

*«*Die grünen Hügel Afrikas *erscheint im Oktober 1935. Hemingway hat sein Buch mit großen Erwartungen besetzt: es enthalte getreue Beobachtung, spannende Handlung, ‹absolut wahre Autobiographie›, gelebte Erfahrung. Das Echo der Kritik ist enttäuschend, es wird allgemein als Hemingways schwächstes Werk eingeschätzt.» (M. C. 351)*

3 Eisgekühlte Daiquiris in der Hölle

Ende September 1936 schreibt Ernest Hemingway an seinen Lektor Maxwell Perkins, ihm lasse der Gedanke keine Ruhe, daß vor zwei Monaten der spanische Bürgerkrieg begonnen habe und er nicht dabei sei (on the scene). *Als im November die* North American Newspaper Alliance (NANA), *eine Presseagentur, bei ihm anfragt, ob er als Kriegskorrespondent aus Spanien berichten wolle, sagt er zu. Viermal hält er sich für längere Zeit auf dem Kriegsschauplatz auf, im Frühjahr und Herbst 1937 und im Frühjahr und Herbst 1938.*

Seit Februar 1936 gibt es in Spanien eine Volksfrontregierung. Im Juli des gleichen Jahres putscht der ehrgeizige General Francisco Franco in Marokko, die Rebellion springt innerhalb weniger Tage nach Spanien über. Im beginnenden Bürgerkrieg erhalten die Nationalisten unter Franco sofort Hilfe von Mussolinis Italien und von Hitler-Deutschland, die Republikaner werden von der Sowjetunion, Mexiko und den Freiwilligen der Internationalen Brigaden unterstützt. Hemingway berichtet nur von der republikanischen Seite.

Vor der Abreise nach Europa konzentriert er sich darauf, seinen neuen Roman Haben und Nichthaben (To Have and Have Not) *zu Ende zu bringen. Der erste Abschnitt war unter dem Titel* One Trip Across *bereits 1934, der zweite als* The Tradesman's Return *1935 als* story *in der Zeitschrift* Cosmopolitan *erschienen. Der dritte entstand, als der Autor bereits die Absicht hatte, die Harry-Morgan-Geschichten zu einem Roman zu vereinigen:*

In Key West, Florida, lebt Harry Morgan von der Vermietung seiner Motorjacht an reiche Sportfischer. Von einer ausbeuterischen Gesellschaft auf die Seite der Habenichtse gezwungen, körperlich behindert (eine Schmuggelfahrt, bei der ihn ein Zollbeamter anschoß, hat ihn den einen Arm gekostet), kämpft er, auf sich selbst gestellt, mit der gleichen Skrupellosigkeit wie die «Habenden» um den Unterhalt seiner Familie.

Als einer seiner Kunden das Fischfanggerät zerstört und ihn um die Bootsmiete bringt, versucht Morgan, durch den Transport illegaler chinesischer Einwanderer von Kuba nach Florida zu Geld zu kommen, und wird dabei zum Mörder. Nachdem die Zollbehörde ihn erneut beim Alkoholschmuggel ertappt und sein Boot konfisziert hat, erhält er das einträgliche Angebot, vier Kubaner in ihre Heimat überzusetzen. Er eignet sich das Boot wieder an, stellt dann aber fest, daß seine Passagiere eine Bank ausgeraubt haben, um mit der Beute eine Revolution in Kuba zu finanzieren. Als der Bootsmaat Morgan vor dem Unternehmen warnt, wird er kurzerhand von einem der Männer niedergeschossen; Morgan wird gezwungen, Kurs auf Havanna zu nehmen. Angewidert von der Skrupellosigkeit, mit der die angeblich für die Unterdrückten kämpfenden Revolutionäre einen einfachen Arbeiter umgebracht haben, provoziert Morgan auf hoher See eine wilde Schießerei, bei der auch er tödlich verletzt wird.

Die «absolute Ohnmacht des Geistes» in einer von Gewalt regierten Welt hat Hemingway in der Gestalt des erfolgreichen Schriftstellers Gordon dargestellt, der in Key West am Rande der Gesellschaft dahintreibt und sich mit Surrogaten des Lebens zufriedengibt – ein nicht gerade freundliches Porträt des Freundes Dos Passos.

Hemingway nimmt im Juni 1937 am linksorientierten 2. Schriftsteller-Kongreß in New York teil, arbeitet in Spanien mit Joris Ivens an dem Dokumentarfilm Die spanische Erde, *schreibt den Kommentartext und spricht ihn selbst (nachdem die Tonaufnahme mit Orson Welles als zu glatt und professionell verworfen worden ist), und sammelt zusammen mit anderen in Hollywood bei einer Vorführung Geld für zwanzig Ambulanzen für die Republikaner. Er hatte bereits im Sommer 1935 nach einem Hurrikan über Key West, bei dem über tausend mit Notstandsarbeiten beschäftigte Kriegsveteranen in einem Lager ums Leben gekommen waren, in der kommunistischen Zeitschrift* New Masses *einen bitteren, Staat und Behörden angreifenden Bericht unter dem Titel* Wer hat die Veteranen ermordet? *geschrieben. Mit* Haben und Nichthaben *«nähert sich Hemingway dem Thema der Solidarität der kleinen Leute gegen den Staat»* (M. C. 352); *der Autor scheint mit einemmal «der Goldjunge der Linken» (John Dos Passos) geworden zu sein, die ihm zuvor vorgeworfen hatte, daß in seinen Büchern alle wichtigen Zeitthemen ausgespart blieben.*

«Haben und Nichthaben *erscheint im Oktober 1937. Die Kritiken sind reserviert bis ablehnend, vereinzelt wird Hemingways ‹soziales Bewußtsein› vermerkt. – Verkauf: November 25 000.»* (M. C. 352)

«Hemingway ist als Korrespondent und Propagandist für die republikanische Seite im spanischen Bürgerkrieg engagiert. Damit kommt er zum erstenmal seit 1918 und 1922 wieder in persönliche Berührung mit einer öffentlichen Erfahrung von geschichtlicher Bedeutung, die sich überdies glücklich mit dem verklärten Land seiner Jugend und mit einer neuen Liebesbeziehung zu einer Frau, der Kriegskorrespondentin Martha Gellhorn, verbindet» (M. C. 354). So entsteht in erstaunlich kurzer Zeit sein Roman Wem die Stunde schlägt (For Whom the Bell Tolls).

Wem die Stunde schlägt

Hemingway stellt dem Roman ein Zitat von John Donne (1572–1631) voran, das mit dem Satz beginnt: «No man is an Island, *intire of it selfe», und endet: «and therefore never send to know for whom the* bell *tolls; it tolls for* thee.» *Der Mensch, dessen Tod auch uns angeht, ist der amerikanische Spanisch-Dozent Robert Jordan, der sich als Antifaschist entschlossen hat, im spanischen Bürgerkrieg auf seiten der Republikaner zu kämpfen. In der letzten Maiwoche 1937 trifft er in einer Höhle der Guerillas nördlich von Madrid ein. Er hat den Auftrag, als* dynamitero *hinter den Linien der Francotruppen die Sprengung einer strategisch wichtigen Brücke vorzubereiten. Drei Tage und drei Nächte verbringt er mit den Guerillas unter ihrem Anführer Pablo in der Höhle, die von Pablos unerschrockener Frau Pilar gehütet wird. Pilar hat sich auch der jungen Maria angenommen, die nach der Ermordung ihrer Eltern von den Faschisten vergewaltigt wurde.*

Sie kamen zu dem Eingang der Höhle. Unter dem Rand einer Decke, die vor der Öffnung hing, schimmerte ein Lichtschein hervor. Die beiden Packen lagen am Fuß eines Baumstammes, mit einem Stück Leinwand zugedeckt, und Robert Jordan kniete nieder und betastete die Leinwand, die steif war und naß. Im Finstern tastete er unter der Leinwand nach der äußeren Tasche des einen Rucksacks, holte eine lederumhüllte Flasche hervor und steckte sie ein. Dann sperrte er die länglichen Balkenschlösser auf, die an dem Metallring hingen, welcher die Öffnung der Säcke verschloß, löste die Zugschnur am oberen Teil der beiden Packen, griff hinein und überzeugte sich davon, daß der Inhalt in Ordnung war. Tief unten in dem einen Packen fühlte er die gebündelten Stangen in den Säckchen, die Säckchen in den Schlafsack gewickelt. Er zog die Schnur wieder zu, ließ das Schloß einschnappen, dann steckte er die Hände in den anderen Sack und fühlte die scharfe, hölzerne Kontur der Hülse des alten Zünders, die Zigarrenschachtel mit den Hütchen, jeder einzelne kleine Zylinder rund umwickelt mit seinen zwei Drähten (alle so sorgfältig verpackt, wie er als Junge seine Sammlung von Vogeleiern verpackt hatte), den Schaft des Schnellfeuergewehrs, vom Lauf gelöst und in die Lederjacke eingewickelt, die beiden Scheiben und fünf Klammern in einer der Innentaschen des großen Rucksacks und in der anderen Tasche die kleinen Knäuel von Kupferdraht und den großen Knäuel von leichtem Isolierdraht. In der Tasche mit den Drähten fühlte er die Zangen und die zwei hölzernen Ahlen zum Bohren der Löcher in den Blockenden, und dann holte er aus der letzten Innentasche eine große Schachtel russischer Zigaretten hervor, von dem Vorrat, den er in Golz' Hauptquartier bekommen hatte. Schließlich verschnürte er die Öffnung des Rucksacks, schob das Schloß zurecht, schnallte die Klappen fest und deckte beide Packen wieder mit der Leinwand zu. Anselmo war in die Höhle gegangen.

Robert Jordan richtete sich auf, um ihm zu folgen, dann besann er sich, schlug abermals die Leinwand zurück, hob die beiden Packen auf, mit jeder Hand einen, und steuerte, die schwere Last mit Mühe schleppend, auf den Eingang der Höhle zu. Dort legte er den einen Packen hin, schob die Decke zur Seite, und dann, den Kopf gebeugt, in jeder Hand einen der Rucksäcke an den Lederriemen haltend, betrat er die Höhle.

Drinnen war es warm und rauchig. An der einen Wand stand ein Tisch und darauf eine Talgkerze in einem Flaschenhals, und an dem Tisch saßen Pablo, drei Männer, die er nicht kannte, und der Zigeuner Rafael. Die Kerze warf Schatten auf die Wand hinter den Männern, und Anselmo stand rechts neben dem Tisch, so wie er eben hereingekommen war. In der einen Ecke beugte Pablos Weib sich über ein Holzkohlenfeuer auf dem offenen Herd. Neben ihr kniete das Mädchen und rührte in einem eisernen Topf. Sie hob den hölzernen Löffel in die Höhe und blickte zu Jordan hin, der im Eingang stand, und im Schein des Feuers, das die Frau mit einem Blasebalg schürte, sah er des

Mädchens Gesicht, ihren Arm, und die Tropfen, die von dem Löffel tropften und in den eisernen Topf fielen.

«Was trägst du da?» fragte Pablo.

«Meine Sachen», sagte Robert Jordan und stellte die beiden Packen nieder, ein wenig abseits, gleich neben dem Eingang an der von dem Tisch entfernteren Seite.

«Sind sie draußen nicht gut aufgehoben?» fragte Pablo.

«Es könnte jemand im Finstern über sie stolpern», sagte Robert Jordan, ging zu den Männern hin und legte die Schachtel mit Zigaretten auf den Tisch.

«Ich habe nicht gern Dynamit in der Höhle», sagte Pablo.

«Wenn es weit genug vom Feuer entfernt ist?» sagte Robert Jordan. «Nimm Zigaretten.» Er ritzte mit dem Daumennagel den Rand der Papierschachtel, auf deren Deckel ein großes buntes Kriegsschiff zu sehen war, und schob die Schachtel Pablo hin.

Anselmo brachte ihm einen mit Rohleder bespannten Schemel, und er setzte sich an den Tisch. Pablo schaute ihn an, als wollte er wieder etwas sagen, griff dann nach den Zigaretten.

Robert Jordan schob die Schachtel zu den anderen hin. Noch blickte er keinen der Männer an, aber er merkte, daß der eine Zigaretten nahm und die beiden anderen nicht. Seine ganze Aufmerksamkeit war auf Pablo konzentriert.

«Wie geht's, Zigeuner?» sagte er zu Rafael.

«Gut», erwiderte der Zigeuner.

Robert Jordan merkte genau, daß sie über ihn gesprochen hatten, als er hereinkam. Sogar der Zigeuner war etwas verlegen.

«Läßt sie dich wieder mitessen?» fragte Robert Jordan den Zigeuner.

«Ja. Warum auch nicht?» erwiderte der Zigeuner. Und dabei hatten sie am Nachmittag so freundschaftlich miteinander gescherzt! Pablos Frau sagte gar nichts und schürte weiterhin das Feuer.

«Einer dort oben namens Agustín sagt, er stirbt vor Langeweile», sagte Robert Jordan.

«Davon stirbt man nicht», sagte Pablo. «Laß ihn ein wenig sterben.»

«Habt ihr Wein?» Robert Jordan richtete diese Frage an die ganze Tischgesellschaft. Er beugte sich ein wenig vor, die Hände auf den Tisch gestützt.

«Es ist nur noch wenig da», sagte Pablo mürrisch.

Robert Jordan hielt es für das beste, einen Blick auf die drei anderen zu werfen, um möglicherweise festzustellen, woran er sei.

«Dann möchte ich eine Tasse Wasser haben. Du!» rief er dem Mädchen zu. «Bring mir eine Tasse Wasser.»

Das Mädchen schaute die Frau an, die kein Wort sagte und sich nicht anmerken ließ, ob sie überhaupt etwas gehört hatte, dann ging es zu einem Kessel mit Wasser und füllte eine Tasse, die es an den Tisch brachte und vor Robert Jordan hinstellte. Er lächelte dem Mädchen zu. Gleichzeitig aber zog er die Bauchmuskeln ein und machte eine kleine Wendung nach links, so daß die Pistole an seinem Gürtel näher dorthin rutschte, wo er sie haben wollte. Er langte mit der Hand in die Hüfttasche, und Pablo beobachtete ihn. Er wußte, daß auch die anderen ihn beobachteten, aber er selbst beobachtete nur Pablo. Er holte die lederbezogene Flasche aus der Tasche, schraubte den Deckel ab, nahm die Tasse, trank sie halb leer und goß dann sehr langsam etwas von dem Inhalt der Flasche in die Tasse.

«Für dich ist das zu stark, sonst würde ich dir etwas davon abgeben», sagte er zu Maria und lächelte sie wieder an. Dann sagte er zu Pablo: «Es ist nur noch wenig da, sonst würde ich dir etwas davon anbieten.»

«Ich mag Anis nicht», sagte Pablo.

Der scharfe Geruch hatte sich über den ganzen Tisch verbreitet, und diese eine Ingredienz war Pablo bekannt.

«Gut», sagte Robert Jordan. «Weil nur noch sehr wenig da ist.»

«Was ist das für ein Getränk?» fragte der Zigeuner.

«Eine Medizin», sagte Robert Jordan. «Willst du kosten?»

«Wofür?»

«Für alles», antwortete Robert Jordan. «Sie heilt alles. Wenn dir irgendwas fehlt, hilft dir diese Medizin.»

«Laß mich kosten», sagte der Zigeuner.

Robert Jordan schob ihm die Tasse hin. Die Mischung war von einem milchigen Gelb. Er hoffte, der Zigeuner würde nicht mehr als einen Schluck nehmen. Es war nur noch sehr wenig davon übrig, und eine einzige Tasse ersetzte ihm die Abendzeitung, alle die schönen Abende im Café, alle die Kastanienbäume, die wohl jetzt schon in Blüte standen, die plumpen, schwerfälligen Gäule auf den äußeren Boulevards, die Bücherläden, die Kioske und Galerien, den Parc Montsouris, das Stade Buffalo, die Buttes Chaumont, die Guaranty Trust Company und die Île de la Cité, Foyots altes Hotel, und daß man abends lesen kann und sich entspannen, alles, was ihm einmal Freude gemacht und was er vergessen hatte und was ihm wieder einfiel, wenn er von diesem trüben, bitteren, die Zunge lähmenden, Hirn und Magen wärmenden, die Gedanken ablenkenden Alchimistentrunk kostete.

Der Zigeuner verzog das Gesicht und reichte die Tasse zurück. «Es riecht nach Anis, aber es ist bitter wie Galle», sagte er. «Lieber krank sein als diese Medizin nehmen.»

«Das ist der Wermut», sagte Robert Jordan. «Der echte Absinth enthält Wermut. Man sagt, er erzeugt Gehirnfäule, aber das glaube ich nicht. Man kommt bloß auf andere Gedanken. Eigentlich soll man ganz langsam das Wasser in den Absinth gießen, tropfenweise. Ich aber habe den Absinth ins Wasser gegossen.»

«Was sagst du da?» fragte Pablo ärgerlich. Er fühlte den Spott.

«Ich beschreibe die Medizin», erwiderte Robert Jordan grinsend. «Ich habe sie in Madrid gekauft. Es war die letzte Flasche, und sie hat nun schon drei Wochen gereicht.» Er nahm einen großen Schluck und fühlte, wie die Flüssigkeit köstlich betäubend über seine Zunge rann. Er blickte Pablo an und grinste abermals.

«Wie stehen die Geschäfte?» fragte er.

Pablo gab keine Antwort, und Robert Jordan betrachtete aufmerksam die drei anderen Männer am Tisch. Der eine hatte ein breites, plattes Gesicht, platt und braun wie ein Serrano-Schinken, mit einer abgeplatteten und gebrochenen Nase, und die lange, dünne russische Zigarette, die schief in seinem Mundwinkel hing, ließ das Gesicht noch platter erscheinen. Dieser Mann hatte kurzgeschnittenes graues Haar und einen grauen

Stoppelbart, und er trug den üblichen schwarzen, am Hals zugeknöpften Kittel. Als Robert Jordan ihn ansah, senkte er den Blick, aber sein Blick war fest, und er zuckte nicht mit den Wimpern. Die beiden anderen waren offenbar Brüder. Sie sahen einander sehr ähnlich und waren beide untersetzt, stämmig, schwarzhaarig, das Haar tief in die Stirn gewachsen, dunkeläugig und braun gebrannt. Der eine hatte über dem linken Auge quer über die Stirn eine Narbe, und als Robert Jordan die beiden ansah, erwiderten sie ruhig seinen Blick. Den einen schätzte er auf etwa sechs- bis achtundzwanzig, der andere mochte zwei Jahre älter sein.

«Was schaust du so?» fragte der mit der Narbe.

«Ich schaue dich an», sagte Robert Jordan.

«Siehst du was Besonderes an mir?»

«Nein», sagte Robert Jordan. «Zigarette?»

«Warum nicht?» sagte der Mann. Er hatte zuvor keine Zigarette genommen. «Das sind solche, wie sie der andere hatte. Der am Zug.»

«Warst du mit dabei?»

«Wir waren alle mit dabei», erwiderte der Mann gelassen. «Alle, bis auf den Alten.»

«Und so etwas sollten wir uns jetzt wieder vornehmen», sagte Pablo. «Einen Zug!»

«Warum nicht?» sagte Robert Jordan. «Nach der Brücke.»

Er merkte jetzt, daß Pablos Weib sich vom Herdfeuer abgewendet hatte und zuhörte. Als das Wort «Brücke» fiel, schwiegen alle.

«Nach der Brücke», wiederholte er absichtlich und nahm einen Schluck Absinth. Warum nicht gleich damit anfangen? dachte er. Es läßt sich doch nicht umgehen.

«Ich will mit der Brücke nichts zu tun haben», sagte Pablo mit gesenktem Blick. «Weder ich noch meine Leute.»

Robert Jordan sagte nichts. Er sah Anselmo an und hob die Tasse. «Dann machen wir's allein, Alter», sagte er lächelnd.

«Ohne diesen Feigling», sagte Anselmo.

«Was hast du gesagt?» sagte Pablo zu dem Alten.

«Zu dir gar nicht. Ich habe nicht mit dir geredet.»

Robert Jordans Blick wanderte nun am Tisch vorbei zu

Pablos Frau, die neben dem Herd stand. Sie hatte bisher kein Wort geredet und auf nichts reagiert. Jetzt aber sagte sie zu dem Mädchen ein paar Worte, die er nicht hören konnte, und das Mädchen erhob sich vom Herdfeuer, glitt die Wand entlang, lüftete die Decke, die vor dem Eingang der Höhle hing, und ging hinaus. Ich glaube, jetzt geht's los, dachte Robert Jordan. Ich glaube, jetzt haben wir's. Ich wollte es so nicht haben, aber so scheint es nun mal zu sein.

«Dann werden wir die Brücke ohne deine Hilfe erledigen», sagte Robert Jordan zu Pablo.

«Nein», erwiderte Pablo, und Robert Jordan sah die Schweißtropfen auf seiner Stirn. «Du wirst mir hier keine Brücke sprengen.»

«Nein?»

«Du wirst mir keine Brücke sprengen», wiederholte Pablo mit Nachdruck.

«Und du?» Robert Jordan sprach zu Pablos Weib, die still und mächtig neben dem Feuer stand. Sie wandte sich den Männern zu und sagte: «Ich bin für die Brücke.» Der Feuerschein beleuchtete ihr Gesicht, es war leicht gerötet, schimmerte warm und dunkel und hübsch im Feuerschein, wie es beabsichtigt war.

«Was sagst du?» sagte Pablo zu ihr, und als er den Kopf wandte, sah Robert Jordan seine enttäuschte Miene und den Schweiß auf seiner Stirn.

«Ich bin für die Brücke und gegen dich», sagte Pablos Weib. «Weiter nichts.»

«Auch ich bin für die Brücke», sagte der Mann mit dem platten Gesicht und der gebrochenen Nase und drückte den Stummel der Zigarette auf der Tischplatte aus.

«Mir ist die Brücke ganz egal», sagte einer der Brüder. «Ich bin für die *mujer* von Pablo.»

«Ebenfalls», sagte der andere Bruder.

«Ebenfalls», sagte der Zigeuner.

Robert Jordan beobachtete Pablo, und seine rechte Hand tastete sich allmählich immer tiefer, um bereit zu sein, falls es nötig sein würde, halb in der Hoffnung, es *würde* nötig sein (in dem Gefühl vielleicht, daß das das Einfachste und Bequemste wäre, obwohl er nicht verderben wollte, was so gut begonnen hatte, denn er wußte, wie schnell eine Familie, ein Clan, eine Bande sich im Streit gegen den Fremden kehren kann, aber zugleich überlegend, daß das, was seine Hand ausrichten könnte, jetzt, da das alles passiert war, vielleicht das Einfachste und Beste und chirurgisch Gesündeste wäre), und er sah zugleich Pablos Weib dastehen und erröten, stolz, brav, ehrlich, als sie hörte, wie die Männer sich zu ihr bekannten.

«Ich bin für die Republik», sagte Pablos Frau zufrieden. «Und die Republik ist die Brücke. Nachher haben wir Zeit für andere Pläne.»

«Und du!» sagte Pablo erbittert. «Du mit dem Kopf eines Zuchtstiers und dem Herz einer Hure! Du glaubst, es wird ein Nachher geben, wenn die Brücke vorbei ist? Du hast eine Ahnung, was passieren wird.»

«Was passieren muß», sagte Pablos Weib. «Was passieren muß, wird passieren.»

«Und es macht dir nichts aus, dich wie ein Vieh hetzen zu lassen, wegen dieser Geschichte, die uns gar nichts einbringt? Oder dabei zu krepieren?»

«Nichts», sagte Pablos Weib. «Und versuch nicht, mich zu schrecken, du Feigling.»

«Feigling», sagte Pablo bitter. «Für euch ist jeder ein Feigling, der etwas von Taktik versteht. Der im voraus kennt, wohin eine dumme Sache führt. Man ist nicht feige, wenn man weiß, was dumm ist.»

«Und man ist nicht dumm, wenn man weiß, was feige ist», sagte Anselmo. Er konnte der Versuchung nicht widerstehen, diesen Satz zu formulieren.

«Willst du sterben?» fragte Pablo ernst, und Robert Jordan merkte, daß das keineswegs eine rhetorische Frage war.

«Nein.»

«Dann hüte deine Zunge. Du redest zuviel über Dinge, die du nicht verstehst. Begreifst du denn nicht, daß das ernst ist?» sagte er in fast jammerndem Ton. «Bin ich der einzige, der begreift, *wie* ernst das ist?»

Sehr wahrscheinlich, dachte Robert Jordan. Sehr wahrscheinlich, Pablo, alter Knabe. Außer mir. Du begreifst es, und ich begreife es, und die Frau hat es in meiner Hand gelesen, aber sie begreift es noch nicht. Noch begreift sie es nicht.

«Bin ich umsonst euer Führer?» fragte Pablo. «Ich weiß, was ich rede. Ihr wißt es nicht. Der Alte da schwatzt dummes Zeug. Er ist ein alter Mann, weiter nichts als ein Botengänger und ein Führer für die Fremden. Dieser Fremde ist hierhergekommen, um etwas für die Fremden Nützliches zu tun. Zu seinem Nutzen sollen wir uns opfern. Ich bin für das, was *allen* nützt und Sicherheit bringt.»

«Sicherheit», sagte Pablos Weib. «So etwas gibt es gar nicht. Hier laufen jetzt so viele herum, die Sicherheit suchen, daß sie schon eine große Gefahr sind. Wenn du jetzt Sicherheit suchst, wirst du alles verlieren.»

Sie stand am Tisch, einen großen Löffel in der Hand.

«Es *gibt* Sicherheit», sagte Pablo. «In der Gefahr ist man sicher, wenn man die Chancen einzuschätzen weiß. Ein Stierkämpfer, der *weiß*, was er tut, riskiert gar nichts und ist in Sicherheit.»

«Bis er aufgespießt wird», sagte die Frau bitter: «Wie oft habe ich die Matadore so reden hören, bevor sie aufgespießt wurden. Wie oft habe ich Finito sagen hören, nur die Klugheit macht's, und der Stier hat den Kerl gar nicht aufgespießt, sondern der Kerl hat sich selber auf dem Horn des Stiers aufgespießt. Immer reden sie so daher, in ihrem Hochmut, bevor sie aufgespießt werden. Nachher besuchen wir sie im Spital.» Nun spielte sie den Besuch am Krankenlager. «Hallo, alter Freund, hallo!» rief sie mit ihrer dröhnenden Stimme. Dann imitierte sie das leise Geflüster des verwundeten Stierkämpfers: «*Buenas, compadre.* Wie geht's, Pilar?» Mit ihrer natürlichen Stimme: «Wie ist denn das passiert, Finito, Chico, wie ist dir denn dieser scheußliche Unfall passiert?» Dann mit leiser, schwacher Stimme: «Es ist weiter nichts, Weib. Pilar, es ist nichts. Es hätte nicht passieren dürfen. Ich habe ihn sehr schön getötet, verstehst du. Keiner hätte ihn schöner töten können. Dann, als ich ihn getötet hatte, genau wie sich's gehörte, und er war richtig tot, da wackelte er auf den Beinen und wäre gleich von seinem eigenen Gewicht hingefallen, da ging ich von ihm weg, mit einem bißchen Arroganz und viel Haltung, und da stößt er mir von hinten das Horn zwischen die Hinterbacken, daß es bei der Leber wieder rauskommt.»

Sie begann zu lachen, hörte auf, die fast weichliche Stimme des Stierkämpfers zu imitieren, und fuhr mit ihrer dröhnenden Stimme fort: «Du mit deiner Sicherheit! Habe ich neun Jahre lang mit drei von den schlechtest bezahlten Matadoren der Welt gelebt, um nicht zu wissen, was Furcht ist und was Sicherheit? Sprich, wovon du willst, nur nicht von Sicherheit. Und du! Was für Illusionen ich mir über dich gemacht habe, und was aus ihnen geworden ist! Nach einem Jahr Krieg bist du ein Faulenzer geworden, ein Säufer und ein Feigling.»

«Du hast kein Recht, so zu sprechen», sagte Pablo. «Und schon gar nicht vor den Leuten und einem Fremden.»

«Ich *will* so sprechen», sagte Pablos Weib. «Hast du mich gehört? Glaubst du immer noch, daß *du* hier befiehlst?»

«Ja», sagte Pablo. «Hier befehle ich.»

«Nicht mal im Scherz!» sagte die Frau. «Hier befehle *ich*! Hast du nicht *la gente* gehört? Hier befiehlt keiner außer mir. Du kannst bleiben, wenn du willst, und mitessen und mittrinken, aber nicht so verdammt viel, du kannst mitarbeiten, wenn du willst. Aber befehlen tue ich.»

«Ich sollte dich und den Fremden übern Haufen schießen, euch alle beide», sagte Pablo mürrisch.

«Versuch's», sagte die Frau. «Du wirst ja sehen, was dann geschieht.»

«Kann ich eine Tasse Wasser haben?» sagte Robert Jordan. Er wandte kein Auge von dem Mann mit dem finsteren, fleischigen Gesicht und von der Frau, die in stolzer Haltung dastand und den großen Löffel so gebieterisch in Händen hielt, als wär's ein Marschallstab.

«Maria», rief Pablos Weib, und als das Mädchen im Eingang erschien, «Wasser für diesen Genossen.»

Robert Jordan griff nach der Hüfttasche, und indem er sie hervorholte, lockerte er die Pistole im Futteral und schwenkte das Futteral mit einem Ruck auf den linken Schenkel. Dann goß er einen zweiten Absinth in seine Tasse, nahm die Tasse mit Wasser, die das Mädchen ihm brachte, und träufelte das Wasser in den Absinth, immer nur ganz wenig. Das Mädchen stand neben ihm und schaute zu.

«Hinaus!» sagte Pablos Weib zu ihr, mit dem Löffel deutend.

«Es ist kalt draußen», sagte das Mädchen. Ihre Wange war dicht an Robert Jordans Wange, sie beobachtete, was in der Tasse vorging, wie die Flüssigkeit sich trübte.

«Vielleicht», sagte Pablos Weib. «Aber hier drin ist es zu heiß.» Dann fügte sie freundlich hinzu: «Es ist nicht für lange.»

Das Mädchen schüttelte den Kopf und ging hinaus.

Ich glaube nicht, daß er sich das noch lange gefallen läßt, dachte Robert Jordan. In der einen Hand hielt er die Tasse, die andere ruhte, gar nicht heimlich mehr, auf der Pistole. Er hatte die Waffe entsichert, und tröstlich war die altgewohnte Berührung mit dem fast glattgescheuerten, gerippten Griff, tröstlich die runde, kühle Kameradschaft des Abzugsbügels. Pablo starrte nur noch seine Frau an. Sie fuhr fort: «Schau mich an, du Säufer! Du weißt jetzt, wer hier befiehlt?»

«Ich befehle.»

«Nein. Hör zu. Nimm das Wachs aus deinen haarigen Ohren. Hör gut zu. Ich befehle.»

Pablo sah sie an, und seine Miene verriet nicht, was er dachte. Er sah sie sehr bedachtsam an, und dann wanderte sein Blick über den Tisch weg zu Robert Jordan. Lange betrachtete er ihn, sehr nachdenklich, und dann kehrte sein Blick wieder zu der Frau zurück.

«Gut. Du befiehlst», sagte er. «Und wenn du willst, kann auch er befehlen. Und ihr könnt beide zum Teufel gehen.» Er schaute ihr voll ins Gesicht. Er schien sich weder ducken zu wollen, noch schien er sonderlich berührt zu sein. «Möglich, daß ich faul bin und daß ich zuviel saufe. Du kannst mich auch für einen Feigling halten, aber da irrst du dich. Aber auf jeden Fall bin ich nicht dumm.» Er machte eine Pause. «Auf daß du befehlen sollst, und auf daß es dir Spaß machen soll! Und wenn du nicht nur Befehlshaber, sondern auch ein Weib bist, wollen wir was zu essen haben.»

«Maria!» rief Pablos Weib.

Das Mädchen steckte den Kopf zum Eingang der Höhle herein.

«Komm jetzt herein und stell das Essen auf den Tisch.»

Das Mädchen trat ein, ging zu dem niedrigen Tisch neben dem Herd, nahm die emaillierten Schüsseln und trug sie zum Tisch.

«Es ist Wein genug da für alle», sagte Pablos Weib zu Robert Jordan. «Achte nicht auf das, was dieser Saufbold sagt. Wenn der hier alle ist, holen wir frischen. Trink das sonderbare Zeug aus, das du da trinkst, und nimm eine Tasse Wein.»

Robert Jordan goß den Rest des Absinths hinunter. Er fühlte, wie dieser hastige Schluck eine kleine, dampfende, feuchte, chemisch aktive Wärme in ihm erzeugte, und dann schob er die Tasse dem Mädchen hin, die sie lächelnd mit Wein füllte.

«Hast du nun die Brücke gesehen?» fragte der Zigeuner. Die anderen, die nach ihrem Frontwechsel den Mund nicht mehr aufgemacht hatten, beugten sich nun vor, um zuzuhören.

«Ja», sagte Robert Jordan. «Es ist ganz leicht. Soll ich es euch zeigen?»

«Ja, Mann. Es interessiert uns sehr.»

Robert Jordan holte das Notizbuch aus der Hemdtasche und zeigte ihnen die Skizzen.

«Schau, wie das aussieht!» sagte der Plattgesichtige. Er hieß Primitivo. «Es ist die Brücke selbst.»

Robert Jordan demonstrierte nun mit der Spitze des Bleistifts, wie man es anzustellen habe, um die Brücke in die Luft zu sprengen, und warum die Ladungen so und nicht anders placiert werden müssen.

«Welche Einfachheit!» sagte der Bruder mit dem Narbengesicht. Er hieß Andrés. «Und wie bringst du sie zum Explodieren?»

Auch das erklärte ihnen Robert Jordan, und während er es ihnen zeigte, fühlte er des Mädchens Arm auf seiner Schulter ruhen. Auch Pablos Weib schaute aufmerksam zu. Nur Pablo selbst blieb völlig teilnahmslos. Er saß ganz allein da, vor einer Tasse Wein, die er von Zeit zu Zeit in den großen Napf tauchte, welchen Maria aus dem Weinschlauch gefüllt hatte, der links neben dem Eingang der Höhle hing.

«Hast du so etwas schon oft gemacht?» fragte das Mädchen Robert Jordan mit leiser Stimme.

«Ja.»

«Und können wir sehen, wie es gemacht wird?»

«Ja. Warum nicht?»

«Du wirst es schon sehen», sagte Pablo vom anderen Ende des Tisches her. «Ich bin überzeugt, du wirst es sehen.»

«Halt's Maul!» sagte Pablos Weib, und da ihr plötzlich einfiel, was sie am Nachmittag in Jordans Hand gelesen hatte, überkam sie mit einemmal ein wilder, sinnloser Zorn.

«Halt's Maul, du Feigling! Halt's Maul, du Unglücksvogel! Halt's Maul, du Mörder!»

«Gut», sagte Pablo. «Ich halt's Maul. Du bist es jetzt, die befiehlt. Schaut euch nur weiter die hübschen Bildchen an. Aber vergiß nicht, ich bin nicht dumm.»

Pablos Weib fühlte, wie ihr Zorn sich in Trauer verwandelte, in ein Gefühl enttäuschter Hoffnung, enttäuschter Versprechungen. Sie kannte dieses Gefühl aus ihrer Jugendzeit, und sie wußte, was das für Dinge waren, die ihr Leben lang, stets von neuem, dieses selbe Gefühl in ihr erzeugt hatten. Nun kam es plötzlich über sie, und sie schob es von sich weg und wollte nicht zulassen, daß es sie anrühre, weder sie noch die Republik, und sie sagte: «Jetzt wollen wir essen. Füll die Schüsseln aus dem Topf!»

(G. W. 3/53–62)

Drinnen in der Höhle saß Robert Jordan auf einem der Lederschemel in einer Ecke neben dem Herd und hörte der Frau zu. Sie wusch das Geschirr, und das Mädchen Maria trocknete das Geschirr und stellte es weg und mußte niederknien, um es in die Höhlung in der Wand zu legen, die als Schrank diente.

«Es ist sonderbar», sagte sie, «daß El Sordo nicht gekommen ist. Er sollte schon seit einer Stunde hier sein.»

«Hast du ihm sagen lassen, er soll kommen?»

«Nein. Er kommt jeden Abend.»

«Vielleicht hat er etwas zu tun. Arbeit.»

«Möglich», sagte sie. «Wenn er nicht kommt, müssen wir ihn morgen aufsuchen.»

«Ja. Ist es weit von hier?»

«Nein. Ein netter Spaziergang. Mir fehlt Bewegung.»

«Kann ich mitkommen?» fragte Maria. «Darf ich auch mitkommen, Pilar?»

«Ja, du Schöne», sagte die Frau, wandte dann ihr breites Gesicht Robert Jordan zu. «Ist sie nicht hübsch? Wie findest du sie? Ein bißchen mager?»

«Ich finde sie ganz richtig», sagte Robert Jordan.

Maria füllte seine Schale mit Wein. «Trink das. Dann werde ich noch besser aussehen. Man muß viel davon trinken, um mich schön zu finden.»

«Dann will ich lieber aufhören», sagte Robert Jordan. «Ich finde dich jetzt schon mehr als schön!»

«Das höre ich gern!» sagte die Frau. «Du redest wie die Richtigen. Was gefällt dir noch an ihr?»

«Ihre Klugheit», sagte Robert Jordan, aber es klang recht lahm.

Maria kicherte, und die Frau schüttelte betrübt den Kopf.

«Wie fein du begonnen hast, und wie es nun endet, Don Roberto!»

«Nenn mich nicht Don Roberto.»

«Nur im Scherz. Hier sagen wir im Scherz Don Pablo. So wie wir im Scherz Señorita Maria sagen.»

«Ich mag solche Scherze nicht», sagte Robert Jordan. «*Camarada* – das ist für mich in diesem Krieg der Name aller ernsten Dinge. Solche Scherze wirken korrumpierend.»

«Du machst aus deiner Politik eine Religion», spottete die Frau. «Kennst du keinen Spaß?»

«Ja. Ich liebe Späße, aber nicht solche Späße. *Camarada* – das ist wie eine Fahne.»

«Ich könnte auch über eine Fahne Witze machen, über jede Fahne», sagte die Frau lachend. «Mir kann niemand etwas lächerlich machen. Zu der alten rot-gelben Fahne sagten wir ‹Blut und Eiter› und zu der Fahne der Republik mit dem roten Streifen: ‹Blut, Eiter und übermangansaures Kali›. Ein Witz!»

«Er ist Kommunist», sagte Maria. «Das sind sehr ernste *gente*.»

«Bist du Kommunist?»

«Nein, ich bin Antifaschist.»

«Seit langem?»

«Seit ich weiß, was Faschismus ist.»

«Wie lange ist das her?»

«Fast zehn Jahre.»

«Das ist nicht lang», sagte die Frau. «Ich bin seit zwanzig Jahren Republikanerin.»

«Mein Vater war sein Leben lang Republikaner», sagte Maria. «Deshalb haben sie ihn erschossen.»

«Auch mein Vater war sein Leben lang Republikaner und ebenso mein Großvater», sagte Robert Jordan.

«In welchem Land?»

«In den Vereinigten Staaten.»

«Hat man sie erschossen?»

«Qué va!» sagte Maria. «Die Vereinigten Staaten sind ein republikanisches Land, dort wird man nicht erschossen, weil man Republikaner ist.»

«Trotzdem ist es gut, einen Großvater zu haben, der Republikaner war», sagte die Frau. «Das zeugt von gutem Blut.»

«Mein Großvater saß im Nationalausschuß der Republikaner», sagte Robert Jordan. Das machte sogar auf Maria Eindruck.

«Und ist dein Vater noch immer in der Republik tätig?» fragte Pilar.

«Nein. Er ist tot.»

«Darf man fragen, wie er starb?»

«Er hat sich erschossen.»

«Um der Folter zu entgehen?» fragte die Frau.

«Ja», sagte Robert Jordan. «Um der Folter zu entgehen.»

Maria hatte Tränen in den Augen.

«Mein Vater», sagte sie, «konnte keine Waffe finden. Oh, ich bin sehr froh, daß dein Vater das Glück hatte, eine Waffe zu finden.»

«Ja, es war ein ziemliches Glück», sagte Robert Jordan. «Sollten wir nicht von etwas anderem reden?»

«Dann sind wir beide gleich», sagte Maria. Sie legte die Hand auf seinen Arm und sah ihm ins Gesicht. Er betrachtete ihr braunes Gesicht und ihre Augen, die, seit er sie gesehen hatte, nie so jung gewesen waren wie das übrige Gesicht und die jetzt plötzlich voller Hunger waren und jung und verlangend.

«Nach dem Aussehen könntet ihr Geschwister sein», sagte die Frau. «Aber es ist wohl ein Glück, daß ihr es *nicht* seid.»

«Jetzt weiß ich, warum ich so ein Gefühl hatte!» sagte Maria. «Jetzt ist es klar.»

«Qué va!» sagte Robert Jordan. Er streckte die Hand aus und strich ihr über den Kopf. Den ganzen Tag hatte er das tun wollen, und nun, da er es tat, fühlte er, wie seine Kehle sich zusammenzog. Sie bewegte den Kopf unter seiner Hand und blickte zu ihm empor, und er fühlte zwischen seinen Fingern das rauhe Gekräusel ihres dichten, aber seidigen Haares. Dann berührte seine Hand ihren Nacken, und dann ließ er die Hand sinken.

«Noch einmal», sagte sie. «Den ganzen Tag habe ich mir das gewünscht.»

«Später», sagte Robert Jordan, und seine Stimme war heiser.

«Und ich?» sagte Pablos Frau mit ihrer dröhnenden Stimme. «Ich soll einfach zuschaun? Mich soll das gar nicht rühren? Wie ist das möglich? Daß bloß Pablo zurückkäme – wenn schon nichts Besseres da ist!»

Maria kümmerte sich weder um sie noch um die anderen, die am Tisch saßen und beim Kerzenlicht Karten spielten.

«Willst du noch eine Tasse Wein, Roberto?» fragte sie.

«Ja», sagte er. «Warum nicht?»

«Du wirst einen Säufer kriegen genauso wie ich», sagte Pablos Weib zu Maria. «Schon dieses sonderbare Zeug, das er aus der Tasse getrunken hat! Hör mich an, Inglés.»

«Nicht Inglés. Amerikaner.»

«Dann hör zu, Amerikaner! Wo gedenkst du zu schlafen?»

«Draußen. Ich habe einen Schlafsack.»

«Gut», sagte sie. «Die Nacht ist hell.»

«Und wird kalt werden.»

«Also draußen», sagte sie. «Schlaf draußen. Deine Sachen können bei mir schlafen.»

«Gut», sagte Robert Jordan.

«Laß uns einen Augenblick allein», sagte er dann zu dem Mädchen und legte die Hand auf ihre Schulter.

«Warum?»

«Ich möchte mit Pilar sprechen.»

«Muß ich gehen?»

«Ja.»

«Was willst du?» fragte Pablos Weib, nachdem das Mädchen zu dem Eingang der Höhle hinübergegangen war. Dort stand sie nun neben dem großen Weinschlauch und sah den Kartenspielern zu.

«Der Zigeuner meint, ich hätte . . .»

«Nein», unterbrach ihn die Frau. «Er irrt sich.»

«Wenn es sein *muß*, daß ich . . .» sagte Robert Jordan mit erzwungener Ruhe.

«Ich glaube, du hättest es getan», sagte die Frau. «Nein, es ist nicht nötig. Ich habe dich beobachtet, aber dein Urteil war richtig.»

«Aber wenn es nötig ist –»

«Nein», sagte die Frau. «Ich sage dir, es ist nicht nötig. Der Zigeuner hat ein verdorbenes Gemüt.»

«Aber ein Schwächling kann gefährlich werden.»

«Nein. Du verstehst das nicht. Dieser da ist ganz und gar nicht mehr imstande, gefährlich zu werden.»

«Ich verstehe das nicht.»

«Du bist noch sehr jung», sagte sie. «Du wirst es verstehen.» Dann zu dem Mädchen: «Komm, Maria. Wir sprechen nicht mehr.»

Das Mädchen kam, Robert Jordan streckte die Hand aus und tätschelte ihren Kopf. Sie schmiegte sich unter seine Hand wie ein Kätzchen. Dann dachte er, sie würde zu weinen beginnen. Aber ihre Lippen strafften sich wieder, und sie blickte ihn an und lächelte.

«Du tätest gut daran, jetzt schlafen zu gehen», sagte die Frau zu Robert Jordan. «Du hast einen langen Weg hinter dir.»

«Gut», sagte Robert Jordan. «Ich hole meine Sachen.»

Er lag schlafend im Schlafsack und hatte, wie ihm schien, schon lange geschlafen. Der Schlafsack war auf dem Waldboden ausgebreitet, an der geschützten Seite der Felsen hinter dem Höhleneingang, und im Schlafen wälzte Robert Jordan sich zur Seite, und dabei wälzte er sich auf seine Pistole, die mit einer Schnur am Handgelenk befestigt war und neben ihm unter der Hülle gelegen hatte, als er schlafen ging, Schultern und Rücken müde, die Beine ermattet, die Muskeln von Müdigkeit gespannt, so daß der harte Boden ihm weich erschien; und sich ausstrecken im Schlafsack unter dem Flanellfutter, das allein war voll köstlicher Trägheit. Als er nun aufwachte, wußte er nicht gleich, wo er sei, erinnerte sich, schob die Pistole zurecht und streckte sich behaglich aus, um wieder einzuschlafen, die Hand auf dem Kleiderbündel, das säuberlich um die Schuhe gewickelt war und als Kissen diente. Den einen Arm hatte er um das Kissen gelegt.

Dann fühlte er eine Hand an seiner Schulter und drehte sich rasch um. Die Finger seiner Rechten umklammerten den Griff der Pistole.

«Oh, du bist es!» sagte er. Er ließ die Pistole los, streckte beide Arme aus und zog sie zu sich herab. Er fühlte, wie sie zitterte.

«Komm herein», sagte er leise. «Es ist kalt.»

«Nein. Ich darf nicht.»

«Komm herein», sagte er. «Wir werden uns später darüber unterhalten.»

Sie zitterte, und er umklammerte nun mit der einen Hand ihr Handgelenk, und mit dem anderen Arm hielt er sie fest. Sie hatte den Kopf abgewandt.

«Komm herein, kleines Kaninchen», sagte er und küßte sie auf den Nacken.

«Ich fürchte mich.»

«Nein. Fürchte dich nicht. Komm herein.»

«Wie?»

«Schlüpf einfach hier herein. Platz ist genug. Soll ich dir helfen?

«Nein», sagte sie, und dann war sie bei ihm im Schlafsack, und er drückte sie fest an sich und versuchte ihre Lippen zu küssen, und sie drückte ihr Gesicht in das Kleiderbündel, hatte aber beide Arme um seinen Hals gelegt. Dann fühlte er, wie ihre Arme erschlafften, und sie zitterte wieder in seiner Umarmung.

«Nein», sagte er und lachte. «Fürchte dich nicht. Das ist die Pistole.» Er hob die Pistole und schob sie hinter sich.

«Ich schäme mich», sagte sie mit abgewandtem Gesicht.

«Nein. Das darfst du nicht. Hier nicht. Jetzt nicht.»

«Nein, ich darf nicht. Ich schäme mich, und ich fürchte mich.»

«Nein, mein Kaninchen. Bitte.»

«Ich darf nicht. Wenn du mich nicht liebst.»

«Ich liebe dich.»

«Ich liebe dich. Oh, ich liebe dich. Leg deine Hand auf meinen Kopf.»

Sie hatte immer noch das Gesicht in das Kissen vergraben. Er legte die Hand auf ihren Kopf und streichelte sie, und dann löste sich plötzlich ihr Gesicht aus dem Kissen, und sie lag in seinen Armen, drückte sich fest an ihn, und ihr Gesicht ruhte an dem seinen, und sie weinte.

Er hielt sie fest im Arm, er fühlte die Länge des jungen Körpers, er streichelte ihren Kopf, er küßte das salzige Naß ihrer Augen, und während sie weinte, fühlte er unter dem Hemd, das sie trug, die gerundeten, festen, spitzen Brüste.

«Ich kann nicht küssen», sagte sie. «Ich verstehe es nicht.»

«Du brauchst mich nicht zu küssen.»

«Doch. Ich muß küssen. Ich muß alles tun.»

«Du brauchst gar nichts zu tun. Es ist alles gut so. Aber du hast viele Kleider an.»

«Was soll ich tun?»

«Ich werde dir helfen.»

«Ist das besser?»

«Ja. Viel besser. Ist es nicht besser für dich?»

«Ja. Viel besser. Und ich darf mit dir gehen, wie Pilar sagt?»

«Ja.»

«Aber nicht in ein Heim. Mit dir.»

«Nein. In ein Heim.»

«Nein. Nein. Nein. Mit dir, und ich will deine Frau sein.»

Nun, als sie so nebeneinander lagen, war alle Schutzwehr durchbrochen. Wo rauher Stoff gewesen war, da war alles nun glatt, mit einer Glätte und einem festen runden Druck und einer langen warmen Kühle, äußerlich kühl und innerlich warm, lang und leicht und fest umfassend, fest umfaßt, einsam, festgesogen mit allen Konturen, beglückend, jung und liebevoll und nun ganz warm und glatt in aushöhlender, brustbeklemmender, fest umfaßter Einsamkeit, die so groß war, daß Robert Jordan das Gefühl hatte, er könne sie nicht länger ertragen, und er sagte: «Hast du schon andere geliebt?»

«Nie.» Dann wurde sie plötzlich schlaff in seinen Armen. «Aber man hat mir was getan.»

«Wer?»

«Mehrere.»

Nun lag sie völlig still, als ob sie tot wäre, den Kopf von ihm abgewandt.

«Jetzt wirst du mich nicht mehr lieben.»

«Ich liebe dich», sagte er.

Aber es war mit ihm etwas geschehen, und sie wußte es.

«Nein», sagte sie, und ihre Stimme war matt und tonlos geworden. «Du wirst mich nicht lieben. Aber vielleicht wirst du mich in das Heim bringen. Und ich werde in das Heim gehen, und ich werde nie deine Frau sein und nichts.»

«Ich liebe dich, Maria.»

«Nein. Das ist nicht wahr», sagte sie. Dann zuletzt noch, kläglich und hoffend: «Aber ich habe nie einen Mann geküßt.»

«Dann küsse mich jetzt.»

«Und das wollte ich», sagte sie. «Aber ich weiß nicht, wie. Als sie mir was antaten, da wehrte ich mich, bis ich nichts mehr sah. Ich wehrte mich, bis – bis – bis sich einer auf meinen Kopf setzte – und ich habe ihn gebissen – und dann haben sie mir den Mund verbunden und mir die Arme unter dem Kopf festgehalten – und andere haben mir was getan.»

«Ich liebe dich, Maria», sagte er. «Und niemand hat dir was angetan. Dich können sie nicht anrühren. Niemand hat dich angerührt, mein Häschen.»

«Glaubst du das wirklich?»

«Ich weiß es.»

«Du kannst mich lieben?» Nun wieder warm an ihn angeschmiegt.

«Ich kann dich noch mehr lieben.»

«Ich will versuchen, dich sehr gut zu küssen.»

«Küß mich ein wenig.»

«Ich weiß nicht, wie.»

«Küß mich einfach.»

Sie küßte ihn auf die Wange.

«Nein.»

«Wo kommen die Nasen hin? Ich habe mich immer gewundert, wo die Nasen hinkommen.»

«Schau, dreh den Kopf zu mir.» Und dann preßten seine

Lippen sich auf ihren Mund, und sie drückte sich dicht an ihn, und ihr Mund öffnete sich allmählich ein wenig, und dann, ganz plötzlich, sie fest umarmend, war er glücklicher denn je in seinem Leben, heiter, zärtlich, jubelnd, zuinnerst glücklich, ohne nachzudenken, ohne Müdigkeit zu fühlen, ohne sich Sorgen zu machen, nichts anderes empfindend als ein tiefes Entzücken, und er sagte: «Mein kleines Kaninchen. Mein Schatz. Mein Süßes. Mein langes Liebliches.»

«Was sagst du?» Ihre Stimme kam wie aus weiter Ferne.

«Mein Reizendes», sagte er.

So lagen sie da, und er fühlte ihren Herzschlag an seiner Brust, und er streichelte mit der Seite seines Fußes ganz sanft die Seite ihres Fußes. «Du bist barfuß gekommen», sagte er.

«Ja.»

«Dann hast du gewußt, daß du zu mir ins Bett kommst.»

«Ja.»

«Und du hast dich nicht gefürchtet?»

«Ja. Sehr. Aber noch mehr habe ich mich davor gefürchtet, wie es sein würde, wenn ich mir die Schuhe ausziehen müßte.»

«Und wie spät ist es jetzt? *Lo sabes?*»

«Nein. Du hast keine Uhr?»

«Ja. Aber sie liegt hinter deinem Rücken.»

«Hol sie.»

«Nein.»

«Dann schau über meine Schulter.»

Es war ein Uhr. Das Zifferblatt schimmerte hell in der Finsternis unter der Hülle des Schlafsacks.

«Dein Kinn kratzt mich an der Schulter.»

«Verzeih ihm. Ich habe kein Rasierzeug.»

«Ich habe das gern. Ist dein Bart blond?»

«Ja.»

«Und wird er lang?»

«Nicht ehe die Brücke geschafft ist. Maria, hör zu.»

«Ja.»

«Willst du –?»

«Ja. Alles. Bitte. Und wenn wir alles zusammen machen, wird das andere vielleicht nie gewesen sein.»

«Hast du dir das gedacht?»

«Nein. Ich denke es im geheimen, aber Pilar hat es mir gesagt.»

«Sie ist sehr klug.»

«Und noch etwas», sagte Maria leise. «Sie sagte, ich soll dir sagen, daß ich nicht krank bin. Sie versteht sich auf solche Dinge, und sie sagte, ich soll dir das sagen!»

«Sie sagte, du sollst es mir sagen?»

«Ja. Ich habe mit ihr besprochen und ihr gesagt, daß ich dich liebe. Ich habe dich geliebt, als ich dich heute sah, und ich habe dich immer geliebt, aber ich habe dich vorher nie gesehen, und das erzählte ich Pilar, und sie sagte, wenn ich dir überhaupt etwas erzähle, dann soll ich dir sagen, daß ich nicht krank bin. Das andere hat sie mir schon vor langem gesagt. Gleich nach dem Zug.»

«Was sagte sie?»

«Sie sagte, daß man dir nichts antun kann, wenn du es nicht hinnimmst, und wenn ich jemand lieb hätte, würde alles weggewischt sein. Ich wollte sterben, weißt du.»

«Was sie sagt, ist wahr.»

«Und jetzt bin ich froh, daß ich nicht gestorben bin. Ich bin so froh, daß ich nicht gestorben bin. Und du kannst mich lieben?»

«Ja. Ich liebe dich jetzt.»

«Und ich kann deine Frau sein?»

«Ich kann keine Frau haben bei meiner Arbeit. Aber du bist jetzt meine Frau.»

«Wenn ich es *einmal* bin, dann werde ich es bleiben. Bin ich jetzt deine Frau?» – «Ja, Maria. Ja, mein kleines Kaninchen.»

Sie drückte sich eng an ihn, und ihre Lippen suchten die seinen und fanden sie, und sie küßte ihn, und er fühlte ihren Körper, frisch, glatt, jung und reizend in warmer, sengender Kühle, und so unfaßbar, daß sie da neben ihm lag in dem Schlafsack, der ihm so vertraut war wie seine Kleider oder seine Schuhe oder seine Pflichten, und dann sagte sie in erschrecktem Ton: «Und machen wir es jetzt schnell, damit das andere ganz verschwindet.»

«Willst du?» – «Ja», sagte sie fast ungestüm. «Ja. Ja. Ja.»

(G. W. 3/68–76)

Robert Jordan, der nicht mehr daran glaubt, der Gefahr entkommen zu können, erlebt seine Liebe zu Maria in dem Bewußtsein, daß siebzig Stunden ein ebenso erfülltes Leben sein können wie siebzig Jahre. Nachdem er erfahren hat, daß das Unternehmen der Guerillas dem Feind bekannt geworden und der Versuch, den Befehl rückgängig zu machen, gescheitert ist, bricht er zur Brücke auf. Er wird bei der Sprengung improvisieren müssen, denn Pablo hat die Sprengkapseln und den Zündapparat heimlich an sich genommen und in den Fluß geworfen.

Robert Jordan lag hinter einem Kieferstamm am Hügelhang über der Straße und der Brücke und sah den Tag grauen. Er liebte diese Tageszeit, die frühe Morgenstunde, und jetzt sah er sie herandämmern, fühlte in seinem Innern das Dämmergrau, als ob er selber ein Teil wäre des langsamen Hellwerdens, das dem Sonnenaufgang vorangeht, da die festen Gegenstände dunkel werden und der freie Raum hell und die Lichter, die nachts geleuchtet haben, gelblich werden und dann verblassen, wenn der Tag anbricht. Die Bäume vor ihm traten hart und klar hervor, mit kräftigen braunen Stämmen, und über die Straße zog ein schimmernder Nebelstreif. Der Tau hatte ihn durchnäßt, der Waldboden war weich, unter den Ellbogen fühlte er das Federn der abgefallenen braunen Nadeln. In der Tiefe sah er, durch den leichten Nebel, der aus dem Flußbett aufstieg, die Brücke, starr und stählern über der Schlucht, und an beiden Enden die hölzernen Wächterhäuschen. Aber das Geflecht der Brücke sah immer noch ganz zart und spinnwebenfein aus in dem Dunst, der über dem Wasser hing.

Jetzt sah er in dem einen Häuschen den Wachtposten stehen, ein Rücken mit dem Filzponcho, ein Kopf mit einem Stahlhelm, wie er sich über die durchlöcherte Benzinkanne beugte und sich die Hände wärmte. Er hörte den Fluß rauschen tief unten zwischen den Felsen und sah eine dünne, feine Rauchsäule aus dem Häuschen aufsteigen.

(...)

Er sah die beiden Männer in Pelerine und Stahlhelm um die Straßenbiegung kommen und auf die Brücke zumarschieren, mit umgehängtem Gewehr. Der eine machte am entfernteren Ende der Brücke halt und verschwand in dem Wachthäuschen.

Der andere überquerte die Brücke mit langsamen, schweren Schritten. Mitten auf der Brücke blieb er stehen und spuckte in die Schlucht hinunter, ging dann weiter bis an das diesseitige Ende, der Wachtposten, der dort stand, sagte ein paar Worte zu ihm und machte sich dann auf den Weg. Der Mann, der abgelöst worden war, ging schneller als zuvor der andere (weil der Kaffee auf ihn wartete, dachte Robert Jordan), aber auch er spuckte in die Schlucht hinunter.

Ob das ein Aberglaube ist? dachte Robert Jordan. Ich werde auch hinunterspucken müssen. Wenn ich dann noch Spucke habe. Nein. Es kann wohl kein sehr wirksamer Zauber sein. Unmöglich. Ich werde seine Nutzlosigkeit zu beweisen haben, bevor ich mich auf die Brücke begebe.

Der neue Posten war in das Häuschen gegangen und hatte sich hingesetzt. Sein Gewehr mit dem aufgepflanzten Bajonett lehnte an der Wand. Robert Jordan nahm das Fernglas aus der Hemdtasche und drehte an den Okularen, bis das Brückenende scharf und graulackiert-metallen-klar hervortrat. Dann richtete er das Glas auf das Wachthäuschen.

Der Posten saß mit dem Rücken gegen die Wand. Sein Stahlhelm hing an einem Pflock, und sein Gesicht war deutlich zu sehen. Robert Jordan sah, daß es derselbe Mann war, der vor zwei Tagen hier die Abendwache gehabt hatte. Er trug dieselbe gestrickte Mütze. Und war unrasiert. Seine Wangen waren eingesunken, die Backenknochen traten hervor. Er hatte buschige Augenbrauen, die sich in der Mitte berührten. Er sah schläfrig aus, und Robert Jordan sah, wie er gähnte. Dann zog er einen Tabaksbeutel und ein Päckchen Zigarettenpapier aus der Tasche und drehte sich eine Zigarette. Das Feuerzeug wollte nicht funktionieren, und schließlich steckte er es ein, ging zu dem Kohlenbecken, bückte sich, griff hinein, holte ein Stück Holzkohle hervor, jonglierte es zwischen den Fingern, während er daraufblies, zündete dann die Zigarette an und warf den Kohlenbrocken in das Becken zurück.

Robert Jordan beobachtete durch das achtfach vergrößernde Zeislas sein Gesicht, wie er so an der Wand des Wachthäuschens lehnte und an der Zigarette sog. Dann setzte er das Glas ab, klappte es zusammen, steckte es in die Tasche.

Ich werde nicht mehr hinsehen, sagte er sich.

Er lag da, beobachtete die Straße und bemühte sich, an gar nichts zu denken. In einer Kiefer weiter unten am Hang quietschte ein Eichhörnchen, und Robert Jordan sah es den Stamm herunterlaufen, plötzlich haltmachen, den Kopf drehen und zu dem Menschen hinschauen, der es beobachtete. Er sah die kleinen, hellen Äuglein und den aufgeregt zuckenden Schweif. Dann lief das Eichhörnchen mit langen, kleinpfotigen, schweifbeflügelten Sätzen über die Erde zu einem anderen Baum hinüber. Dort blickte es sich noch einmal nach Robert Jordan um, verschwand dann mit einem Ruck hinter dem Baumstamm. Eine Weile später hörte Robert Jordan sein Quietschen aus dem hohen Geäst der Kiefer und sah es dort flach ausgestreckt mit zuckendem Schweif auf dem Zweig liegen.

Robert Jordan blickte wieder durch den Wald zu dem Wachthäuschen hinunter. Gern hätte er das Eichhörnchen bei sich in der Tasche gehabt. Gern hätte er irgend etwas gehabt, das er anrühren könnte. Er rieb die Ellbogen an den Kiefernnadeln, aber das war nicht dasselbe. Niemand weiß, wie einsam man sich fühlen kann bei dieser Arbeit. Ich aber weiß es. Hoffentlich wird das Häschen glücklich davonkommen. Jetzt Schluß damit! Ja, gewiß Schluß! Aber ich darf wohl hoffen, und ich hoffe. Daß mir die Sprengung gelingt und daß Maria davonkommt. Gut. Nur das! Mehr wünsche ich mir nicht.

Er lag nun da, blickte von der Straße und dem Wachthäuschen zu dem fernen Gebirge hinüber. Einfach gar nicht denken! sagte er sich. Still lag er da und sah den Morgen grauen. Es war ein schöner Frühsommermorgen, er kam schnell heran, denn es war Ende Mai. Einmal fuhr ein Motorradfahrer in ledernem Mantel und Lederhelm mit einem Schnellfeuergewehr in einem Futteral am linken Bein über die Brücke und weiter die Straße hinauf. Einmal rollte ein Ambulanzauto über die Brücke, fuhr unten vorbei und die Straße hinauf. Aber das war auch alles. Er roch Fichtennadeln, er hörte den Fluß rauschen, die Brücke stand jetzt klar und schön im Morgenlicht. Er lag hinter dem Baumstamm, das Schnellfeuergewehr über dem linken Vorderarm, und er sah nicht mehr zu dem Wachtposten hin, bis er endlich, nachdem es ihm längst schon so vorgekommen war, als werde nichts passieren, das plötzliche, geballte Dröhnen der Bomben vernahm.

Als Robert Jordan die Bomben vernahm, das erste dumpfe Bumsen, bevor noch das Echo donnernd von den Felsen zurücksprang, holte er tief Atem und hob das Schnellfeuergewehr auf. Sein Arm war steif von dem schweren Gewicht, seine Finger wollten nicht gehorchen.

Der Mann in dem Wachthäuschen erhob sich, als er die Bomben hörte. Robert Jordan sah, wie er nach dem Gewehr griff und lauschend aus dem Häuschen trat. Er stand auf der Straße, von der Sonne beschienen. Die gestrickte Mütze war nach der Seite gerutscht, die Sonne beschien sein unrasiertes Gesicht, wie er so zum Himmel aufblickte, in die Richtung, aus der das Lärmen der Bomben kam.

Der Nebel hatte sich gelichtet, Robert Jordan sah den Mann scharf umrissen auf der Straße stehen und zum Himmel aufblicken, beleuchtet von den Strahlen der Sonne, die durch das Geäst drangen.

Robert Jordan fühlte jetzt, wie ihm das Atmen schwer wurde, als ob eine Drahtsträhne seine Brust umspannte, er stemmte die Ellbogen fest gegen die Erde, fühlte an den Fingern die Rillen des geriffelten vorderen Griffs, setzte das längliche Korn, das nun genau in der Kerbe der Kimme saß, mitten auf die Brust des Mannes und drückte sanft auf den Abzug.

Er fühlte die schnellen, fließenden, krampfigen Stöße der Waffe an seiner Schulter, und der Mann auf der Straße machte ein überraschtes und empörtes Gesicht, knickte dann in die Knie, und seine Stirn schlug gegen die Straße. Das Gewehr fiel neben ihm hin, einer seiner Finger war in den Abzugsbügel verhakt, das Handgelenk nach vorn gekrümmt. Mit dem Bajonett nach vorne lag das Gewehr auf der Straße. Robert Jordan blickte von dem Mann, der zusammengeklappt auf der Straße lag, zu dem Wachthäuschen am anderen Ende der Brücke hinüber. Er konnte den zweiten Posten nicht sehen, und er blickte nach rechts den Hang hinunter zu dem Versteck, in dem Agustín lag. Dann hörte er Anselmo schießen, das Echo des Schusses sprang aus der Schlucht zurück. Dann fiel ein zweiter Schuß.

Mit dem zweiten Schuß kam um die Ecke unterhalb der Brücke das prasselnde Geräusch von Handgranaten. Dann knallten Handgranaten zur Linken, ein ziemliches Stück weit die Straße hinauf. Dann hörte er von oben feuern, und von unten kam das Geknatter von Pablos Kavallerie-Schnellfeuergewehr, dessen klatschende Salven sich in den Lärm der krepierenden Handgranaten mischten. Er sah Anselmo durch die steile Rinne zu dem anderen Ende der Brücke hinunterklettern, er schwang das Schnellfeuergewehr auf die Achsel, hob die zwei schweren Rucksäcke auf, in jeder Hand einen, und mit dem Gefühl, die Sehnen würden ihm aus den Schultern gerissen, taumelte er den steilen Abhang zur Straße hinunter.

Im Laufen hörte er Agustín rufen: *«Buena caza, Inglés! Buena caza!»*, und er dachte: Eine schöne Jagd, Teufel noch mal, eine schöne Jagd!, und da hörte er am anderen Ende der Brücke Anselmos Gewehr knallen, und der Knall des Schusses surrte klingend durch die Stahlträger. Er lief an dem toten Posten vorbei und lief mit schwingenden Packen auf die Brücke hinaus.

Der Alte kam auf ihn zugelaufen, den Karabiner in der einen Hand. *«Sin novedad!»* rief er. «Alles in Ordung. *Tuve que rematarlo.* Ich mußte ihn erledigen.»

Robert Jordan, der mitten auf der Brücke kniete und die Rucksäcke öffnete, um sein Material herauszunehmen, sah, daß auf Anselmos Wange die Tränen durch die grauen Bartstoppeln liefen.

«Yo maté uno tambien», sagte er zu Anselmo. «Auch ich hab einen umgebracht.» Und er deutete mit einem Kopfnicken auf den Wachtposten, der zusammengekauert am Ende der Brücke auf der Straße lag.

«Ja, Mann, ja», sagte Anselmo. «Wir müssen sie töten, und wir töten sie.»

Robert Jordan kletterte in das Gerüst der Brücke hinunter. Die Träger waren kalt und feucht vom Nachttau, und er bewegte sich mit viel Vorsicht, fühlte die Sonne auf dem Rücken, stemmte sich ins Gitterwerk, hörte das Wasser zu seinen Füßen rauschen, hörte Schießen, viel zuviel Schießen, oben an der Straße bei dem oberen Posten. Er schwitzte jetzt heftig, und unter der Brücke war es kühl. Um den einen Arm hatte er einen

Drahtknäuel gewickelt, und von seinem Handgelenk baumelte an einem Riemen eine Kneifzange.

«Reich mir die Päckchen, *viejo*, eines nach dem andern!» rief er zu Anselmo hinauf. Der Alte beugte sich weit über den Brückenrand, reichte die länglichen Sprengstoffblöcke hinunter, Robert Jordan langte nach ihnen, placierte sie so, wie er sie haben wollte, preßte sie dicht aneinander, schnürte sie fest. «Keile, *viejo*, reich mir die Keile!» Er riecht den frischen Schindelgeruch der erst vor kurzem zurechtgeschnitzten Keile, die er zwischen die Ladung und die Träger zwängt, um den Sprengstoff festzuhalten.

Während er nun arbeitete, die Ladungen placierend, sie festschnürend, die Keile hineintreibend, das Ganze fest mit Draht umwickelnd, nur an das Zerstörungswerk denkend, rasch und geschickt hantierend wie ein Chirurg am Operationstisch, hörte er von unten her Schüsse knattern. Dann knallte eine Handgranate. Dann ein zweiter Knall, das Rauschen des Wassers übertönend. Dann wurde es dort unten still.

Verdammt noch mal! dachte er. Nun möchte ich doch wissen, was da passiert ist.

Bei dem oberen Posten wurde immer noch geschossen. Viel zuviel geschossen, Teufel noch mal! Und er band zwei Handgranaten Seite an Seite auf die zusammengeschnürten Sprengstoffblöcke, wickelte den Draht über die Rillen, damit sie nicht verrutschen konnten, und schnürte sie fest, den Draht mit der Zange zusammendrehend. Er betastete das Ganze, pflockte dann noch der Sicherheit halber einen Keil zwischen die Handgranaten und den Stahl, um die Ladung fest ins Gerüst zu klemmen.

«Jetzt die andere Seite, *viejo*!» rief er zu Anselmo hinauf und kletterte im Gerüst hinüber, wie ein lächerlicher Tarzan in einem Wald von Stacheldraht (dachte er), und als er dann aus dem Schatten hervorkam, mit dem schäumenden Fluß in der Tiefe, blickte er auf und sah das Gesicht Anselmos, der ihm die Dynamitpäckchen hinunterreichte. Ein verteufelt braves Gesicht, dachte er. Jetzt weint er nicht mehr. Das ist alles sehr günstig. Und die eine Seite ist geschafft. Jetzt noch diese Seite, dann sind wir fertig. Das schmeißt sie um wie nichts. Vorwärts! Nur nicht aufgeregt sein! Mach weiter. Genauso sauber und solide wie die erste. Nicht herumfummeln! Laß dir Zeit. Versuch nicht, es schneller zu machen, als es geht. Jetzt bist du nicht mehr zu schlagen. Niemand kann dich daran hindern, die eine Seite wegzusprengen. Du machst es so, wie sich's gehört. Kühl ist es hier. Herrgott, kühl wie in einem Weinkeller, und keine Dreckhaufen. Unter den Steinbrücken ist meistens alles vollgemacht. Eine Traumbrücke! Eine gottverfluchte Traumbrücke. Der Alte da oben, der ist übel dran. Versuch nicht, es schneller zu machen, als es geht. Wenn bloß die Knallerei dort oben schon vorüber wäre! «Reich mir ein paar Keile, *viejo*!» Diese endlose Knallerei gefällt mir nicht. Pilar hat Schwierigkeiten. Es muß wohl einer von der Wachtmannschaft draußen gewesen sein. Vielleicht hinter der Mühle. Sie schießen immer noch. Das heißt, daß noch jemand in der Mühle ist. Und diese verdammten Sägespäne! Diese riesigen Haufen von Sägespänen! Alte, festgepreßte Sägespäne sind besser als Sandsäcke, ein guter Schutz. Es müssen ihrer noch mehrere sein. Unten bei Pablo ist alles ruhig. Möchte wissen, was das neuerliche Aufflackern zu bedeuten hatte. Es muß wohl ein Auto oder ein Motorrad gewesen sein. Hoffentlich, hoffentlich sind keine Panzerautos oder Tanks unterwegs. Weiter! Klemm das Zeug fest, so schnell es nur geht, pflocke es fest, binde es fest. Du zitterst wie ein altes Weib! Was zum Teufel ist denn mit dir los? Du willst *zu* schnell fertig werden. Wetten, daß das verdammte Weibsbild dort oben nicht zittert! Diese Pilar! Aber vielleicht zittert sie auch. Es klingt, als ob sie ihre Schwierigkeiten hätte. Wenn die Schwierigkeiten genügend groß werden, wird auch sie zu zittern beginnen. Wie jeder Mensch.

Er beugte sich in den Sonnenschein hinaus, und als er hinauflangte, um den Gegenstand zu nehmen, den Anselmo ihm gerade reichte, war sein Kopf über dem Lärm der stürzenden Wasser, und er hörte, wie dort oben das Geknalle jählings heftiger wurde. Dann knallten vier Handgranaten. Und nochmals einige Handgranaten.

«Jetzt haben sie also die Sägemühle gestürmt.»

Ein Glück, daß ich das Zeug in Blöcken habe und nicht in Stangen. Was zum Teufel! Es sitzt bloß glatter. Mit einem lausigen Leinensack voll Nitroglyzerin würde es viel schneller gehen. Oder zwei Säcke. Nein, einer würde genügen. Wenn wir bloß die Sprengkapseln und den alten Zünder hätten! Dieser Schweinehund hat meinen Zünder ins Wasser geworfen. Die alte Kiste, wo die schon überall gewesen ist! In diesen Fluß hat er sie geworfen. Pablo, der alte Gauner. Dort unten hat er es ihnen ordentlich gegeben. «Noch mehr davon, *viejo*!»

Der Alte hält sich brav. Dort oben ist's gar nicht gemütlich. Es ging ihm sehr gegen den Strich, den Posten zu erschießen. Mir auch, aber ich habe nicht darüber nachgedacht. Ich denke auch jetzt nicht darüber nach. Man *muß* es eben tun. Aber Anselmo hat ihn erst zum Krüppel geschossen. Ich weiß, wie das ist. Ich glaube, mit einem Schnellfeuergewehr fällt es einem leichter, einen Menschen umzubringen. Es ist etwas ganz anderes. Man drückt auf den Abzug, und den Rest besorgt das Ding selbst. Dieses Problem kannst du ein andermal untersuchen. Du mit deinem Köpfchen! Du hast ein nettes Denkerköpfchen, Jordan, alter Freund! Wälz dich, Jordan, wälz dich, pflegten sie beim Football zu schreien, wenn du gerade den Ball erwischt hattest. Weißt du, daß der verdammte Jordan in Wirklichkeit nicht viel größer ist als das Flüßchen dort unten? An der Quelle, meinst du. An der Quelle ist alles noch klein. Ein schönes Plätzchen hier unter der Brücke! Ein Heim für den Heimatlosen. Vorwärts, Jordan, nimm dich zusammen! Das ist ernst, Jordan. Verstanden? Ernst. Und wird mit der Zeit weniger ernst. Schau dir die andere Seite an? *Para qué!* Welchen Weg sie auch nimmt, ich bin jetzt gesichert. Den Weg, den Maine geht, geht die ganze Nation. Den Weg, den der Jordan geht, gehen die verdammten Israeliten. Die Brücke, meine ich. Den Weg, den Jordan geht, geht die verdammte Brücke, eigentlich andersrum.

«Gib mir davon noch ein bißchen, Anselmo, alter Freund!» sagte er. Der Alte nickte. «Fast fertig», sagte Robert Jordan. Der Alte nickte abermals.

Während er die Handgranaten befestigte, hörte oben an der Straße das Schießen auf. Mit einemmal begleitete nur noch das Rauschen des Wassers seine Arbeit. Er schaute hinunter und sah es weißlich zwischen den Felsblöcken schäumen und dann in einen klaren, kiesigen Teich stürzen, wo in der Strömung ein hölzerner Keil umherschwamm, der ihm entfallen war. Eine

Forelle steckte den Kopf aus dem Wasser, um nach einem Insekt zu schnappen, und hinterließ einen Wasserring dicht neben dem kreisenden Holzstück. Während er mit der Kneifzange den Draht festdrehte, der die zwei Handgranaten festhielt, sah er durch das Metallgeflecht der Brücke die Sonne auf den grünen Berghang scheinen. Vor drei Tagen ist der Hang noch braun gewesen, dachte er.

Aus dem kühlen Dunkel unter der Brücke beugte er sich in den hellen Sonnenschein hinaus und sagte zu Anselmos hinabgeneigtem Gesicht: «Gib mir den großen Drahtknäuel!»

Der Alte reichte ihn hinunter.

Daß sie jetzt um Gottes willen noch nicht losgehen! *Damit* kann man sie abziehen. Wenn man sie bloß koppeln könnte! Aber mit dieser Länge Draht wird es schon gehen, dachte Robert Jordan, die Keilchen betastend, an welchem die Ringe sitzen, die die Springfeder der Handgranate lösen. Er kontrollierte die Lage der Handgranaten, ob die Federn sich frei bewegen konnten, sobald die Keilchen herausgerissen wurden (der Draht, mit dem sie festgebunden waren, lief unter den Federn hindurch), dann befestigte er ein Stück Draht an dem einen Ring, verknüpfte ihn mit dem Hauptdraht, der zu dem Ring der äußeren Handgranate führte, wickelte ein wenig losen Draht von dem Knäuel ab, legte ihn um eine stählerne Strebe und reichte dann den Knäuel Anselmo hinauf. «Vorsichtig halten!» sagte er. Er kletterte auf die Brücke hinauf, nahm dem Alten den Knäuel aus der Hand und ging rücklings über die Brücke, so schnell nur der Draht sich abwickeln ließ, ging rücklings auf den toten Wachtposten zu, beugte sich über das Geländer der Brücke, wickelte Draht von dem Knäuel ab.

«Hol die Rucksäcke!» rief er Anselmo zu, rücklings weiterschreitend, bückte sich im Vorübergehen, hob das Schnellfeuergewehr auf und hängte es wieder über die Schulter.

Dann, als er von dem Drahtknäuel aufblickte, sah er ziemlich weit oben auf der Straße Pilar mit dem Rest ihrer Leute von dem oberen Wachtposten zurückkehren.

Es waren insgesamt vier, das sah er, und dann mußte er auf den Draht aufpassen, damit er sich nicht in dem Außenwerk der Brücke verhake. Eladio war nicht mit dabei.

Robert Jordan führte den Draht am Brückenende vorbei, legte eine Schlinge um den letzten Pfeiler und lief dann die Straße entlang, bis er neben dem Chausseestein stehenblieb. Er schnitt den Draht ab und reichte ihn Anselmo.

«Halt ihn fest, *viejo*!» sagte er. «Komm jetzt mit mir zur Brücke zurück. Wickle ihn beim Gehen auf. Nein, laß mich das machen!»

An der Brücke löste er den Knoten, so daß nun der Draht unbehindert zu den Ringen der Handgranaten lief, längs des Brückengerüsts, aber lose und frei, und reichte ihn Anselmo.

«Geh damit zu dem hohen Stein zurück», sagte er. «Festhalten den Draht, aber nicht daran ziehen! Ja nicht zu kräftig zupacken! Wenn du ordentlich daran ziehst, fliegt die Brücke in die Luft. *Comprendes?*»

«Ja.»

«Wenn du nachher ziehst, zieh richtig – nicht ruckweise!»

Während Robert Jordan sprach, blickte er die Straße hinauf zu dem Rest von Pilars Schar. Sie waren jetzt schon ziemlich nahe herangekommen, und er sah, daß Primitivo und Rafael Fernando stützten. Er hatte anscheinend einen Schuß in die Lende bekommen, denn er hielt sich die Stelle mit beiden Händen, während seine Kameraden ihn von links und rechts stützten. Das rechte Bein schleppte er nach, der Seitenrand des Schuhs schleifte scharrend die Straße entlang. Pilar kletterte über die Böschung in den Wald hinauf, mit drei Gewehren beladen. Robert Jordan konnte ihr Gesicht nicht sehen, aber sie hielt den Kopf hoch und kletterte so schnell sie nur konnte.

«Wie geht's?» rief Primitivo.

«Gut. Wir sind fast fertig», rief Robert Jordan zurück.

Er brauchte nicht zu fragen, wie es ihnen ging. Als er wegschaute, waren sie gerade am Straßenrand angelangt, und Fernando schüttelte den Kopf, als sie ihn über die Böschung hinaufschaffen wollten.

«Gebt mir ein Gewehr und laßt mich hier», hörte Robert Jordan ihn mit halb erstickter Stimme sagen.

«Nein, *hombre*. Wir bringen dich zu den Pferden.»

«Was soll ich mit einem Pferd?» sagte Fernando. «Hier bin ich ganz gut aufgehoben.»

Das übrige hörte Robert Jordan nicht mehr, weil er mit Anselmo sprach. «Wenn Tanks kommen, ziehst du ab», sagte er. «Aber erst, wenn sie auf der Brücke sind. Wenn Panzerautos auftauchen, ziehst du ab. Sobald sie die Brücke erreichen. Alles andere wird Pablo stoppen.»

«Wenn du unter der Brücke bist, werde ich sie nicht sprengen.»

«Kümmere dich nicht um mich! Wenn es nötig ist, zieh ab. Ich befestige jetzt den zweiten Draht und komme dann zurück. Dann können wir beide Ladungen gleichzeitig abbrennen.»

Er lief zu der Brückenmitte hin.

Anselmo sah Robert Jordan über die Brücke laufen, den Drahtknäuel über dem Arm, die baumelnde Zange am Handgelenk, das Schnellfeuergewehr auf dem Rücken. Er sah ihn unter dem Geländer hindurchklettern und verschwinden. Er hielt den Draht in der Hand, duckte sich hinter den Chausseestein und beobachtete die Brücke. Auf halbem Weg zwischen ihm und der Brücke lag der tote Soldat, ganz zusammengesunken unter den drückenden Sonnenstrahlen, eng an die glatte Fläche des Straßenbodens angeschmiegt. Sein Gewehr, das mit aufgepflanztem Bajonett auf der Straße lag, zielte direkt auf Anselmo. Der Alte blickte an ihm vorbei über die Brücke weg, deren Geländer streifige Schatten auf die Fahrbahn warf, zu der Stelle hin, wo die Straße nach links abbog, der Schlucht folgte und dann mit einer neuerlichen Biegung hinter der Felswand verschwand. Er betrachtete die von der Sonne beschienene Wachthütte am anderen Ende, dann besann er sich auf den Draht in seiner Hand und drehte den Kopf zu Fernando hin, der mit Primitivo und dem Zigeuner sprach.

«Laßt mich hier zurück!» sagte Fernando. «Es tut sehr weh, und innerlich blutet es stark. Ich spüre es inwendig, wenn ich mich bewege.»

«Wir werden dich den Abhang hinauftragen», sagte Primitivo. «Du legst die Arme um unsere Schultern, und wir nehmen deine Beine.»

«Das hat keinen Zweck», sagte Fernando. «Leg mich hier hinter einen Stein. Ich bin hier ebensogut zu gebrauchen wie oben.»

«Aber wenn wir abhauen!» sagte Primitivo.

«Laßt mich hier», sagte Fernando. «Ausgeschlossen, daß ich mit dieser Verwundung vorwärts komme. So habt ihr einen Gaul mehr. Ich liege hier sehr gut. Sie werden sicherlich bald kommen.»

«Wir können dich den Berg hinauftragen», sagte der Zigeuner. «Das geht ganz leicht.»

Er hegte natürlich ebenso wie Primitivo den brennenden Wunsch, sich davonzumachen. Aber jetzt hatten sie ihn schon so weit geschleppt.

«Nein», sagte Fernando. «Ich liege hier sehr gut. Was ist mit Eladio geschehen?»

Der Zigeuner legte einen Finger an die Schläfe, um die Stelle anzudeuten, an der die Kugel Eladio getroffen hatte.

«Hier», sagte er. «Gleich nach dir. Als wir zum Sturmangriff vorgingen.»

«Verlaßt mich!» sagte Fernando.

Anselmo sah, daß er sehr litt. Er hielt beide Hände gegen die Lende gepreßt, hatte die Beine ausgestreckt und den Kopf gegen die Böschung gelehnt. Sein Gesicht war grau und schweißbedeckt.

«Verlaßt mich jetzt, bitte, tut mir den Gefallen!» sagte er. Seine Augen schlossen sich vor Schmerz, seine Mundwinkel zuckten. «Ich fühle mich hier sehr wohl.»

«Da!» sagte Primitivo. «Ein Gewehr und Patronen.»

«Ist es *mein* Gewehr?» fragte Fernando mit geschlossenen Augen.

«Nein, das hat Pilar», sagte Primitivo. «Das ist meins.»

«Ich hätte lieber mein eigenes», sagte Fernando. «Ich bin daran gewöhnt.»

«Ich werde es dir bringen», sagte der Zigeuner, ihn anlügend. «Inzwischen behalte dieses da!»

«Ich bin hier in einer sehr guten Position», sagte Fernando. «Nach oben wie nach der Brücke hin.» Er öffnete die Augen, wandte den Kopf zu der Brücke hin, machte dann die Augen wieder zu, von jähen Schmerzen gepackt.

Der Zigeuner klopfte sich an die Schläfe und gab Primitivo mit dem Daumen ein Zeichen, sich davonzumachen.

«Dann werden wir dich holen kommen», sagte Primitivo und kletterte hinter dem Zigeuner her, der sich sehr beeilte.

Fernando lehnte an der Böschung. Vor ihm stand einer der weißgetünchten Steine, die den Straßenrand markierten. Sein Kopf lag im Schatten, aber die Sonne schien auf seine tamponierte und bandagierte Wunde und auf seine darübergedeckten Hände. Auch seine Beine und Füße waren in der Sonne. Das Gewehr lag neben ihm, und neben dem Gewehr blinkten drei Patronenmagazine im Sonnenschein. Eine Fliege kroch über seine Hand, aber das leise Kitzeln wurde durch die Schmerzen übertäubt.

«Fernando!» rief Anselmo, der mit dem Draht in der Hand hinter seinem Stein hockte. Er hatte in das Drahtende eine Schlinge gemacht und sie fest zusammengedreht, so daß er sie in der Faust halten konnte.

«Fernando!» rief er noch einmal.

Fernando öffnete die Augen und blickte zu ihm hin.

«Wie geht's?» fragte Fernando.

«Sehr gut», sagte Anselmo. «In der nächsten Minute werden wir sie sprengen.»

«Das freut mich», sagte Fernando. «Wenn du mich zu etwas brauchst, sag es mir.» Er schloß wieder die Augen, von Schmerzen durchzuckt.

Anselmo blickte von ihm weg zur Brücke hin.

Er wartete darauf, daß der Drahtknäuel über dem Rand der Brücke erscheinen würde und hinterdrein das sonnverbrannte Gesicht des *Inglés*, wie er sich hinaufschwingt. Gleichzeitig beobachtete er das andere Ende der Brücke, ob dort nicht etwas um die Straßenbiegung komme. Er empfand keinerlei Furcht, und er hatte sich den ganzen Tag über nicht gefürchtet. Es geht so schnell und verläuft so normal, dachte er. Den Posten zu erschießen war mir zuwider, und da hat sich in mir was gerührt, aber das ist jetzt vorüber. Wie konnte nur der *Inglés* behaupten, daß es dasselbe sei, ob man einen Menschen oder ob man ein Tier erschießt! Wenn ich auf die Jagd ging, hatte ich immer ein erhebendes Gefühl, nie fühlte ich mich im Unrecht. Aber einen Menschen erschießen – da hat man das Gefühl, daß man seinen eigenen Bruder schlägt, in erwachsenem Alter. Und mehrmals auf ihn schießen, um ihn ganz umzubringen! Nein, denk nicht daran! Das hat dich zu sehr aufgeregt, und du bist blubbernd wie ein altes Weib über die Brücke gelaufen.

Das ist vorbei, sagte er sich, und du kannst ja versuchen, es abzubüßen genau wie alles andere. Aber jetzt hast du ja, was du dir gestern nacht gewünscht hast, als du über die Berge nach Hause gingst. Du bist im Kampf und zerbrichst dir nicht den Kopf. Wenn ich an diesem Morgen sterbe, ist alles gut.

Dann sah er Fernando an, der an der Böschung lag, die Hände über der Leistengrube gefaltet, die Lippen blau, die Augen fest geschlossen, schwer und langsam atmend, und er dachte: Wenn ich sterben muß, möge es schnell gehen. Nein, ich habe gesagt, daß ich nichts weiter verlange, wenn mir geschenkt wird, was ich für den heutigen Tag brauche. Deshalb darf ich nichts mehr erbitten. Verstanden? Ich erbitte nichts. Ganz und gar nichts. Gib mir, worum ich gebeten habe, und alles andere überlasse ich deinem Belieben.

Er lauschte dem Kampflärm, der aus der Ferne herüberwehte, und sagte zu sich selber: Das ist wirklich ein großer Tag. Ich muß einsehen und wissen, was für ein Tag das ist!

Aber in seinem Herzen regte sich nichts, kein Triumph, keine Erregung. Das war alles verschwunden, und nichts als eine große Ruhe war in ihm. Und wie er jetzt hinter dem Chausseestein hockte, die Drahtschlinge in der Hand, eine zweite Schlinge um das Handgelenk geschlungen, unter den Knien den Kies des Straßenrandes, war er gar nicht einsam, und er fühlte sich auch nicht allein. Er war eins mit dem Draht in seiner Hand und mit der Brücke und mit den Ladungen, die der *Inglés* placiert hatte. Er war eins mit dem *Inglés*, der immer noch unter der Brücke saß und arbeitete, eins mit der Schlacht und der Republik.

Aber er war nicht im mindesten aufgeregt. Er war ganz ruhig, die Sonne brannte auf seinen Nacken und seine Schultern, und als er aus seiner gebückten Haltung aufblickte, sah er den hohen, wolkenlosen Himmel und den ragenden Berghang am anderen Ufer des Flusses, und er war nicht glücklich, aber auch nicht einsam und nicht ängstlich.

Oben am Hang lag Pilar hinter einem Baum und beobachtete

die Straße, die vom Paß herunterkam. Sie hatte drei geladene Gewehre neben sich liegen und reichte eines davon Primitivo, als er sich neben ihr niederwarf.

«Dort hinunter!» sagte sie. «Hinter diesen Baum! Und du, Zigeuner, gehst dort hinüber!»

Sie zeigte auf einen zweiten Baum ein Stück weiter unten am Hang. «Ist er tot?»

«Nein, noch nicht», sagte Primitivo.

«Es war reines Pech», sagte Pilar. «Wenn wir zwei Mann mehr gehabt hätten, hätte es nicht zu passieren brauchen. Er hätte um den Sägespänehaufen herumkriechen sollen. Ist er halbwegs gut untergebracht?»

Primitivo schüttelte den Kopf.

«Werden die Splitter bis hierher fliegen, wenn der *Inglés* die Brücke sprengt?» fragte der Zigeuner hinter seinem Baum hervor.

«Ich weiß es nicht», erwiderte Pilar. «Aber Agustín mit der *máquina* ist näher dran als du. Der *Inglés* würde ihn dort nicht hingeschickt haben, wenn es zu nahe wäre.»

«Aber ich erinnere mich, als der Zug gesprengt wurde, flog die Laterne der Lokomotive über meinen Kopf weg, und Stahlsplitter sausten vorbei wie Schwalben.»

«Du hast poetische Erinnerungen», sagte Pilar. «Wie Schwalben. *Joder!* Sie waren so groß wie Waschkessel! Hör zu, Zigeuner, du hast dich heute brav gehalten. Laß dich jetzt nicht von deiner Angst einholen!»

«Ich habe doch bloß gefragt, ob die Splitter bis hierher fliegen, damit ich mich hinter dem Baum versteckt halte.»

«Halt dich versteckt!» sagte Pilar. «Wie viele haben wir umgelegt?»

«*Pues* fünf wir selbst. Zwei hier. Siehst du nicht den zweiten dort drüben am anderen Ende? Schau, dort hinter der Brücke! Siehst du das Wachthaus? Schau! Siehst du?» Er streckte den Zeigefinger aus. «Ferner acht Stück unten für Pablo. Ich weiß, daß es acht sind, ich habe sie gezählt. Der *Inglés* wollte es wissen.»

Pilar brummte. Dann sagte sie in heftigem, wütendem Ton: «Was ist mit diesem *Inglés* los? Was sch . . . er dort unter der

Brücke herum! *Vaya mandanga!* Will er eine Brücke sprengen oder will er eine bauen?»

Sie hob den Kopf und blickte zu Anselmo hinunter, der hinter dem Chausseestein hockte.

«He, *viejo*!» rief sie. «Was ist denn mit deinem besch . . . *Inglés* los?»

«Geduld, Frau!» rief Anselmo hinauf, den Draht locker, aber fest in der Hand haltend. «Er macht seine Arbeit fertig.»

«Aber warum, beim Namen der großen Hure, warum braucht er so lange?»

«Es muy concienzudo!» rief Anselmo. «Es ist eine wissenschaftliche Arbeit.»

«Ich – – – in die Milch der Wissenschaft!» sagte Pilar wütend zu dem Zigeuner. «Das Dreckgesicht soll endlich die Brücke sprengen, und Schluß damit. Maria!» schrie sie mit ihrer tiefen Stimme den Hang hinauf. «Dein *Inglés* –» Und sie erging sich in einem Schwall von schweinischen Bemerkungen über Jordans vermutliche Tätigkeit unter dem Brückenbogen.

«Beruhige dich, Weib!» rief Anselmo von der Straße herauf. «Er leistet eine enorme Arbeit. Er ist bald fertig.»

«Hol's der Teufel!» tobte Pilar. «Auf die Schnelligkeit kommt es an!»

In diesem Augenblick ging unten an der Straße, wo Pablo den Posten hielt, den er erobert hatte, eine wilde Schießerei los. Sie hörten es alle. Pilar hörte zu fluchen auf und horchte. «Aha!» sagte sie. «Aha! Da haben wir's!»

Robert Jordan hörte die Schüsse, als er gerade mit der einen Hand den Drahtknäuel auf die Brücke hinaufwarf und dann hinterherkletterte. Während seine Knie auf dem eisernen Rand der Brücke ruhten und seine Hände im Staub der Straße, hörte er hinter der Straßenbiegung das Knattern eines Maschinengewehrs. Es klang anders als das Schnellfeuergewehr Pablos. Er stand auf, bückte sich, hob vorsichtig den Drahtknäuel auf und begann den Draht abzuwickeln, während er halb rücklings, halb seitlings über die Brücke ging.

Er hörte das Geknatter und fühlte es in der Magengrube, als ob es in seinem Zwerchfell widerhallte. Jetzt, während er weiterging, kam es näher, und er blickte zu der Straßenbiegung hinüber. Aber es war noch immer kein Auto, kein Tank, keine Infanterie zu sehen. Als er den halben Weg zurückgelegt hatte, war noch immer nichts zu sehen., Als er drei Viertel des Weges zurückgelegt hatte, war noch immer nichts zu sehen. Der Draht lief glatt und sauber am Gitterwerk entlang, und als er schließlich um das Wachthäuschen herumkletterte, den Draht von sich ab haltend, damit er sich nicht in dem Gestänge verhakte, war unten noch immer nichts zu sehen. Dann stand er auf der Straße, und unten war noch immer nichts zu sehen, und dann ging er rücklings mit schnellen Schritten die kleine, ausgewaschene Ablaufrinne an der unteren Straßenseite entlang, wie ein Baseballspieler rücklings schreitet, um einen langen, scharfen Ball zu erwischen, den gespannten Draht in der Hand, und jetzt befand er sich fast genau gegenüber von Anselmos Stein, und jenseits der Brücke war noch immer nichts zu sehen.

Dann hörte er das Lastauto die Straße herunterkommen, er sah mit einem Blick über die Schulter, wie es soeben das lange Gefälle erreichte, und er schwenkte das Handgelenk einmal um den Draht herum und schrie Anselmo zu: «Los!», und er bohrte die Hacken in die Erde und lehnte sich zurück, den straff gespannten Draht um das Handgelenk gewunden, und hinter ihm näherte sich das Geräusch des fahrenden Autos, und vor ihm lag die Straße mit dem toten Posten und die lange Brücke und das Stück Straße weiter unten, wo noch immer nichts zu sehen war, dann setzte ein prasselndes Getöse ein, der Mittelteil der Brücke bäumte sich empor wie eine Welle, die sich an einem Felsen bricht, und er fühlte den Luftstoß der Explosion über seinen Rücken hinwegrollen, während er sich mit dem Gesicht nach unten in die kiesige Rinne warf, beide Hände fest gegen den Kopf gepreßt. Er drückte das Gesicht in die Kiesel, während die Brücke sich wieder herabsenkte, der vertraute schweflige Geruch wälzte sich mit einer beißenden Rauchwolke über ihn weg, und dann begann es Stahlsplitter zu regnen.

Als der Splitterregen aufhörte, war er immer noch am Leben, und er hob den Kopf und schaute zu der Brücke hinüber. Der Mittelteil war verschwunden. Zackige Stahlsplitter mit hellen, frisch aufgerissenen Rändern und Spitzen lagen über die Brücke und Straße verstreut. Das Auto hatte etwa fünfzig Meter weiter oben haltgemacht. Der Fahrer und seine beiden Begleiter liefen zu einem Abflußgraben hin.

Fernando lag gegen die Böschung gelehnt und atmete noch, die Arme an den Seiten ausgestreckt, die Hände entspannt.

Anselmo lag mit dem Gesicht zur Erde hinter dem weißen Chausseestein. Sein linker Arm war unter dem Kopf verkrümmt, der rechte weit ausgestreckt. Die Drahtschlinge hing noch an seiner rechten Faust. Robert Jordan erhob sich, ging auf die andere Seite der Straße hinüber, kniete neben Anselmo nieder und überzeugte sich, daß er tot war. Er drehte ihn gar nicht erst auf die Seite, um nachzusehen, was der Stahlsplitter angerichtet habe. Anselmo war tot, das war alles.

Er sieht recht klein aus im Tode, dachte Robert Jordan. Klein sah er aus und grauköpfig, und Robert Jordan dachte: Wie hat er bloß so schwere Lasten schleppen können, wenn er wirklich so klein war! Dann sah er die Konturen der Waden und Schenkel in der engen grauen Hirtenhose und die abgetragenen Sohlen der Bastschuhe, und er hob Anselmos Karabiner auf und die beiden Rucksäcke, die jetzt so gut wie leer waren, ging zu Fernando hinüber und hob das Gewehr auf, das neben ihm lag. Auf der Straße lag ein zackiger Stahlsplitter, er stieß ihn mit dem Fuß in den Graben. Dann packte er die beiden Gewehre am Lauf, schwang sie über die Schulter und stieg den Abhang hinauf in den Wald. Er blickte nicht zurück, er blickte auch nicht über die Brücke zu der Straße hinüber. Hinter der Biegung wurde immer noch geschossen, aber das interessierte ihn jetzt nicht mehr.

Der beißende TNT-Dunst reizte ihn zum Husten, und er war am ganzen Körper gelähmt.

(G. W. 3/410–429)

Pedro stößt, allein, zu der Gruppe. Um sich in Sicherheit zu bringen, müssen sie über eine Straße reiten, die im Schußfeld der Franco-Leute liegt.

«Vorwärts, du graues Faschistenbiest!» sagte Robert Jordan zu dem Gaul und trieb ihn dann in halsbrecherisch-jähem Kopfüber gleitend, rutschend die Böschung hinunter. Dann war er im Freien, über die Straße weg, die so hart war unter den Hufen, daß er die Stöße bis in die Schultern, in den Nacken und in die Zähne verspürte, rauf auf die weiche Glätte des Hanges, die Hufe suchen Halt, wühlen sich ins Erdreich, stampfen voran, tasten, schlagen, jagen, und er blickte zu der Brücke hinüber, die sich ihm jetzt unter einem ganz neuen Winkel zeigte, wie er sie vorher noch nie gesehen hatte. Sie präsentierte sich im Profil, ohne jede Verkürzung, mit dem eingestürzten Mittelteil, dahinter auf der Straße stand der kleine Tank und hinter dem kleinen Tank ein großer Tank mit einem Geschütz, aus dessen Mündung es nun aufblitzte mit gelblicher Flamme wie aus einem Spiegel, das gellende Pfeifen der zerreißenden Luft fuhr dicht über den grauen Pferdehals weg, der sich vor ihm hinstreckte, und er wandte den Kopf, als das Erdreich den Abhang hinaufsprühte. Das Packpferd war ihm voraus, es lief viel zu weit nach rechts und verlangsamte seinen Gang, und Robert Jordan, in vollem Galopp den Kopf ein wenig zur Brücke hinwendend, sah die Reihe der Lastautos hinter der Biegung, die jetzt, da er immer höher hinaufkam, immer deutlicher sichtbar wurde, er sah den hellen gelben Blitz, der das jähe Sausen und Brummen signalisierte, und der Schuß verfehlte sein Ziel, aber er hörte die Kugel singend aus der Geröllfontäne davonsurren.

Jetzt sah er die anderen dicht voraus am Waldrand, wie sie zu ihm hinblickten. «*Arre caballo!* Vorwärts, mein Pferd!» rief er, und er fühlte, wie die Brust des Gauls sich mit dem Steilerwerden des Hangs blähte, er sah den grauen Nacken sich strecken, sah die grauen Ohren, beugte sich vor und tätschelte den feuchten grauen Hals, blickte zurück nach der Brücke, sah den hellen Blitz aus dem schweren, flachen erdfarbenen Tank hervorzucken, und dann hörte er kein Sausen, sondern nur einen klatschenden, ätzend scharfen Knall, wie von einem platzenden Kessel, und er lag unter dem Pferd, der Graue schlug mit den Hufen um sich, und er versuchte sich unter dem schweren Gewicht hervorzuarbeiten.

Er konnte sich bewegen. Es ging ganz gut. Nach rechts hin

konnte er sich bewegen. Aber sein linkes Bein blieb schlaff unter dem Gaul liegen, als hätte es ein neues Gelenk bekommen an Stelle des Hüftgelenks, ein Gelenk, das sich seitwärts bewegte wie eine Türangel!

Dann wußte er plötzlich ganz genau, was passiert war, und da richtete das Pferd sich auf die Knie auf. Robert Jordans rechtes Bein, das sich aus dem Steigbügel losgestrampelt hatte, glitt über den Sattel und fiel herab, er betastete mit beiden Händen den Hüftknochen des linken Beines, das schlaff auf der Erde lag, und seine Hände fühlten beide den scharfen Knochen, wie er sich gegen die Haut preßte.

Der Graue stand beinahe direkt über ihm, und er sah seine Flanken wogen. Das Gras, in dem er saß, war grün, Wiesenblumen wuchsen im Gras, er blickte den Hang hinunter zu der Straße und der Schlucht und der Brücke hin und sah den Tank und wartete auf den nächsten Blitz. Er kam fast im Nu, abermals ohne das pfeifende Sausen, und in dem Bersten der Granate, mit dem scharfen Geruch des Sprengstoffs, den aufstiebenden Erdklumpen und den davonstiebenden Splittern sah er den großen Grauen sich still neben ihm hinsetzen, als ob er ein Zirkuspferd wäre. Und dann, als er den dasitzenden Gaul ansah, hörte er erst die Geräusche, die aus seinen Nüstern kamen.

Einen Augenblick später hatten Primitivo und Agustín ihn unter den Achseln gepackt und schleppten ihn das letzte Stück des Hangs hinauf, sein linkes Bein in dem neuen Gelenk schwang mit jeder Schwingung des Bodens mit. Einmal sauste eine Granate dicht über ihre Köpfe hinweg, sie ließen ihn fallen und warfen sich hin, aber das Erdreich sprühte über sie weg, die Splitter flogen singend davon, und sie hoben ihn wieder auf. Schließlich brachten sie ihn in den Schutz der langgezogenen Waldschlucht, in der die Pferde standen, und Maria, Pilar und Pablo beugten sich über ihn.

Maria kniete neben ihm nieder und sagte: «Roberto, was hast du?»

Der Schweiß lief ihm über die Stirn. Er sagte: «Mein linkes Bein ist gebrochen, *guapa*.»

«Wir werden es bandagieren», sagte Pilar. «So daß du zu Pferd sitzen kannst!»

Sie zeigte auf eines der bepackten Pferde. «Nehmt ihm die Last ab!»

Robert Jordan sah, wie Pablo den Kopf schüttelte, und nickte ihm zu. «Reitet weiter!» sagte er. Dann sagte er: «Hör mal, Pablo – komm her!»

Das schweißbedeckte, stoppelbärtige Gesicht neigte sich zu ihm herab, und Robert Jordan hatte Pablos vollen Geruch in der Nase.

«Laßt uns miteinander reden», sagte er zu Pilar und Maria. «Ich muß mit Pablo reden.»

«Tut es sehr weh?» fragte Pablo. Er beugte sich dicht über Robert Jordan.

«Nein. Ich glaube, der Nerv ist gequetscht. Hör zu! Reitet weiter! Ich bin erledigt, verstanden? Ich werde noch ganz kurz mit dem Mädchen sprechen. Wenn ich sage, nehmt sie mit, dann nehmt ihr sie mit. Sie wird bei mir bleiben wollen. Ich will nur ganz kurz mit ihr sprechen.»

«Ja, wir haben nicht viel Zeit», sagte Pablo.

«Gewiß.»

«Es wird wohl besser sein, ihr geht in die Republik.»

«Nein. Ich bin für die Gredos.»

«Überlege es dir gut.»

«Sprich jetzt mit ihr», sagte Pablo. «Wir haben wenig Zeit. Es tut mir leid, daß dir das passiert ist, *Inglés*.»

«Da es nun mal passiert ist –» sagte Robert Jordan –, «sprechen wir nicht mehr darüber. Aber überlege es dir gut! Du hast Verstand. Benütze ihn!»

«Wieso denn nicht? sagte Pablo. «Und nun mach schnell, *Inglés*! Wir haben keine Zeit.»

Pablo ging zu dem nächsten Baumstamm hinüber und beobachtete den Hang und die Biegung jenseits der Schlucht. Er betrachtete mit ehrlich bekümmerter Miene den Grauen, der im Gras lag, und Pilar und Maria waren bei Robert Jordan, der unter einem Baum saß und sich gegen den Stamm lehnte.

«Schneide das Hosenbein auf, ja?» sagte er zu Pilar. Maria hockte neben ihm und sagte kein Wort. Die Sonne schien auf ihr Haar, ihr Gesicht war verzerrt wie das eines kleinen Kindes, bevor es zu weinen beginnt. Aber sie weinte nicht.

Pilar nahm ihr Messer und schnitt das Hosenbein von der linken Tasche an der Länge nach auf. Robert Jordan faltete mit beiden Händen das Tuch auseinander und betrachtete das ausgestreckte Bein. Zehn Zoll unterhalb des Hüftgelenks war eine spitze, purpurne Schwellung zu sehen wie ein kleines, spitzes Zelt, und als er sie mit den Fingern betastete, fühlte er den zerbrochenen Hüftknochen unter der straff gespannten Haut. Sein Bein lag seltsam verrenkt im Gras. Er blickte zu Pilar auf. Sie machte genauso ein Gesicht wie Maria.

«Anda!» sagte er zu ihr. «Geh!»

Sie entfernte sich mit gesenktem Kopf, ohne ein Wort zu sagen und ohne sich umzuschauen, und Robert Jordan sah ihre Schultern zucken.

«Guapa!» sagte er zu Maria und nahm ihre beiden Hände. «Hör zu! Wir werden nicht nach Madrid fahren –»

Da fing sie zu weinen an.

«Nein, *guapa*, nicht!» sagte er. «Hör zu! Wir werden jetzt nicht nach Madrid fahren, aber ich werde immer bei dir sein, wohin du auch gehst. Verstehst du mich?»

Sie schwieg, hatte die Arme um seine Schultern gelegt, legte den Kopf an seine Wange.

«Hör gut zu, mein Kaninchen!» sagte er. Er wußte, daß die Zeit drängte, und der Schweiß lief ihm herab, aber es mußte gesagt sein, und sie mußte es begreifen. «Du folgst jetzt den anderen, mein Häschen. Aber ich folge mit. Solange einer von uns da ist, sind wir beide da. Verstehst du mich?»

«Nein, ich bleibe bei dir.»

«Nein, mein Kaninchen. Was ich jetzt noch zu machen habe, das mache ich allein. Wenn du bei mir bist, kann ich es nicht richtig machen. Wenn du gehst, bin ich bei dir. Verstehst du mich, wie das ist? Wer immer von uns da ist, ist Ich und Du zugleich.»

«Ich will bei dir bleiben.»

«Nein, mein Kaninchen. Hör zu! *Das* können Menschen nicht gemeinsam tun. Das muß jeder für sich allein tun. Aber wenn du gehst, bin ich bei dir. So werde ich dich begleiten. Ich weiß, du wirst jetzt gehen, denn du bist brav und gut. Du wirst jetzt für uns beide gehen.»

«Aber es fällt mir leichter, bei dir zu bleiben», sagte sie. «Es ist viel besser für mich.»

«Ja. Deshalb sollst du mir zuliebe mit den anderen mitgehen. Tu es mir zuliebe, denn diese Bitte kannst du mir erfüllen.»

«Du verstehst mich nicht, Roberto. Was soll aus mir werden? Für mich ist es viel schlimmer, wenn ich gehe.»

«Sicherlich», sagte er. «Es ist viel schwerer für dich. Aber ich und du, wir sind jetzt eins.»

Sie schwieg. Er sah sie an, und er schwitzte heftig, und noch nie in seinem Leben hatte er sich so sehr um etwas bemüht, wie er sich jetzt darum bemühte, Maria zu überzeugen.

«Du tust es für uns beide», sagte er. «Du darfst nicht egoistisch sein, mein Kaninchen. Du mußt jetzt deine Pflicht tun.»

Sie schüttelte den Kopf.

«Du und ich, wir sind eins», sagte er. «Das mußt du doch fühlen, Kaninchen . . . Hör mich an! Auf diese Weise folge ich mit. Ich schwöre es dir.»

Sie schwieg.

«Jetzt begreifst du es», sagte er. «Ich sehe, daß es dir jetzt klar ist. Jetzt wirst du gehen. Gut. Jetzt gehst du. Jetzt hast du gesagt, daß du gehen wirst.»

Sie hatte nichts gesagt.

«Ich danke dir dafür. Jetzt gehst du ganz schnell, weit weg von hier, und wenn du gehst, ist es, als ob wir beide gingen. Leg jetzt deine Hand hierher. Neige deinen Kopf. Nein, tiefer! So ist es recht. Jetzt lege ich meine Hand auf deinen Kopf. Gut. Du bist so brav. Denk jetzt nicht mehr nach. Jetzt tust du, was sich gehört. Jetzt bist du gehorsam. Jetzt gehorchst du nicht nur mir, sondern uns beiden. Mir, der ich in dir bin. Jetzt gehst du für uns beide. Wirklich. Wir beide gehen, wenn *du* jetzt gehst. Das habe ich dir versprochen. Es ist sehr brav von dir und sehr lieb.»

Er nickte Pablo zu, der unter einem Baum stand und von der Seite zu ihm hinsah, und Pablo kam näher. Er deutete mit dem Daumen auf Pilar.

«Wir werden ein andermal nach Madrid fahren, Kaninchen», sagte er. «Wirklich. Steh jetzt auf und geh, und wir beide gehen. Steh auf! Verstehst du mich?»

«Nein», sagte sie und hielt ihn fest umschlungen.

Sein Ton war immer noch ruhig und vernünftig, aber er sprach mit großem Nachdruck:

«Steh auf! Du und ich, wir sind jetzt eins. Du bist alles, was von mir übrig ist. Steh auf!»

Sie erhob sich langsam, weinend, hielt den Kopf gesenkt. Dann warf sie sich schnell wieder neben ihm nieder, und dann erhob sie sich abermals, langsam und müde, da er sagte: «Steh auf, *guapa*!»

Sie stand da, und Pilar hielt sie am Arm fest.

«Vamonos!» sagte Pilar. «Brauchst du noch etwas, *Inglés*?» Sie sah ihn an und schüttelte den Kopf.

«Nein», sagte er und sprach weiter zu Maria.

«Ich sage dir nicht Lebewohl, *guapa*, weil wir uns nicht trennen. Laß es dir gutgehen in den Gredos. Geh jetzt! Sei brav und geh! Nein!» Er sprach in ganz ruhigem und vernünftigem Ton, während Pilar das Mädchen wegführte. «Schau dich nicht um, setz den Fuß in den Steigbügel! Ja. Den Fuß. Hilf ihr hinauf!» sagte er zu Pilar. «Helft ihr in den Sattel! Schwinge dich jetzt hinauf!»

Schweißtriefend drehte er sich zur Seite, blickte den Hang hinunter, blickte dann zu dem Mädchen zurück, das im Sattel saß, Pilar neben ihr, und Pablo dicht dahinter. «Geh jetzt!» sagte er. «Geh!»

Sie wollte sich nach ihm umsehen. «Sieh dich nicht um!» sagte Robert Jordan. «Geh!» Und Pablo versetzte dem Pferd mit einem Fesselriemen einen Hieb über die Kruppe, und es sah so aus, als wollte Maria aus dem Sattel gleiten, aber Pilar und Pablo ritten dicht an sie heran, Pilar hielt sie fest, und die drei Gäule trabten die Schlucht hinan.

«Roberto!» rief Maria und drehte sich um. «Laß mich bei dir bleiben! Laß mich bei dir bleiben!»

«Ich bin bei dir!» rief Robert Jordan. «Ich bin jetzt bei dir. Wir sind beisammen. Geh!» Dann verschwanden sie um die Biegung der Schlucht, er war völlig in Schweiß gebadet und blickte ins Leere. Agustín stand neben ihm.

«Soll ich dich erschießen, *Inglés*?» fragte er und beugte sich zu ihm nieder. «*Quieres?* Es macht mir nichts aus.»

«No hace falta», sagte Robert Jordan. «Laß mich nur! Ich bin hier sehr gut aufgehoben.»

«Me cago en la leche, que me han dado!» sagte Agustín. Er weinte und konnte Robert Jordan nicht deutlich sehen. *«Salud, Inglés!»*

«*Salud*, mein Alter!» sagte Robert Jordan. Er blickte jetzt den Hang hinunter. «Kümmere dich um die kleine Geschorene, ja?»

«Das ist kein Problem», sagte Agustín. «Hast du alles, was du brauchst?»

«Ich werde diese *máquina* behalten, denn es sind ohnedies nur noch ein paar Patronen da», sagte Robert Jordan. «Ersatz läßt sich nicht beschaffen. Für die andere *máquina* und auch für die von Pablo könnt ihr Patronen bekommen.»

«Ich habe den Lauf gesäubert», sagte Agustín. «Er hat sich, als das Pferd stürzte, in die Erde gebohrt.»

«Was ist aus dem Packpferd geworden?»

«Der Zigeuner hat es eingefangen.»

Agustín saß jetzt zu Pferd, aber er wollte nicht weg. Er beugte sich weit zu dem Baum hinunter, unter dem Robert Jordan lag.

«Los, *viejo*!» sagte Robert Jordan zu ihm. «Es ist Krieg, und da passieren eben solche Dinge.»

«Qué puta es la guerra!» sagte Agustín. «Was für ein Hurenzeug ist der Krieg!»

«Ja, Mann, ja. Aber schau jetzt, daß du weiterkommst.»

«Salud, Inglés!» sagte Agustín, die rechte Faust ballend.

«Salud!» sagte Robert Jordan. «Aber nun los, Mann!»

Agustín riß sein Pferd herum, schlug mit der rechten Faust ins Leere, und diese Gebärde war wie ein Fluch, und dann ritt er die Schlucht hinauf. Die anderen waren schon längst verschwunden. An der Stelle, wo die Schlucht zwischen den Bäumen in den Wald einbog, schaute er sich noch einmal um und winkte mit der geballten Faust. Robert Jordan winkte zurück, und dann war Agustín verschwunden . . .

Robert Jordan blickte über den grünen Hügelhang zur Straße und der Brücke hinunter. Ich will lieber sitzen bleiben, dachte er. Mich jetzt schon auf den Bauch zu wälzen wäre ein unnützes Risiko, der Knochen sitzt zu dicht unter der Haut, und so kann ich auch besser sehen.

Er fühlte sich leer, ausgepumpt und erschöpft von allem, was geschehen war, und von der Trennung, und er hatte einen gallenbitteren Geschmack auf der Zunge. Nun war es endlich, endlich kein Problem mehr. Wie immer es gewesen war, wie immer es noch für ihn werden mochte, es war kein Problem mehr.

Jetzt waren sie alle weg, er saß allein da, mit dem Rücken an den Baumstamm gelehnt. Er blickte über den grünen Abhang hinunter, sah das graue Pferd dort liegen, wo Agustín es erschossen hatte, blickte weiter hinunter bis zu der Straße und hinüber zu dem bewaldeten Hügelland. Dann wanderten seine Blicke zu der Brücke, und er beobachtete die Vorgänge auf der Brücke und auf der Straße. Er sah die Lastautos in langer Kette auf dem unteren Teil der Straße bis hinter die Biegung sich stauen. Das Grau der Autos mischte sich in das Grün der Bäume. Dann blickte er nach der anderen Seite, zu der Höhe hinauf, über die die Straße herabkam. Jetzt werden sie bald erscheinen, dachte er.

Pilar wird sich um sie kümmern. Sie kann nirgends besser aufgehoben sein. Das weißt du ja. Pablo muß einen guten Plan haben, sonst würde er es gar nicht erst versuchen. Um Pablo brauchst du dir keine Sorgen zu machen. Es hat keinen Zweck, an Maria zu denken. Versuche doch, selber an all das zu glauben, was du ihr erzählt hast! Das ist das beste. Und wer behauptet denn, daß es nicht wahr sei? *Du* gewiß nicht. Du behauptest es nicht, ebensowenig wie du behaupten würdest, es sei alles nicht geschehen, was geschehen ist. Bleib bei deiner Überzeugung. Nur nicht zynisch werden! Die Zeit ist zu kurz, und du hast Maria eben erst weggeschickt. Jeder tut, was er kann. Für dich selber kannst du nichts mehr tun, aber vielleicht kannst du etwas für andere tun. Ja, vier Tage hat unser Glück gedauert. Keine vier Tage. Ich bin am Nachmittag angekommen, und heute wird es nicht mehr Mittag werden. Das sind nicht ganz drei Tage und drei Nächte. Rechne genau! dachte er. Ganz genau!

Jetzt wirst du dich hinlegen, dachte er. Besser, du richtest dich ein, damit du was leisten kannst, statt wie ein Landstreicher unter dem Baum zu hocken. Du hast viel Glück gehabt. Es gibt schlimmere Dinge auf der Welt. *Das* muß jeder einmal durchmachen, irgendeinmal. Du hast doch keine Angst davor, jetzt, da du weißt, daß es nicht anders geht, oder wie? Nein, dachte er, wirklich nicht. Aber ein Glück, daß der Nerv zerstört ist! Ich habe nicht einmal das Gefühl, daß unterhalb der Bruchstelle überhaupt noch was da ist. Er betastete den linken Unterschenkel, und es war, als gehörte er gar nicht zu seinem Körper.

Wieder blickte er den Hang hinunter und dachte: Ich gehe ungern weg, und ich hoffe, ich habe ein bißchen was ausgerichtet. Ich habe mir alle Mühe gegeben, soweit es in meinen Kräften stand. *Steht*, meinst du. Gut, *steht*.

Ich habe jetzt ein volles Jahr lang für meine Überzeugung gekämpft. Wenn wir *hier* siegen, werden wir *überall* siegen. Die Welt ist so schön und wert, daß man um sie kämpft, und ich verlasse sie nur ungern. Und du kannst von Glück sagen, daß du ein so gutes Leben gehabt hast. Du hast ein ebenso gutes Leben gehabt wie dein Großvater, nur daß es kürzer ist. Diese letzten Tage, sie haben dein Leben so schön gemacht, wie es nur immer sein konnte. Du brauchst dich nicht zu beklagen, da du so viel Glück gehabt hast. Aber wenn ich doch auf irgendeine Weise das, was ich gelernt habe, weitergeben könnte! Lieber Gott, gerade jetzt, zum Schluß, habe ich noch so vieles gelernt. Ich würde mich gerne mit Karkow unterhalten. In Madrid. Über die Hügel weg und in die Ebene hinunter, aus den grauen Felsen, von den Kiefern, dem Heidekraut und dem Ginster in die Ebene hinunter, und dort, jenseits des braunschimmernden Hochplateaus, siehst du Madrid sich erheben, weiß und schön. Das ist kein Schwindel, das ist ebenso wahr wie Pilars Geschichte von den alten Weibern, die unten am Schlachthaus das Blut der geschlachteten Tiere trinken. Es gibt nicht nur *eines*, das wirklich da ist. *Alles* ist da. So wie die Flugzeuge schön anzusehen sind, ob es nun die unseren sind oder die des Feindes. Was zum Teufel! dachte er.

Sachte, sachte jetzt! Leg dich hin, solange noch Zeit ist. Hör mal, noch eins! Erinnerst du dich? Pilar und die Hand? Glaubst du an dieses Scheißzeug? Nein, sagte er. Trotz allem, was passiert ist? Nein, ich glaube nicht daran. Sie hat sich heute früh sehr nett benommen, bevor die Sache losging. Sie hatte Angst, ich würde vielleicht dran glauben. Nein, ich glaube nicht daran. Aber sie glaubt daran. Diese Menschen sehen etwas. Oder sie fühlen etwas. Oder sie wittern etwas. Wie ein Jagdhund. Wie ist das mit den übersinnlichen Wahrnehmungen? Mist! sagte er. Sie wollte mir nicht adieu sagen, dachte er, weil sie wußte, daß dann Maria sich nicht würde losreißen können. Diese Pilar! Dreh dich jetzt um, Robert Jordan. Aber er zögerte noch.

Dann fiel ihm ein, daß er das kleine Fläschchen in der Hüfttasche hatte, und er dachte: Ich werde einen tüchtigen Schluck von dem Riesentöter nehmen, und dann werde ich's versuchen. Aber als er nach der Flasche tastete, war sie weg. Jetzt fühlte er sich um so einsamer, da er wußte, daß ihm nicht einmal mehr das geblieben war. Ich glaube, damit habe ich gerechnet, sagte er.

Glaubst du, Pablo hat sie dir weggenommen? Sei nicht dumm! Du hast sie wohl an der Brücke verloren. Vorwärts jetzt, Jordan! Rumgedreht!

Dann packte er mit beiden Händen sein linkes Bein und zerrte es stramm gegen den Fuß hin, während er sich neben dem Baum, an dem er gelehnt hatte, auf die Erde legte. Dann, flach ausgestreckt und fest an dem Bein zerrend, um zu verhindern, daß die Bruchkante des Knochens nach oben rutsche und die Haut durchstoße, drehte er langsam seinen Rumpf, bis sein Hinterkopf der Straße zugekehrt war. Dann, das gebrochene Bein mit beiden Händen festhaltend, stemmte er die Sohle des rechten Fußes gegen den Rist des linken und drückte hart dagegen, während er sich schwitzend auf den Bauch wälzte. Er stemmte sich auf den Ellbogen hoch, faßte dann wieder mit beiden Händen das linke Bein, streckte es lang hinter sich, mit dem rechten Fuß nachstoßend, und da lag er nun. Er betastete mit den Fingern die linke Hüfte. Alles in Ordnung. Der Knochenrand hatte nicht die Haut durchbohrt und war jetzt in den Muskel eingebettet.

Der Hauptnerv muß zerstört worden sein, als der verdammte Gaul über mir zusammenstürzte, dachte er. Es tut wirklich nicht weh. Außer jetzt, bei gewissen Bewegungen. Wenn der Knochen eine empfindliche Stelle trifft. Siehst du? sagte er. Siehst du, was es heißt, Glück zu haben? Du hast den Riesentöter gar nicht gebraucht.

Er langte nach dem Schnellfeuergewehr, nahm das Magazin heraus, holte ein gefülltes Magazin aus der Tasche, öffnete den

Verschluß und visierte durch den Lauf, setzte das frische Magazin ein, bis die Feder einschnappte, und blickte dann den Hügelhang hinunter. Vielleicht noch eine halbe Stunde, dachte er. Nur ruhig!

Dann blickte er zu den Bergen hinüber, betrachtete die Kiefern und bemühte sich, sein Denken auszuschalten.

Er sah den Fluß, er erinnerte sich, wie kühl es im Schatten unter der Brücke gewesen war. Wenn sie nur schon kämen! dachte er. Ich möchte, wenn sie kommen, meine fünf Sinne beisammen haben.

Wer, meinst du, hat es leichter? Der, der an Gott glaubt, oder der, der es einfach hinnimmt? Der Glaube ist tröstlich, *wir* aber wissen, daß wir uns vor nichts zu fürchten brauchen. Schlimm ist's nur, wenn es lange dauert und so weh tut, daß man die Haltung verliert. Darin hast du Glück, verstanden? Das alles bleibt dir erspart.

Wunderbar, daß sie davongekommen sind! Jetzt ist mir alles egal. Es *ist* doch irgendwie so, wie ich sagte. Wirklich! Denk dir nur, wie anders es wäre, wenn sie jetzt alle dort auf dem Hügelhang lägen, wo der tote Gaul liegt. Oder wenn wir alle hier beisammenhockten und auf das Ende warteten. Nein. Sie sind weg. Wenn bloß noch der Angriff glücken würde! Was verlangst du? Alles. Ich verlange alles, und ich nehme, was ich kriege. Wenn *dieser* Angriff nichts taugt, wird der nächste glücken. Ich habe gar nicht bemerkt, ob die Flugzeuge zurückgekehrt sind. *Mein Gott, was für ein Glück, daß ich Maria bewegen konnte, mit den anderen mitzugehen!*

Gern würde ich Großvater diese Geschichte erzählen. Ich möchte wetten, *er* mußte nie hinübergehen und seine Leute aufstöbern und eine solche Sache inszenieren. Woher weißt du das? Vielleicht hat er es fünfzigmal gemacht. Nein, sagte er. Nicht übertreiben! So was macht man nicht fünfzigmal. Fünfmal wäre schon zuviel. Vielleicht kein einziges Mal – nicht genau dasselbe wie hier. Aber doch! Auch andere müssen das schon gemacht haben.

Wenn sie jetzt bloß kämen! dachte er. Möglichst schnell, denn das Bein beginnt weh zu tun. Wahrscheinlich die Schwellung.

Alles ging so wunderbar, als das Dreckding uns erwischte,

dachte er. Aber ein Glück, daß es nicht schon früher passiert ist, als ich noch unter der Brücke saß! Wenn eine Sache von Anfang an nicht stimmt, dann *muß* was passieren. Als Golz seine Befehle erhielt, warst du, Robert Jordan, verratzt. Das hast du genau gewußt, und das hat wahrscheinlich auch Pilar empfunden. Aber später einmal wird man solche Sachen besser organisieren. Wir müßten tragbare Kurzwellensender mithaben. *Ja, es gibt noch so manches, was wir haben müßten.* Ich müßte auch ein Ersatzbein bei mir haben.

Er mußte lächeln, aber der Schweiß brach ihm aus allen Poren, weil das Bein, dessen Hauptnerv im Sturz beschädigt worden war, heftig zu schmerzen begann. Sie sollen doch endlich kommen! sagte er. Ich möchte nicht dasselbe machen wie mein Vater. Wenn es sein muß, gut, aber ich möchte es mir ersparen.

Ich bin dagegen. Denk nicht darüber nach! Du sollst überhaupt nicht nachdenken. Wenn bloß die verfluchten Hunde schon kämen! Ich kann es nicht mehr erwarten.

Das Bein tat ihm jetzt sehr weh. Der Schmerz war ganz plötzlich gekommen, mit der Schwellung, nachdem er sich bewegt hatte, und er sagte: Vielleicht soll ich es jetzt doch machen! Schmerzen aushalten ist nicht meine starke Seite. Hör mal, wenn ich es jetzt mache, wirst du mich doch nicht mißverstehen, oder? *Mit wem redest du?* Mit niemandem. Wahrscheinlich mit Großvater. Nein. Mit niemandem. Verdammt noch mal, wenn sie bloß kämen!

Hör mal, ich werde es vielleicht machen müssen. Wenn ich nämlich ohnmächtig werde, kann ich nichts ausrichten, und wenn sie mich dann wieder ins Bewußtsein zurückrufen, werden sie mich ausfragen und alle möglichen Sachen machen, und das hat keinen Zweck. Dem soll man sich lieber nicht aussetzen. Wär's also nicht das beste, es jetzt einfach zu machen, und dann ist die ganze Geschichte vorbei? Weil . . . Oh, hör zu, ja, hör zu, *laß sie doch endlich kommen!*

Du hältst dich gar nicht besonders, Jordan, sagte er. Gar nicht besonders. Wer hält sich denn besonders gut? Ich weiß es nicht, und es ist mir auch ganz egal, aber *du* hältst dich nicht besonders. Das stimmt. Ganz und gar nicht. Ganz und gar nicht. Warum soll ich es jetzt nicht machen? Glaubst du nicht, daß es das beste wäre?

Nein, nein. Noch kannst du etwas ausrichten. Solange du dir im klaren bist darüber, was du zu tun hast, *mußt* du es tun. Solange du nicht die Besinnung verlierst, mußt du warten, bis es an dich herankommt. *Vorwärts! Sie sollen kommen! Sie sollen kommen! Sie sollen kommen!*

Denk an die anderen, die entwischt sind, dachte er. Denk daran, wie sie durch den Wald reiten. Denk daran, wie sie über einen Bach reiten. Denk daran, wie sie durch das Heidekraut reiten. Denk daran, wie sie den Abhang hinaufreiten. Denk daran, daß sie heute abend in Sicherheit sind. Denk daran, daß sie die ganze Nacht hindurch weiterreiten. Denk daran, wie sie sich morgen verstecken werden. Denk an die anderen. Gott verdamm mich, denk an die anderen! *Jetzt geht's nicht mehr weiter*, sagte er sich.

Denk an die Montana. *Ich kann nicht.* Denk an Madrid. *Ich kann nicht.* Denk an einen Schluck kalten Wassers. *Gut.* Genauso wird es sein. Wie ein Schluck kühlen Wassers. *Du lügst.* Es wird ein Nichts sein. Nichts weiter als ein Nichts. Einfach ein Nichts. Dann mach es doch! *Mach es!* Mach es jetzt gleich. Warum denn nicht? Los, mach es. *Nein, du mußt warten.* Worauf? Das weißt du ganz genau. *Also warte!*

Ich kann jetzt nicht länger warten, sagte er. Wenn ich noch länger warte, werde ich ohnmächtig. Das weiß ich, denn ich bin jetzt schon dreimal nahe daran gewesen und habe mich gerade noch beherrscht. Gerade noch beherrscht. Aber ich weiß nicht, wie es weiter sein wird. Weißt du, was ich glaube? Der Hüftknochen hat das Gewebe zerrissen, und jetzt hat eine innere Blutung eingesetzt. Weil du dich umgedreht hast. Deshalb die Schwellung, und das schwächt dich, und deshalb bist du immer drauf und dran, in Ohnmacht zu fallen. Am besten, du machst es jetzt gleich. Wirklich, ich sage dir, das ist am besten.

Und wenn du wartest und sie auch nur ein Weilchen aufhältst oder bloß den Offizier erledigst, kann das von großer Bedeutung sein. Eine einzige kleine Sache, gut durchgeführt, kann –

Gut, sagte er. Und er lag ganz still und bemühte sich, sein waches Ich festzuhalten, das ihm zu entgleiten drohte, wie zuweilen der Schnee auf einem Abhang unter den Füßen zu entgleiten beginnt, und er sagte sich jetzt ganz ruhig: Ich will durchhalten, bis sie kommen.

Er hatte Glück bis zuletzt, denn jetzt sah er die Reiter aus dem Wald kommen und die Straße überqueren. Sie kamen den Hang heraufgeritten. Er sah, wie einer der Soldaten neben dem toten Gaul haltmachte und den Offizier anrief, der zu ihm hinüberritt. Er sah, wie sie beide das tote Pferd betrachteten. Sie erkannten es natürlich wieder. Gaul und Reiter waren seit gestern früh vermißt worden.

Robert Jordan sah die Reiter auf dem Hang gar nicht mehr weit von ihm entfernt, und sah die Straße und die Brücke und die lange Kette der Autos. Er war jetzt wieder ganz er selbst, und er betrachtete alles genau und lange. Dann blickte er zum Himmel auf, den große weiße Wolken bedeckten. Er strich mit der flachen Hand über die Kiefernnadeln, auf denen er lag, er betastete die Rinde des Baumes, der ihm Deckung bot.

Dann legte er sich möglichst bequem zurecht, beide Ellbogen in die Erde gestemmt, und der Lauf des Schnellfeuergewehrs ruhte an dem Stamm der Kiefer.

Der Offizier folgte nun langsam den Hufspuren, die Pablos Pferde hinterlassen hatten, und er mußte in einer Entfernung von ungefähr zwanzig Metern an Robert Jordan vorbeikommen. Auf diese Entfernung hin wird es nicht schwierig sein, ihn zu erwischen. Der Offizier, der da herauskam, war Leutnant Berrendo. Er und seine Leute kamen aus La Granja; als die Meldung eintraf, daß *guerrilleros* den unteren Posten überfallen hatten, waren sie hierher beordert worden. Sie hatten ein scharfes Tempo angeschlagen, hatten dann, weil die Brücke gesprengt war, einen Umweg machen müssen, um ziemlich weit oben die Schlucht zu überqueren und dann in weitem Bogen durch den Wald zu reiten. Ihre Gäule waren schweißbedeckt und ausgepumpt, es bedurfte der Sporen, um sie in Trab zu setzen.

Leutnant Berrendo, den Blick auf die Hufspuren geheftet, kam den Hang heraufgeritten, tiefer Ernst lag auf seinem schmalen Gesicht. Das Schnellfeuergewehr hatte er in der Beuge des linken Arms quer über dem Sattel liegen. Robert Jordan lag hinter dem Baum, hielt den Atem an, behutsam, die Muskeln gespannt, damit seine Hände nicht zitterten. Er wartete, daß der Offizier den sonnigen Waldrand erreichte, wo der grüne Wiesenhang an die ersten Kiefern grenzte. Er fühlte das Pochen seines Herzens an dem Nadelboden des Waldes.

(G. W. 3/414–455) (1940)

«Der Großwildjäger, der superman *mit der Hochseeangel, der Stalinist aus dem Hotel Florida» (in dem Hemingway als der führende amerikanische Kriegskorrespondent in Madrid gelebt hatte) «sind wie Alkoholdunst verschwunden mitsamt ihrem verkrampften, fiebrigen Gehabe. Hemingway der Künstler ist wieder da, man begrüßt ihn wie einen alten Freund», schreibt Edmund Wilson in der* New Republic *bei Erscheinen von* Wem die Stunde schlägt. *In* The New York Times Book Review *liest man auf der Titelseite, der Roman sei «das beste, vollste, tiefste Buch, das Hemingway je geschrieben» habe. Die Liebesszenen zwischen Robert Jordan und Maria seien «die besten in der gesamten amerikanischen Literatur». Allerdings wird wegen dieser «unmoralischen Stellen» dem Buch der Pulitzerpreis für 1941 verweigert.*

Anthony Burgess schreibt rückblickend:
«Gewisse Szenen und Symbole haben heute einen klassischen Klang angenommen – Marias und Jordans Liebesnacht, das ‹Bündnis gegen den Tod›, als sich die ganze Erde unter ihnen zu bewegen scheint; die Brücke, die sich ‹mit präziser metallener Eleganz› über die Schlucht schwang, die einzige Verbindung zwischen den gegnerischen Streitkräften herstellte und in einem weiteren Sinne der Weg ist, auf dem das neue Zeitalter der mechanischen Organisation die alte pastorale Welt einfacher Bedürfnisse und Loyalitäten überholen wird. Maria und die phantastische Pilar sind die beiden am besten ausgeführten Frauengestalten Hemingways. Er versuchte, wenngleich ohne Erfolg, aus Maria eine so fesselnde Persönlichkeit zu machen wie Tolstojs Natascha, ja er hatte in der Tat eine Art – anmaßenden, aber nicht unedlen – tolstojschen Ehrgeizes, ein Panorama von Liebe und Krieg zu schaffen, das man unmittelbar mit dem nächsten Atemzug nach Krieg und Frieden *nennen könnte.»*

Ein scharfer Angriff kommt von links, von kommunistischen Kritikern und von einigen Mitgliedern der Internationalen Brigaden, die Hemingway vorwerfen, daß er seinen beschränkten Klassenstandpunkt nicht überwinde und daß er durch seine verleumderischen Porträts von Kommunisten der Sache des Sozialismus schade.

«Das Buch verkauft sich wie eisgekühlte Daiquiris in der Hölle», *telegrafiert Ernest Hemingway an Hadley. Im Oktober 1940 ist es in einer Erstauflage von 75 000 Exemplaren bei Scribner's erschienen, der Book of the Month Club hat gleichzeitig 135 000 Exemplare herausgebracht. Anfang April 1941 sind etwa eine halbe Million Bücher verkauft.* Wem die Stunde schlägt *ist ein phänomenaler künstlerischer und finanzieller Erfolg.*

Einen Monat vor seinem Tod, im November 1940, gratuliert Scott Fitzgerald: «Ich beneide Dich wie der Teufel, und ganz ohne Ironie. Ich beneide Dich um die Zeit, die das Buch Dir gibt, das zu tun, was Du willst.»

4 Was wiegt eine Fliegende Festung?

Schon von Key West aus hatte Hemingway häufig Abstecher, auch zu längeren Aufenthalten, nach Kuba gemacht; im Frühsommer 1932 hatte er dort das Hochseeangeln auf den Marlin entdeckt. Im Sommer 1939 findet Martha Gellhorn, die mit Hemingway in einem Hotel in Havanna lebt, die Finca Vigía und mietet sie, Hemingway kauft das Anwesen von den ersten Einkünften aus Wem die Stunde schlägt. *1940 übersiedelt er nach Kuba. Im November wird er von Pauline Pfeiffer geschieden und heiratet Martha Gellhorn.*

«Martha Gellhorn ist anders als die beiden ersten Frauen Hemingways: Sie hat studiert, lebt fast vier Jahre in freier Verbindung mit ihm, hat eigene berufliche und literarische Ambitionen, ist eine brillante, energische Reporterin, hat intensive und reflektierte liberale bis linksliberale politische und soziale Überzeugungen. Zu Hemingways Leidwesen fügt sie sich nie für längere Zeit dem locker improvisierten Lebensrhythmus der Finca Vigía mit dem ständigen Kommen und Gehen der Besucher und Freunde, mit Trinkgelagen, Boots-, Angel- und Jagdpartien, mit den zahllosen Katzen, die Hemingway liebt, und mit Hemingways zunehmend entzivilisierten Gewohnheiten. Von November 1940 an ist sie immer wieder für Collier's *auf den verschiedenen Kriegsschauplätzen unterwegs . . . Sie kennt ihn genug, um zu wissen, daß Hemingway eine ihm gemäße bedeutende Aufgabe braucht, um seine beste Form zu finden, und versucht ihn zur Übernahme eines Auftrags als Kriegsberichterstatter zu überreden. Für einen gemeinsamen Trip zur chinesisch-japanischen Front gelingt ihr dies zunächst (Februar–Mai 1941).»* (M. C. 358/59)

Chinesen bauen einen Flugplatz

PM: 18. Juni 1941

MANILA. – Nelson Johnson, zur Zeit Botschafter der Vereinigten Staaten in Tschungking, lebt schon so lange in China, daß er wie ein alter chinesischer Staatsmann redet, und er spricht keinen Gedanken aus, der die Erfahrungen von weniger als dreitausend Jahren berücksichtigt. Wir standen auf der Terrasse der amerikanischen Botschaft und sahen das junge Grün der Bäume und auf der anderen Seite des schnell fließenden Jangtsekiang den ragenden Haufen, diese graue, terrassierte, von Bomben zerfetzte, feuerversengte Steininsel, die seit dem Krieg Chinas Hauptstadt ist. Da sagte Mr. Johnson:

«China schafft alles – wenn es will . . .»

Die Bemerkung irritierte mich damals sehr. Anders als Mr. Johnson hatte ich die Große Mauer nie gesehen, und ich würde sie vermutlich kaum für älter gehalten haben als ein paar Tage oder Jahre. Ich denke meistens in kürzeren Fristen, zum Beispiel: Was würde es kosten, soundso viele japanische Divisionen in China zu binden? Welche Offensiv-Möglichkeiten hat die chinesische Armee? Können die Spannungen zwischen den chinesischen Kommunisten und der Kuomintang so weit verringert werden, daß sie sich auf einen gemeinsamen Kampf gegen Japan einigen können? Wie viele Flugzeuge braucht China, um eine Offensive zu starten, und wer soll sie fliegen? Wie viele Batterien braucht China unbedingt, und wie kann es sie bekommen? Und wie viele Artillerieoffiziere haben sie, die damit umgehen könnten, wenn sie sie bekämen? Von dieser Art waren meine Sorgen.

Als Mr. Johnson seine Bemerkung aus der Tiefe seiner Gelehrsamkeit hervorholte, war ich etwas verdutzt. Sie kam mir nicht gerade wie eine direkte Lösung der vielen schweren Probleme vor. Zwei Tage später flog ich nach Tschengtu in Nord-Szechwan, der alten, hoch ummauerten Stadt, wo die Karawanen von Tibet herunterkommen und man im Staub watet, straßenlang zwischen gelben und roten Lamas. Der Wind kam kalt von den Schneebergen und blies den Straßenstaub in grauen Wolken vor sich her. Man mußte sich das Taschentuch vors Gesicht halten und in den Laden eines Silberschmieds gehen, um die Karawane vorbeizulassen. Da oben im Norden wurde mir klar, was Mr. Johnson gemeint hatte. Ich habe da etwas zu sehen bekommen – und jetzt weiß ich, wie es gewesen sein muß, wenn man frühmorgens aus der Wüste geritten kam, von Süden her, und man sah plötzlich vor sich das riesige Lager und den Bauplatz und sah die Männer bei der Arbeit, die die Pyramiden gebaut haben.

Es hatte damit angefangen, daß der Generalissimus auf die Fliegenden Festungen zu sprechen kam. Mit einigen von diesen großen viermotorigen Boeings hätten die Chinesen über Japan fliegen können – in einer Höhe, wo ihnen weder Flak noch Jäger in die Quere kommen konnten –, um den Japanern einiges von den Schrecken heimzuzahlen, die sie China in den letzten vier Jahren bereitet hatten. Es gab keinen Chinesen, der imstande war, eine Flying Fortress zu fliegen – aber von den Anwesenden sprach es keiner aus. Es war auch etwas, was man vermutlich später arrangieren konnte. Dagegen sagte jemand, es gebe in China gar keinen Flugplatz, auf dem eine Boeing B 17 landen könnte.

In diesem Moment machte sich der Generalissimus eine Notiz.

«Was wiegt eine Fliegende Festung?» fragte er.

«Ungefähr zweiundzwanzig Tonnen», sagte jemand, mehr oder weniger genau.

«Nicht drüber?» fragte der Generalissimus.

«Nein, aber ich werde das nachprüfen.»

Am nächsten Tag begann der Bau des Flugplatzes.

Chen Loh-kwan, Ingenieur, 38 Jahre alt, Abschlußdiplom der Universität von Illinois und Chef der Pionierabteilung der Aeronautischen Kommission, bekam den Auftrag, bis zum 30. März einen Flugplatz zu bauen, der für Fliegende Festungen u. ä. eingerichtet sei. Dieses «u. ä.» stand in der Ordre, aber Chen Loh-kwan hat so viele eilige Flugplätze für den Generalissimus gebaut, daß ein derartiges «u. ä.» für ihn ein kleiner Fisch war, verglichen mit den hunderttausend Problemen, die er gelöst hatte und noch lösen würde. Das «u. ä.» kümmerte ihn nicht weiter. Er hatte vom 8. Januar bis zum 30. März einen Flugplatz zu bauen mit einer Piste – hundertfünfzig Meter breit und mehr als zwei Kilometer lang, und zwar mit makadamisierter Oberfläche und einer Steinfüllung von einer Stärke von anderthalb Metern, um das Start- oder Landegewicht der riesigen Bomber tragen zu können.

Chen Loh-kwans Aufgabe bestand in folgendem: Er hatte ein Gelände von zweieinhalbtausend Hektar ohne Planiermaschinen einzuebnen. Dazu waren mehr als eine Million Kubikmeter Erde abzutragen und einen Kilometer weit wegzuschaffen. Das geschah mit Körben, die von Menschen getragen wurden. Er baute seine Piste auf einer Steinlage, die einen Meter dick war. Darüber ließ er eine Lage Erde einspülen. Dann kam eine zweite Lage Steine. Die Steine mußten in Körben aus einem Flußbett herbeigeschafft werden. Die Wege waren einen bis zwei Kilometer lang. Das Fundament der Piste wurde mit drei Planierschichten bedeckt. Die erste Schicht bestand aus Flußkies, der mit Kalk-Mörtel befestigt wurde, die zweite aus Kalk-Beton. Die oberste Schicht war sieben Zentimeter dick und bestand aus Schotter, der mit Lehm vermauert und mit grobem Sand bedeckt war. Diese Oberfläche wurde glattgewalzt, bie sie eben war wie ein Billardtisch.

Zu beiden Seiten der Piste laufen verdeckte Drainagegräben. Die Piste selber erträgt zur Zeit eine Belastung von fünfzig Tonnen auf den Quadratmeter, was sogar für Flugzeuge von der Größe der B 19 ausreicht.

Chen Loh-kwan brauchte für den Bau der Piste einhundertfünfzig Betonwalzen von dreieinhalb bis zehn Tonnen Gewicht, das heißt: er hatte sich Formen bauen und sie gießen lassen müssen. Diese Walzen wurden von Menschenkraft bewegt. Eine der großartigsten Sachen, die ich je gesehen habe, sind Menschen, die etwas ziehen. – Um Wasserholer zu sparen, baute er zwei Wassergräben. Sie liefen auf beiden Seiten der Piste entlang und führten das Wasser aus einer Entfernung von siebzehn Kilometern heran. Die Arbeiter mischten den Beton mit ihren Füßen.

Bei Beginn der Arbeiten holten sechzigtausend Arbeiter zweihundertzwanzigtausend Kubikmeter Kies aus einem Flußabschnitt von acht Kilometer Länge. Fünfunddreißigtausend Steinklopfer stellten den Schotter her. Fünftausend Schubkarren und zweihunderttausend Körbe, die an Tragstangen hingen, waren im Gebrauch. Die Tragbalken bogen sich unter der doppelten Last bis zum Brechen. Die Männer arbeiteten in zwölfstündigen Schichten.

Der Gouverneur der Provinz Szechwan rekrutierte für Chen Loh-kwan hunderttausend Arbeiter. Sie kamen in Gruppen zu je achthundert Mann aus zehn verschiedenen Kreisen der Provinz. Einige hatten einen fünfzehntägigen Marsch hinter sich, als sie die Arbeitsstelle erreichten. Ihre Entlohnung beruhte auf der Berechnung, daß ein Mann pro Tag eineinviertel Kubikmeter Erde bewegt. Diese Leistung wurde mit dem Gegenwert von zweieinhalb Pfund Reis bezahlt. Jeder Arbeiter erhielt drei Fünftel seiner Löhnung in Reis, den Rest in Bargeld. Der Tageslohn belief sich auf 2,30 Chinesische Dollar bzw. auf einen Chinesischen Dollar und die Reisration.

Das erste, was ich von ihnen sah, war eine Staubwolke, die die Straße herunterkam, zusammen mit einer Armee von Kleiderfetzen, verhornten Füßen und pockennarbigen Gesichtern. Sie marschierten in der Staubwolke und sangen, und ihre zerschlissenen Fahnen knatterten im Wind.

Die zweite Gruppe passierten wir in einem Dorf, wo sie die Straßen blockierten, sangen, herumschwadronierten und sich ihr Abendbrot einkauften. Dann kamen wir auf eine Anhöhe und sahen das Feld.

Wir blickten über das große, weit sich streckende, eingeebnete Gelände, und zuerst sah es aus wie eins von den alten Schlachtfeldern mit seinen wehenden Bannern und dem rollenden Staub, unter dem achtzigtausend sich schinden. Dann konnte man die kalkweiße, zwei Kilometer lange Piste ausmachen und die Hundertschaften mit den Zehn-Tonnen-Walzen. Sie rollten vorwärts und rückwärts.

Durch all den Staub, das Brechen der Steine und die klingenden Hämmer hörte man sie singen, einen Unterton wie Dünung, die sich auf einem entfernten Riff bricht.

«Was singen sie?» fragte ich.

«Sie singen bloß», sagte der Ingenieur. «Ein Singsang. Es macht ihnen Spaß.»

«Hat es einen Text?»

«Sie singen, daß sie arbeiten, Tag und Nacht, daß sie fertig werden, und sie arbeiten Tag und Nacht, und das ist ein großer Stein, und den müssen sie klein machen, und die Erde war weich, und sie machen sie hart . . .»

«Weiter», sagte ich.

«. . . und das Feld war hügelig, und sie machen es glatt. Und sie machen die Piste glatt wie Metall. Und die Walzen sind leicht, nicht zu schwer. Die Walzen sind leicht für die Schultern. Und die Walzen sind nichts, weil sie ziehen und ziehen und viele sind.»

«Und was singen sie jetzt?»

«Sie singen: Wir haben getan, was wir können. Kommt jetzt, Fliegende Festungen. Jetzt-haben-wir-getan-was-wir-können! Jetzt-kommen-die-Fliegenden-Festungen!»

«Sie können ja jemanden mitschicken, der sie fliegen kann», sagte einer der Ingenieure.

Er war ein Praktiker, gewohnt, Flugplätze zu bauen, ohne Planiermaschinen und Illusionen.

«Sehen Sie», sagte er und sah über die wehende Glorie des Flugfeldes hin, wo der Singsang hinbrandete wie an einem entfernten Riff, «es gibt ein paar Sachen, die wir selber machen können.»

Das war kurz vor dem Ende der Frist. Die Piste würde fertig werden, bis zum Stichtag.

(G. W. 10/214–218)

«Als seinen Beitrag zum Krieg gegen den Faschismus baut Hemingway 1941/42 mit Zustimmung der amerikanischen Botschaft in Havanna eine Organisation zur Spionageabwehr in Kuba auf und spielt den Geheimdienstchef; die Ergebnisse sind freilich unerheblich. Außerdem rüstet er, wiederum mit Unterstützung der Botschaft, seine Yacht Pilar *mit Waffen und Funkgeräten zur Überwachung und Bekämpfung der deutschen U-Boote vor der kubanischen Küste aus; dies erforderte regelmäßige, oft mehrtägige Patrouillenfahrten, die Hemingway Kommando- und Durch-*

halteerfahrungen vermitteln, aber wenig praktischen Erfolg haben. Seine Mitarbeiter und die Mannschaft sind eine höchst gemischte Gruppe: Exilbasken und Exilspanier von den Kanarischen Inseln und aus Katalonien, antifaschistische spanische Aristokraten, ein katholischer Priester, ein athletischer nordamerikanischer Millionär, Kellner aus den Bars von Havanna, besonders der Floridita. *Ein turbulentes Gesellschaftsleben entwickelt sich in der Finca. Die paramilitärischen Aktionen und die Freuden einer durch Autorität und Virilität bestimmten Männergesellschaft mit ihren unablässigen Trinkgelagen belasten das Verhältnis zu Martha, die strengere Vorstellungen von Arbeit hat, verhindern konsequente literarische Produktion und verändern Hemingway. Er vernachlässigt Kleidung und Aussehen, verfällt in Alkoholismus, Selbstmitleid, Selbstdramatisierung und nostalgische Erinnerungen.»* (M. C. 360)

Mit der ihr eigenen Hellsicht und Energie organisiert Martha im März 1944 für ihn kurzerhand eine Akkreditierung bei Collier's *und einen Sonderflug nach London. Hemingway fliegt im Mai 1944 und residiert fortan als Mittelpunkt der Journalistenszene im Hotel Dorchester. Er nimmt an der Invasion der Normandie teil und zieht am 25. August 1944 mit der Vorhut in Paris ein.*

Hemingways Reportagen aus dieser Zeit stützen sich mit Vorliebe auf persönliche Beobachtungen und persönliche Quellen; er strebt nicht Faktentreue an, sondern Stimmung und Atmosphäre und verwendet erzählerische Mittel wie erfundene Dialoge und dramatisierte Szenen.

Wie wir nach Paris kamen

Collier's: 7. Oktober 1944

Ich werde niemals beschreiben können, wie mir zumut war, als die Panzersäule General Leclercs südöstlich von Paris aufmarschierte. Ich war gerade von einer Patrouille zurückgekehrt, die mir die Knie weich gemacht hatte, und war von den übelsten Figuren abgeküßt worden, in einer Stadt, die sich einbildete, sie sei durch unseren zufälligen Einzug befreit worden. Da wurde mir gesagt, der General sei auf der Straße nahebei und wünsche uns zu sehen. Zusammen mit einem der großen Leute aus der Résistance und Colonel B., den zur Zeit jeder in Rambouillet kannte, als Grandseigneur und ritterlichen Offizier, der unserer Ansicht nach die Stadt gehalten hatte, näherten wir uns in einer gewissen Aufmachung dem General. Seine Begrüßung – nicht für den Druck geeignet – wird mir immer in den Ohren klingen. «Schert euch weg, ihr unaussprechlichen . . .» sagte der ritterliche General tatsächlich, etwas lauter als geflüstert, und der König der Résistance, Colonel B., und Ihr gepanzerter Berichterstatter zogen sich zurück.

Später lud uns der 2. Generalstabsoffizier zum Abendessen ein, und am nächsten Tag operierte die Division auf Grund der Lagepläne, die Colonel B. für sie zusammengestellt hatte. Aber für Ihren Berichterstatter war es der Höhepunkt des Vormarschs auf Paris.

Meinen Erfahrungen nach ist im Feld ein rüder General ein nervöser General. Damals zog ich solche Schlüsse noch nicht, sondern begab mich auf eine neue Patrouillenfahrt, wo ich meine eigene Nervosität an einem Jeep auslassen konnte, während meine Freunde die Art von Widerstand abzuschätzen versuchten, auf die wir am nächsten Tag zwischen Toussus-le-Noble und Le Christ de Saclay stoßen würden. Nachdem wir das herausbekommen hatten, kehrten wir ins *Hôtel du Grand Veneur* in Rambouillet zurück und verbrachten eine unruhige Nacht. Ich weiß nicht mehr genau, woher die Rastlosigkeit kam. Vielleicht, daß zu viele Leute unter einem Dach waren, darunter – es ist Tatsache – eine Zeitlang sogar zwei Militärpolizisten. Vielleicht kam es auch davon, daß wir zuviel von unseren Vorräten an Vitamin B_1 verbraucht hatten und daß die Verheerungen des Alkohols an den Nerven der handfesteren Maquisards fraßen, die zu viele Städte in zu kurzer Zeit befreit hatten. Ich war jedenfalls unruhig, und ich glaube nicht, daß ich übertreibe, wenn ich treulich feststelle, daß auch diejenigen, die Colonel B. und ich «unsere Leute» zu nennen pflegten, unruhig waren.

Der Chef der Maquisards, der wirkliche Anführer «unserer

Leute», sagte: «Wir wollen Paris erobern. Was, zum Teufel, soll die Verschlepperei!»

«Hier wird nichts verschleppt, Chef», antwortete ich. «Das Ganze ist eine riesige Operation. Ihr müßt Geduld haben. Morgen erobern wir Paris.»

«Hoffentlich», sagte der Chef des Maquis. «Meine Frau wartet dort auf mich, schon eine ganze Zeit. Ich will, verdammt, nach Paris und meine Frau sehen, und ich sehe die Notwendigkeit nicht ein, warum wir hier warten sollen, bis ein Haufen Militär dort ist.»

«Geduld», sagte ich.

In dieser schicksalsschwangeren Nacht schliefen wir. Sie war schicksalsschwanger, wenn morgen vielleicht auch ein noch schicksalsschwangerer Tag kam. Ich rechnete mit einem richtigen, anständigen Gefecht morgen, aber als spät in der Nacht ein Maquisard im Hotel erschien und mich weckte, um mir mitzuteilen, daß sich alle Deutschen, soweit sie dazu noch in der Lage seien, aus Paris zurückzögen, wurde ich unsicher. Wir wußten, daß es zum Kampf kommen würde am nächsten Tag, mit der Nachhut, die die deutsche Armee zurückgelassen hatte. Aber da wir die deutschen Stellungen kannten und sie entsprechend angehen oder umgehen konnten, glaubte ich nicht an schwere Kämpfe. Ich versicherte unseren Maquisards, daß wir das Vorrecht hätten, hinter den Soldaten her in Paris einzumarschieren, nicht vor ihnen, wenn sie nur genug Geduld hätten. Dieses Privileg reizte sie gar nicht, aber einer der Anführer der Maquisards sagte, so würden wir es halten. Es sei eine Höflichkeit dem Militär gegenüber, daß wir ihnen den Vortritt ließen, und zu der Zeit, als wir Toussus-le-Noble erreichten, wo es zu einem kurzen, scharfen Gefecht kam, kam der Befehl heraus, daß es weder den Widerstandskämpfern noch den Kriegsberichterstattern erlaubt werde, weiter vorzugehen, ehe die Division durchmarschiert sei.

An dem Tage, an dem wir auf Paris marschierten, regnete es heftig, und eine Stunde nachdem wir Rambouillet verlassen hatten, waren wir durch bis auf die Haut. Wir gingen über Chevreuse und Saint-Rémy-lès-Chevreuses vor, wo wir früher schon patrouilliert hatten und die Einwohner uns gut kannten.

Wir hatten hier unsere Informationen eingezogen und beträchtliche Mengen Armagnac getrunken, um die unaufhörliche Unzufriedenheit unserer Maquisards zu besänftigen, die zu der Zeit Paris-verrückt waren. Damals hatte ich herausbekommen, daß es nur einen Weg gab, einen Streit zu schlichten: man mußte eine Flasche von irgendeiner erstklassigen Sorte Alkohol hervorziehen.

Als wir Saint-Rémy-lès-Chevreuses hinter uns hatten, wo wir die wilde Zustimmung des lokalen *charcutier*, oder Schweineschlächters, erregten, der an früheren Operationen teilgenommen hatte und seitdem immer betrunken war, unterlief uns der kleine Irrtum, daß wir der Division bis zu einem Ort namens Courcelle vorauseilten. Hier wurden wir unterrichtet, daß vor uns noch keine Fahrzeuge durchgekommen seien, sehr zum Mißvergnügen unserer Leute, die sich gewünscht hatten, Paris auf dem kürzesten Weg zu erreichen. Wir kehrten nach Saint-Rémy-lès-Chevreuses zurück, um zu der gepanzerten Truppe zu stoßen, die in Richtung Châteaufort marschierte. Unsere Rückkehr alarmierte den lokalen *charcutier* beträchtlich, aber als wir ihm die Situation erklärt hatten, stimmte er uns zu, und nach einigen kleinen Kurzen näherten wir uns entschlossen Toussus-le-Noble, wo, wie ich wußte, der Division ein Gefecht bevorstand. Ich kannte hier die deutschen Stellungen. Sie lagen kurz vor uns und auch auf der rechten Seite, bei Le Christ de Saclay. Die Deutschen hatten eine Reihe von Verteidigungsstellungen zwischen Châteaufort und Toussus-le-Noble und hinter der Straßenkreuzung ausgehoben. Hinter dem Flugplatz bei Buc standen ihre 8,8 und beherrschten die Straße in allen Abschnitten. Als wir den Panzern näher kamen, die in der Gegend von Trappes operierten, wurde ich immer besorgter.

Die französischen Panzer manövrierten glänzend. Auf der Straße nach Toussus-le-Noble, wo die Deutschen ihre Maschinengewehrnester in den Strohschobern hatten, wie wir wußten, entfalteten sich die Formationen. Die Panzer schirmten uns auf beiden Seiten ab. Wir sahen sie über die abgeernteten Weizenfelder rollen, als wäre Manöver. Keiner sah einen Deutschen, bis die Panzer vorbei waren und sie mit hochgehobenen Händen zum Vorschein kamen. Es waren großartige Panzerbewegungen, und es war schön, diesen Sorgenkindern der taktischen Führung zuzusehen. Auch als wir in Richtung auf die sieben Panzer und vier 8,8-cm-Geschütze der Deutschen vorgingen, hatten die Franzosen das Gefecht gut in der Hand. Die Deutschen hatten über Nacht vier Geschütze in Stellung gebracht, auf absolut freiem Felde, und als sie das Feuer eröffneten und Lücken in die Marschkolonnen rissen, hämmerten die französischen Maschinenwaffen auf sie ein. Während die deutsche Artillerie feuerte und die 2-cm-Kanonen und Maschinengewehre über unsere Köpfe hinweg schossen, war man taub, aber der Chef der Maquisards, der die Informationen über die deutschen Stellungen zusammengestellt hatte, schrie mir ins Ohr: «Ein fabelhaftes Gefecht. Genau, wo wir gesagt haben. Fabelhaft.»

Mir war es viel zu fabelhaft. Ich hatte nie für Gefechte geschwärmt, und ich warf mich hin, als eine 8,8-cm-Granate neben der Straße einschlug. Ein Gefecht ist eine sehr laute Angelegenheit, und seit der Vormarsch zum Stillstand gekommen war, arbeiteten die Maquisards wie die Teufel. Sie brachten die Straße in Ordnung, die von den Panzern zu Brei zermalmt worden war. Sie achteten gar nicht auf das Gefecht, das rings um uns im Gang war. Sie füllten die Schlammlöcher mit Ziegelsteinen aus einem zerstörten Haus auf und mannten Mauerbrocken und Steinklumpen, von Hand zu Hand. Die ganze Zeit über regnete es stark, und als das Gefecht vorüber war, hatte die Division zwei Tote, fünf Verwundete und einen Panzer verloren, der ausgebrannt war. Sie hatten sieben feindliche Panzer zerstört und alle 8,8-cm-Geschütze zum Schweigen gebracht.

«C'est un bel accrochage», sagte der Chef der Maquisards strahlend zu mir. Das hieß ungefähr: «Wir haben sie ganz schön geschafft» oder «Wir sind ganz schön eingestiegen», wenn man nach einer genauen Übersetzung von *accrochage* suchte. Man sagt es, wenn zwei Autos sich mit den Stoßstangen verhakt haben.

Ich rief zurück: «Großartig! Großartig!»

Ein junger französischer Lieutenant, der nicht so aussah, als ob er in seinem Leben schon in viele *accrochages* verwickelt gewesen wäre, der aber von mir aus auch schon an Hunderten teilgenommen haben kann, sagte zu mir: «Wer, zum Teufel, sind Sie? Und was haben Sie hier zwischen unseren Einheiten zu suchen?»

«Monsieur», gab ich zur Antwort, «ich bin Berichterstatter.»

Der Lieutenant rief: «Lassen Sie keinen Kriegsberichterstatter durch, ehe die Division passiert hat, und lassen Sie besonders diesen hier nicht durch!»

«Okay, mon Lieutenant», sagte der Militärpolizist. «Ich werde sie im Auge behalten.»

«Und lassen Sie keinen von diesem Maquis-Mob durch, verstanden?» befahl der Lieutenant. «Keiner geht weiter, ehe die Division durch ist.»

«*My Lieutenant*, der Mob wird aus Ihrem Gesichtskreis zurückgenommen werden, sobald diese kleine *accrochage* vorüber und die Division weitergezogen ist», sagte ich.

«Was meinen Sie mit – diese kleine *accrochage*», forderte er mich, und ich befürchtete, daß Feindseligkeit in seiner Stimme aufkeimen könnte.

Da wir mit der Division nicht weiter mitmarschieren durften, zog ich mich an dieser Stelle zurück und planschte die Straße hinunter zu einem Café. Zahlreiche Maquisards saßen schon darin, sangen und vertrieben sich die Zeit mit einem hübschen spanischen Mädchen aus Bilbao, die ich das letzte Mal kurz vor der Stadt Cognières gesprochen hatte, auf unserer berühmten zweigleisigen und recht ungewissen Patrouille. Cognières war die Stadt gewesen, die wir jedesmal erobert hatten, wenn sich eines der deutschen Fahrzeuge zurückgezogen hatte, und jedesmal, wenn wir abgefahren waren, waren sie zurückgekehrt. Dieses Mädchen war hinter Kriegen und vor Soldaten hergezogen, seit ihrem fünfzehnten Jahr, und den Maquisards war die *accrochage* sowieso ganz gleichgültig.

Einer der Résistance-Chefs, genannt C., sagte: «Trinken Sie einen Schluck von dem Weißwein. Er ist ausgezeichnet.»

Ich nahm einen langen Zug aus der Flasche. Dabei stellte sich heraus, daß es ein stärkeres Getränk war, nach Apfelsine schmeckte und Grand Marnier hieß.

Ein Verwundeter wurde auf einer Bahre zurückgetragen. «Guckt», sagte ein Maquisard, «dieses Militär hat andauernd Verluste. Warum erlauben sie uns nicht, in vernünftiger Weise vor ihnen her zu fahren?»

«Okay, okay», sagte ein anderer Maquisard in einer amerikanischen Arbeitsuniform mit der Armbinde der *francs-tireurs*. «Was war mit den Genossen, die gestern auf der Straße umgekommen sind?»

Ein anderer sagte: «Aber heute kommen wir noch nach Paris.»

«Laßt uns umdrehen und sehen, ob wir über Le Christ de Saclay durchkommen können», sagte ich. «Die Ordnung ist ausgebrochen, und sie werden uns nicht durchlassen, ehe die Division vorbei ist. Die Straße ist zu zerfahren und schlammig hier. Mit den leichten Autos kommen wir durch, aber der Lastwagen könnte einbrechen und alles aufhalten.»

«Wir könnten einen Seitenweg nehmen», sagte der Chef der Maquisards, der C. hieß. «Seit wann haben wir hinter Divisionen her zu fahren?»

«Ich denke, das beste ist, wir fahren zurück bis Châteaufort», sagte ich. «Vielleicht kommen wir auf dieser Strecke viel schneller voran.»

An der Kreuzung vor Châteaufort begegneten wir Colonel B. und Commander A., die von uns abgekommen waren, ehe wir in die *accrochage* gelaufen waren. Wir erzählten ihnen von dem großartigen Gefecht auf der Chaussee oben. Die Artillerie im Weizenfeld war immer noch am Schießen, und die beiden ritterlichen Offiziere hatten in einem Farmhaus etwas zu essen bekommen. Französische Soldaten der Division waren dabei, die Munitionskästen der Artillerie zu verbrennen, und wir zogen unser nasses Zeug aus und trockneten es am Feuer. Gefangene Deutsche strömten heran, und ein Offizier der Division bat uns, die Maquisards loszuschicken und einen Trupp Deutsche aus dem Weizenfeld zu holen, die sich grad ergeben hatten. Sie brachten sie in militärischer Ordnung ein, und die Gefangenen lebten und waren wohlauf.

«Das ist schwachsinnig, *mon Capitaine*», sagte der älteste der Maquisards. «Jetzt muß sie jemand ernähren.»

Die Gefangenen berichteten, sie wären aus den Schreibstuben in Paris und erst um ein Uhr in der Nacht in die Stellungen gebracht worden.

«Nehmen Sie ihnen das ab?» fragte der älteste Maquisard.

«Es kann sein», sagte ich. «Gestern waren sie noch nicht hier.»

«Dieser ganze militärische Unsinn kotzt mich an», sagte der älteste der Maquisards. Er war einundvierzig und hatte ein schmales, scharfes Gesicht mit klaren blauen Augen. Er lächelte wenig, aber es war ein hübsches Lächeln. «Elf von unserer Gruppe sind von diesen Deutschen gefoltert und erschossen worden», sagte er. «Sie haben mich geschlagen und getreten, und sie hätten mich umgelegt, wenn sie gewußt hätten, wer ich war. Jetzt haben wir sie zu bewachen, vorsichtig und hochachtungsvoll.»

Ich sagte: «Es sind nicht eure Gefangenen. Das Militär hat sie gemacht.»

Der Regen ging über in einen leichten, treibenden Dunst, und dann klarte der Himmel auf. Die Gefangenen wurden mit dem großen deutschen Lastwagen nach Rambouillet zurückgeschickt, den sich der Chef der Maquisards gerade aus den Fahrzeugkolonnen herausziehen wollte. Wir hinterließen Nachricht bei dem Militärpolizisten an der Kreuzung, wo der Lastwagen wieder zu uns stoßen könne, und fuhren hinter der Division her. Wir holten die Panzer, die an beiden Seiten der Straße Versailles–Paris vorgingen, ein und fuhren zwischen ihnen in ein tiefes Waldtal ein und in ein Wiesengelände, wo ein altes Schloß stand. Wir sahen zu, wie sich die Panzerrudel wieder entwickelten – wie Schäferhunde, die einen Zug von Schafen begleiten. Eine Zeitlang hatten sie da vorn gekämpft, während wir zurückgefahren waren, um zu sehen, ob die Straße über Le Christ de Saclay frei sei, und wir hatten einen ausgebrannten deutschen Panzer und drei tote deutsche Soldaten gesehen. Einer war überfahren worden und plattgewalzt, was keine Zweifel hinsichtlich des Gewichts der Panzer offenließ, wenn sie nur in der richtigen Weise verwendet wurden.

Die Division marschierte auf der Hauptstraße Versailles–Villacoublay weiter, über den zerschossenen Flugplatz hinaus und bis zu der Kreuzung von Porte Clamart. Während die Fahrzeuge hier hielten, kam ein Franzose gelaufen und rief, ein kleiner deutscher Panzer sei auf der Straße, die in den Wald führte. Ich suchte die Straße mit dem Fernglas ab, konnte aber nichts entdecken. Inzwischen hatte das deutsche Fahrzeug, das kein Panzer war, sondern ein leicht gepanzerter Wagen mit einem Maschinengewehr und einem 2-cm-Geschütz, im Wald umgedreht und kam die Straße wieder heraufgejagt. Er beschoß dabei die Kreuzung. Alle fingen an, auf ihn zu schießen, aber er machte wieder kehrt und verschwand von neuem im Wald. Archie Pelkey, mein Fahrer, schoß zweimal nach ihm, war aber nicht sicher, ob er getroffen hatte. Wir hatten zwei Verwundete. Wir trugen sie hinter das Haus an der Kreuzung, wo sie verbunden wurden. Die Maquisards waren ganz glücklich, daß die Schießerei wieder losgegangen war.

«Wir haben noch schöne Arbeit vor uns. Ein schönes Stück Arbeit haben wir vor uns», sagte der Maquisard mit dem scharfen Gesicht und den hellblauen Augen. «Ich bin ganz froh, daß noch ein paar von diesen Schweinehunden in der Gegend sind.»

«Denken Sie, daß wir noch viele Möglichkeiten haben, uns zu schlagen?» fragte der Maquisard, der C. hieß.

Ich sagte: «Sicherlich. Es müssen doch noch welche in der Stadt sein.»

Mein eigenes Kriegsziel war zur Zeit, nach Paris hineinzukommen, ohne etwas abzukriegen. Wir waren zu lange weg gewesen. Paris mußte jetzt fallen. Ich ging in Deckung bei den ganzen Straßenkämpfen – die beste Deckung, die zu haben war –, möglichst noch mit jemandem, der hinter mir die Stufen absicherte, wenn wir in Häusern waren oder in den Eingängen von Mietskasernen.

Von jetzt an sah man, daß die Division vorankam. Vor uns lag eine Barrikade aus gefällten Bäumen. Die Panzer umfuhren sie oder stießen sie beiseite wie die Elefanten. Man konnte sehen, wie die Tanks eine Sperre aus alten Autos auf die Hörner nahmen und zerquetschten und die Stoßstangen in den Ketten zermalmten und durch den Schrott voranpreschten. Diese Panzerfahrzeuge, die zwischen Hecken so empfindlich und verwundbar waren und eine Beute für jede Panzerabwehrkanone, Bazooka oder jeden, der keine Angst vor ihnen hatte, walzten alles platt wie eine Herde betrunkener Elefanten ein Eingeborenendorf. Vor uns und auf unserer linken Seite brannte ein deutsches Munitionslager, und die Flakgranaten explodierten mit unaufhörlichem buntfarbigem Gekrach. Die 2-cm-Munition explodierte poppend. Die schweren Granaten krepierten, als die

Hitze zunahm, und es sah aus, als würde etwas bombardiert. Ich konnte Archie Pelkey nicht mehr sehen. Als ich ihn später wiederfand, stellte sich heraus, daß er zu dem brennenden Depot gelaufen war, weil er dachte, es fände ein Gefecht statt.

«Aber es war keiner da, Papa», sagte er. «Es war bloß ein Haufen Munition, der brannte.»

«Geh nicht mehr allein weg», sagte ich. «Wie willst du wissen, ob wir nicht weiterfahren wollen.»

«Okay, Papa. Tut mir leid, Papa. Ich verstehe, Papa. Bloß, Mr. Hemingway, ich war mit *frère* dort, der mein Bruder ist. Er hat gesagt, dort schössen sie.»

«Ach verdammt, du bist auch verdorben von den Maquisards.»

Wir fuhren die Straße, wo die Munition krepierte, mit Archie, der hellrote Haare hat, sechs Jahre reguläre Dienstzeit, vier Worte Französisch, vorn eine Zahnlücke und einen *frère* unter den Maquisards, und lachten über den Krawall, den die dicken Dinger machten, als sie explodierten.

«Da gehn sie hoch, Papa!» schrie er. Sein Sommersprossengesicht strahlte, vollkommen glücklich. «Sie sagen, daß Paris eine ziemliche Stadt ist, Papa. Waren Sie mal dort?»

«O ja.»

Jetzt ging's bergab. Die Straße kannte ich, und ich wußte, was wir sehen würden in der nächsten Kurve.

«*Frère* hat mir was erzählt darüber, als wir nicht weiterkamen, aber ich habe es nicht ganz mitbekommen», sagte Archie. «Ich habe nur verstanden, daß es ein verdammtes Ding sein muß und daß er nach *Paname* wolle. Hat die Gegend hier etwas mit Panama zu tun?»

«Nein, Archie», sagte ich. «Die Franzosen nennen ihre Stadt nur so, wenn sie sie sehr lieben.»

«Ach so», sagte Archie. «*Compris*. Genauso, wie man ein Mädchen manchmal nicht mit seinem richtigen Namen nennt. Stimmt das?»

«Genauso.»

«Ich konnte verdammt nicht mitkriegen, was *frère* da sagte», sagte Archie. «Aber es wird so sein, wie wenn sie mich Jim nennen. Alle in dem Haufen nennen mich Jim, und mein Name ist doch Archie.»

«Sie mögen dich vielleicht.»

«Sind gute Kerle», sagte Archie. «Der beste Haufen, den ich je erlebt habe. Keine Disziplin, das gebe ich zu, und die ganze Zeit die Trinkerei. Auch zugegeben. Aber schlagen tun sie sich. Und keiner schert sich darum, ob einer umkommt oder nicht. *Compris?*»

«Ja», sagte ich. Ich konnte im Moment jetzt nicht mehr sagen. Ich hatte etwas Komisches im Hals und mußte mir die Brille wischen, denn jetzt lag die Stadt, die ich von allen in der Welt am meisten liebe, ausgebreitet unter uns, grau und schön wie immer.

(G. W. 10/214–248)

Erst im Jahre 1949 wendet Ernest Hemingway sich wieder dem Roman zu. Er hat die Zeit von September 1948 bis April 1949 in Norditalien verbracht. Er ist jetzt mit Mary Welsh verheiratet, einer amerikanischen Journalistin, die er als Korrespondent in London kennengelernt hat. Die Ehe mit Martha Gellhorn ist im Dezember 1945 geschieden worden. In Cortina d'Ampezzo beginnt er eine Erzählung, die die Italien-Erfahrung von 1918, die Kriegserlebnisse von 1944/45 und die jüngste Entdeckung von Venedig zusammenfassen soll. Daraus wird der im September 1950 erscheinende Roman Über den Fluß und in die Wälder (Across the River and Into the Trees).

Das kurze Buch schildert die drei letzten Lebenstage des zum Obersten degradierten ehemaligen Brigadegenerals Richard Cantwell. Fünfzig Jahre alt, schon vom Tode gezeichnet, reist er mit seinem Fahrer nach Venedig, um einer Einladung zur Entenjagd zu folgen und um die sehr junge Renata, eine Gräfin aus alter venezianischer Familie, zu treffen. Er verbringt mit ihr zwei Tage in Venedig und einen Tag auf der Entenjagd und stirbt dann im Rücksitz seines Wagens an einem Herzanfall, ohne daß sein Fahrer dessen gewahr wird. Die Meditationen des Helden über sein Leben, seinen nahen Tod und seine Liebe zu Renata zeigen, daß er befreit ist von dem Zwang, sich handelnd bewähren zu müssen; der Tod, den er in sich trägt, ist Bestandteil seines Lebens geworden. «Ich hoffe, sagte er sich, du gehörst nicht zu der Sorte, die sich über das, was ihnen zustößt, Sorgen macht, wenn nichts daran zu ändern ist.»

Die Kritik ist enttäuscht. Die Rezensionen veranlassen Evelyn Waugh zu einer Kritik der Kritiker. Er schreibt in Commonweal*: «Sie haben herablassend über ihn geschrieben und ihn lächerlich gemacht, und sie waren sich alle darüber einig, daß es einen großen Reinfall zu feiern gibt. Warum hassen sie ihn? Sie haben, glaube ich, in seinem Buch etwas gefunden, das sie ihm nicht verzeihen – Anstand und Gefühl. Hinter Hemingways Großmäuligkeit und dem Fluchen und den erhobenen Fäusten steckt ein simples Gefühl für Anstand und Höflichkeit, Respekt für Frauen, Mitleid mit den Schwachen, Ehrgefühl. So etwas paßt heutzutage einfach nicht, und deshalb verdammen sie sein Buch so laut und so selbstbewußt.»*

Trotz der unfreundlichen Aufnahme kommt Über den Fluß und in die Wälder *auf die Bestsellerliste.*

Im Januar 1950 schreibt Hemingway zwei venezianische Fabeln für Kinder, Die Geschichte vom lieben Löwen (The Fable of the Good Lion) *und* Der treue Stier (The Faithful Bull).

Die Geschichte vom lieben Löwen

Es war einmal ein Löwe, der lebte in Afrika bei all den anderen Löwen. Die anderen Löwen waren ohne Ausnahme böse Löwen und fraßen jeden Tag Zebras und Kuh-Antilopen und überhaupt jede Art von Antilopen. Manchmal fraßen die bösen Löwen auch Menschen. Sie fraßen Suahelis, Umbulus und Wandorobos, und ganz besonders gern fraßen sie indische Händler. Alle indischen Händler sind sehr dick und besonders köstlich für einen Löwen.

Aber dieser Löwe, den wir lieben, weil er so nett war, hatte Flügel auf dem Rücken.

Weil er Flügel auf dem Rücken hatte, machten sich alle anderen Löwen über ihn lustig.

«Seht euch den an, mit den Flügeln auf dem Rücken», sagten sie, und dann brüllten sie alle vor Lachen.

«Und seht euch mal an, was er frißt», sagten sie, denn der liebe Löwe fraß nur Spaghetti und Scampi, weil er so lieb war.

Die bösen Löwen brüllten dann vor Lachen und fraßen gleich noch einen indischen Händler, und ihre Löwenfrauen soffen sein Blut und machten dabei Schlapp Schlapp Schlapp wie große Katzen.

Darin hielten sie nur inne, wenn sie knurrend in Gelächter über den lieben Löwen ausbrachen und seine Flügel anfauchten. Es waren wirklich sehr böse und ungezogene Löwen.

Aber der liebe Löwe saß einfach da, faltete seine Flügel auf dem Rücken zusammen und fragte höflich, ob er einen Negroni oder Americano bekommen könne, denn so etwas trank er immer, nicht dagegen das Blut von indischen Händlern. Eines

Tages weigerte er sich, acht Massai-Rinder zu fressen, und aß nur ein paar *tagliatelli* und trank dazu ein Glas *pomodoro*.

Da wurden die bösen Löwen sehr zornig, und eine der Löwinnen, die böseste von allen, der es nie gelang, das Blut von indischen Händlern aus ihrem Schnurrbart zu entfernen, nicht einmal, wenn sie sich das Gesicht im Gras abrieb, sagte: «Wer bist du eigentlich, daß du glaubst, du seiest etwas so sehr viel Besseres als wir? Woher kommst du, du spaghettifressender Löwe? Was hast du hier überhaupt zu suchen?» Sie knurrte ihn an, und alle brüllten, aber nicht vor Lachen.

«Mein Vater lebt in einer großen Stadt, und da steht er unter dem Glockenturm und blickt auf tausend Tauben herab, die alle seine Untertanen sind. Wenn sie fliegen, klingt das wie ein reißender Fluß, so ein Lärm ist das. In der Stadt meines Vaters gibt es mehr Paläste als in ganz Afrika, und ihm gegenüber stehen vier große Pferde aus Bronze, und alle vier heben einen Fuß in die Luft, weil sie Angst vor ihm haben. In der Stadt meines Vaters gehen die Menschen entweder zu Fuß, oder sie fahren mit dem Boot, und kein echtes Pferd würde je wagen, die Stadt zu betreten, weil es solche Angst vor meinem Vater hat.»

«Dein Vater war ein lumpiger Vogel Greif», sagte die böse Löwin und leckte sich den Schnurrbart.

«Du bist ein Lügner», sagte einer der bösen Löwen. «So eine Stadt gibt es gar nicht.»

«Reiche mir ein Stück indischen Händler herüber», sagte ein anderer, ganz besonders böser Löwe. «Dieses Massai-Rind ist noch nicht richtig abgehangen.»

«Du bist ein Nichtsnutz, ein Lügner und der Sohn eines Greifen», sagte die böseste aller Löwinnen. «Und jetzt, glaube ich, werde ich dich umbringen und fressen, mit Haut und Haar, und die Flügel sowieso.»

Da bekam der liebe Löwe große Angst, denn er konnte ihre gelben Augen sehen, und er sah, wie sich ihr Schwanz auf und ab bewegte, und er sah das verkrustete Blut in ihrem Schnurrbart, und er roch ihren Atem, und der roch sehr schlecht, weil sie sich nie die Zähne putzte. Außerdem hatte sie noch Reste von indischem Händler unter den Klauen.

«Töte mich nicht», sagte der liebe Löwe. «Mein Vater ist ein edler Löwe, und er wurde stets respektiert, und alles, was ich gesagt habe, ist die lautere Wahrheit.»

In dem Augenblick sprang ihn die böse Löwin an. Aber er erhob sich mit seinen Flügeln in die Luft und flog einmal im Kreis über die bösen Löwen, die ihn alle anbrüllten und anstarrten. Er blickte hinunter und dachte: «Das sind ja richtige Wilde.»

Dann flog er noch eine Schleife, damit sie noch lauter brüllten. Dann trudelte er im Sturzflug ab, um der bösen Löwin in die Augen zu blicken; sie stellte sich auf die Hinterbeine und versuchte, ihn zu fangen. Aber sie verfehlte ihn mit ihren Klauen.

«Adiós», sagte er, da er als Löwe von Kultur ein wunderschönes Spanisch sprach. *«Au revoir»*, rief er ihnen in seinem beispielhaften Französisch zu.

Sie brüllten und knurrten in afrikanischem Löwendialekt.

Dann zog der liebe Löwe immer höhere Kreise und nahm Kurs auf Venedig. Er landete auf der Piazza, und alle freuten sich, als sie ihn sahen. Er erhob sich noch einmal kurz in die Lüfte, um seinen Vater auf beide Wangen zu küssen, und er sah, daß die Pferde immer noch den einen Fuß hoben, und die Basilika war so schön, schöner als eine Seifenblase. Der Campanile stand an seinem alten Platz, und die Tauben suchten für den Abend ihre Nester auf.

«Wie war Afrika?» sagte sein Vater.

«Sehr wild, Vater», antwortete der liebe Löwe.

«Nachts haben wir jetzt Straßenbeleuchtung», sagte sein Vater.

«Das habe ich bereits bemerkt», erwiderte der liebe Löwe, wie es sich für einen folgsamen Sohn gehört.

«Meine Augen leiden ein wenig darunter», gestand ihm sein Vater. «Wohin gehst du, mein Sohn?»

«In Harry's Bar», sagte der liebe Löwe.

«Dann richte doch Cipriani einen schönen Gruß aus und sage ihm, wegen der Rechnung käme ich in ein paar Tagen vorbei», sagte sein Vater.

«Ja, Vater», sagte der liebe Löwe, landete anmutig und ging auf seinen eigenen vier Pfoten in Harry's Bar.

Bei Cipriani hatte sich nichts verändert. All seine Freunde und Bekannten waren da. Er aber hatte sich durch seinen Afrika-Aufenthalt ein bißchen verändert.

«Einen Negroni, Signor Barone?» fragte Mr. Cipriani.

Aber der liebe Löwe war den weiten Weg von Afrika hierhergeflogen, und Afrika hatte ihn verändert.

«Haben Sie Sandwiches mit indischem Händler drauf?» fragte er Cipriani.

«Nein, aber ich kann welche besorgen.»

«Während Sie die besorgen lassen, machen Sie mir einen ganz trockenen Martini.» Und er fügte hinzu: «Mit Gordon's Gin.»

«Gern», sagte Cipriani. «Sehr gern sogar.»

Nun blickte der Löwe in die Runde und sah die Gesichter all der netten Leute, und er wußte, daß er zu Hause war, daß er aber auch die Welt bereist hatte. Er war sehr glücklich.

(1950)

5 Ich bin froh, daß wir nicht versuchen müssen, die Sterne zu töten

---

Der alte Mann und das Meer

Zwischen 1945 und 1947 hatte Hemingway in Abständen an einem Manuskript The Sea When Young *gearbeitet, das der erste Teil seines großen Buches ‹über das Meer› werden sollte. Im Dezember 1950 begann er mit dem zweiten Teil* The Sea When Absent. *Nachdem er innerhalb von nur sechs Wochen eine Geschichte über den Kampf eines alten Fischers mit einem riesigen Fisch geschrieben hatte (die noch ohne Titel war und die schon 1939 Teil eines geplanten Bandes mit Erzählungen hatte werden sollen, wegen der Arbeit an* Wem die Stunde schlägt *war sie aber nicht ausgeführt worden), machte er sich im März 1951 an die Arbeit am dritten Teil* The Sea in Being. *Den abschließenden vierten Teil sollte nun die neue Geschichte über den alten Fischer bilden. Allerdings kam er mit dem Buch über das Meer nicht zurecht.*

Neun Jahre nach seinem Tod, im Jahre 1970, kürzten und edierten seine Witwe Mary und sein Verleger Charles Scribner Jr. die ‹sea manuscripts› und veröffentlichten sie unter dem Titel Inseln im Strom (Islands in the Stream).

Der Hemingway-Biograph Kenneth S. Lynn referiert und kommentiert: «In diesem Buch gibt es Passagen, die beweisen, daß der älter-gewordene Hemingway immer noch schreiben kann wie der junge Hemingway. Die von Sonne und Gischt erfüllten ersten Seiten und dann die Beschreibung der Stunden dauernden vergeblichen Mühen eines der Söhne von Thomas Hudson, gegen einen großen Fisch die Oberhand zu behalten, zeigen im Bimini-*Teil das unerschöpfliche Vermögen des Autors, die Natur zu bannen»* (Lynn 538). *Der zweite Teil,* Kuba, *ist in der Hauptsache eine Bar-Szene in der* Floridita; *der dritte,* Auf See, *nimmt die Erlebnisse des Autors bei der U-Boot-Jagd auf.*

Ernest Hemingway selbst ließ nur den vierten Teil an die Öffentlichkeit gelangen. Er gab ihm den Titel Der alte Mann und das Meer (The Old Man and the Sea).

Der kubanische Fischer Santiago, der 84 Tage hintereinander erfolglos im Golf von Mexiko gefischt hat, in den ersten 40 Tagen begleitet von dem ihn bewundernden Jungen Manolin, fährt noch einmal hinaus. Als ein riesiger Fisch, länger als Santiagos Boot, am Köder anbeißt, beginnt ein zweitägiger Kampf, den der alte Mann in Erinnerung an vergangene Taten und in fortwährenden Selbstgesprächen mit dem Fischerjungen tapfer durchsteht. Er akzeptiert die Beute als ebenbürtigen Herausforderer. «‹Der Fisch ist auch mein Freund›, sagte er laut. ‹Ich hab noch nie einen solchen Fisch gesehen und auch nie von so einem gehört. Aber ich muß ihn töten. Ich bin froh, daß wir nicht versuchen müssen, die Sterne zu töten.›» *Aber der Fisch am Haken zieht das Boot immer weiter aufs Meer hinaus. Erst als das Tier erschöpft ist, scheint sich der Kampf zugunsten des alten Mannes zu wenden.*

«Ich werde mich bei der nächsten Wendung, wenn er rausschwimmt, ausruhen», sagte er. «Ich fühl mich viel besser. Noch zwei oder drei Wendungen, und ich werde ihn haben.»

Sein Strohhut saß ihm weit hinten auf dem Kopf, und die straff werdende Leine zog den alten Mann in die Plicht hinunter, als er fühlte, wie der Fisch wendete.

Arbeit du jetzt, Fisch, dachte er. Ich werde dich drillen, wenn du wendest.

Die See war wesentlich bewegter. Aber es war eine Schönwetterbrise, und die brauchte er, um nach Hause zu kommen.

«Ich werde einfach nach Süden und Westen steuern», sagte er. «Auf See ist ein Mann nie verloren, und die Insel ist groß.»

Bei der dritten Wendung sah er den Fisch zum erstenmal.

Er sah ihn zuerst als dunklen Schatten, der so lange brauchte, um unter dem Boot hindurchzukommen, daß er es kaum glauben konnte.

«Nein», sagte er. «So groß kann er nicht sein.»

Aber er war so groß, und nach Beendigung dieses Kreises kam er noch keine dreißig Meter weit entfernt an die Oberfläche, und der alte Mann sah seinen Schwanz aus dem Wasser ragen. Er war größer als ein großes Sensenblatt und ganz hell lavendelfarben über dem dunkelblauen Wasser. Er fiel zurück, und da der

Fisch dicht unterhalb der Oberfläche schwamm, konnte der alte Mann seinen riesigen Umfang und die violetten Streifen, die ihn umgürteten, sehen. Seine Rückenflosse war angelegt, und seine riesigen Bauchflossen waren weit gespreizt.

Bei diesem Kreis konnte der alte Mann das Auge des Fisches sehen und die zwei grauen Saugfische, die um ihn herumschwammen. Manchmal schlossen sie sich ihm an. Manchmal schossen sie fort. Manchmal schwammen sie leicht in seinem Schatten. Sie waren jeder über drei Fuß lang, und wenn sie schnell schwammen, schnellten sie wie Aale ihren ganzen Körper vorwärts.

Der alte Mann schwitzte jetzt, aber noch von etwas anderem als von der Sonne. Bei jeder ruhigen, gelassenen Wendung, die der Fisch machte, gewann er Leine, und er war sicher, daß er nach zwei weiteren Wendungen eine Chance haben würde, seine Harpune in ihn hineinzustoßen.

Aber ich muß ihn ganz, ganz dicht dran haben, dachte er. Ich darf nicht auf den Kopf zielen, ich muß das Herz treffen.

«Sei ruhig und stark, alter Freund», sagte er.

Beim nächsten Kreis war der Rücken des Fisches draußen, aber er war ein wenig zu weit vom Boot entfernt. Beim nächsten Kreis war er noch zu weit entfernt, aber er war höher aus dem Wasser heraus, und der alte Mann war sicher, daß er nur noch etwas Leine hereinbekommen mußte, um ihn längsseits zu kriegen.

Er hatte seine Harpune lange vorher aufmontiert, und ihre Rolle von dünnem Tau war in einem runden Korb, und das Ende war in der Beting in der Plicht befestigt.

Der Fisch kam jetzt, als er seinen Kreis beschrieb, ruhig und wunderschön aussehend heran, und nur sein großer Schwanz bewegte sich. Der alte Mann zog, so stark er konnte, um ihn näher heranzuholen. Einen Augenblick lang legte sich der Fisch ein wenig um auf die Seite. Dann richtete er sich auf und begann einen neuen Kreis.

«Ich hab ihn gedreht», sagte der alte Mann. «Eben hab ich ihn gedreht.»

Jetzt fühlte er sich wieder schwindlig, aber er hielt den großen Fisch, soweit er konnte, im Druck. – Ich hab ihn gedreht, dachte er. Vielleicht kann ich ihn diesmal herüberlotsen. Zieht, Hände, dachte er. Steht mir bei, Beine. Halt durch, Kopf. Halt durch. Du hast mich nie im Stich gelassen. Diesmal werde ich ihn herumkriegen.

Aber als er eine Riesenanstrengung machte – er begann damit, lange bevor der Fisch längsseits kam – und mit allen Kräften zog, legte sich der Fisch etwas seitwärts und richtete sich dann auf und schwamm davon.

«Fisch», sagte der alte Mann. «Fisch, du mußt sowieso sterben. Mußt du mich auch töten?»

Auf diese Art ist gar nichts gewonnen, dachte er. Sein Mund war zu trocken, um zu sprechen, aber er konnte jetzt nicht nach der Wasserflasche greifen. – Diesmal muß ich ihn längsseits kriegen, dachte er. Viele Wendungen kann ich nicht mehr aushalten. Doch, du kannst, sagte er zu sich. Du kannst ewig aushalten.

Bei der nächsten Wendung hatte er ihn beinahe. Aber wieder richtete sich der Fisch auf und schwamm langsam davon.

Du tötest mich, Fisch, dachte der alte Mann. Aber dazu bist du berechtigt. Niemals habe ich etwas Größeres und Schöneres oder Ruhigeres oder Edleres gesehen als dich, Bruder. Komm nur und töte mich. Mir ist es gleich, wer wen tötet.

Jetzt wirst du wirr im Kopf, dachte er. Du mußt einen klaren Kopf behalten. Behalt einen klaren Kopf und sieh zu, daß du es wie ein Mann erträgst. Oder wie ein Fisch, dachte er.

«Komm klar, Kopf», sagte er mit einer Stimme, die er kaum hören konnte. «Komm klar, Kopf.»

Noch zweimal geschah dasselbe bei den Wendungen. Ich versteh es nicht, dachte der alte Mann. Ihm war jedesmal beinahe schwarz vor den Augen geworden. – Ich versteh es nicht. Aber ich werde es noch einmal versuchen.

Er versuchte es noch einmal, und er fühlte, wie ihm schwarz vor Augen wurde, als er den Fisch herüberzwang. Der Fisch richtete sich auf und schwamm, den großen Schwanz durch die Luft schwenkend, langsam wieder davon.

Ich versuche es noch einmal, sprach sich der alte Mann Mut zu, obwohl seine Hände jetzt zerquetscht waren und er nur noch ab und zu richtig sehen konnte.

Er versuchte es noch einmal, und es war dasselbe. – Also, dachte er, und er fühlte, daß ihm schwindlig wurde, bevor er anfing, ich werde es noch einmal versuchen.

Er faßte all seinen Schmerz zusammen und was von seiner Kraft übrig war und seinem lang dahingeschwundenen Stolz, und er setzte es gegen den Todeskampf des Fisches, und der Fisch drehte sich auf die Seite und schwamm ruhig auf der Seite, und sein Schnabel berührte beinahe die Planken des Bootes, und er begann, langsam im Wasser an dem Boot vorbeizuziehen, lang, tief, breit, silbern und violett gestreift und ohne Ende.

Der alte Mann ließ die Leine fallen und setzte seinen Fuß darauf und hob die Harpune, so hoch wie er konnte, und stieß sie mit aller Kraft und frischer Kraft, die er gerade aufgebracht hatte, in die Seite des Fisches hinein, gerade hinter der großen Brustflosse, die hoch in die Luft bis zur Brusthöhe des Mannes stand. Er fühlte, wie das Eisen hineinging, und er lehnte sich darauf und trieb es weiter, und dann stieß er mit seinem ganzen Gewicht nach.

Nun wurde der Fisch lebendig, als er den Tod in sich spürte, und sprang hoch aus dem Wasser empor und zeigte seine ungeheure Länge und Breite und seine ganze Macht und Schönheit. Er schien über dem alten Mann in dem Boot in der Luft zu hängen. Dann fiel er krachend ins Wasser, so daß Schaum über den alten Mann und über das ganze Boot spritzte.

Dem alten Mann war schwindlig und übel, und er konnte nicht recht sehen, aber er entwirrte die Harpunenleine und ließ sie langsam durch seine wunden Hände laufen, und als er sehen konnte, sah er, daß der Fisch mit seinem silbernen Bauch nach oben, auf dem Rücken lag. Der Schaft der Harpune ragte in einem Winkel aus der Schulter des Fisches hervor, und die See verfärbte sich durch das Rot vom Blut seines Herzens. Zuerst war es dunkel wie eine Untiefe in dem blauen Wasser, das mehr als eine Meile tief war. Dann breitete es sich wie eine Wolke aus. Der Fisch war silbrig und bewegungslos und trieb mit den Wellen.

Der alte Mann blickte in der flüchtigen Vision, die er hatte, aufmerksam um sich. Dann schlug er die Harpunenleine zweimal um die Beting unter der Plicht und legte den Kopf auf die Hände.

«Daß nur mein Kopf klar bleibt», sagte er gegen das Holz des Bugs. «Ich bin ein müder alter Mann. Aber ich habe diesen Fisch getötet, der mein Bruder ist, und jetzt kommt noch die ganze Plackerei.»

Jetzt muß ich die Schlingen vorbereiten und das Tau, um ihn längsseits zu vertäuen, dachte er. Selbst wenn wir zwei wären und das Boot beim Laden voll Wasser kriegten und es ausschöpften, würde es ihn niemals fassen. Ich muß alles vorbereiten, ihn dann ranholen und ihn gut vertäuen und den Mast aufrichten und das Segel für die Rückfahrt setzen.

Er begann den Fisch heranzuholen, um ihn längsseits zu haben, damit er ihm eine Leine durch Kiemen und Maul ziehen und seinen Kopf am Bug festmachen konnte. – Ich möchte ihn sehen, dachte er, und ihn anfassen und ihn befühlen. Er ist mein ganzer Reichtum, dachte er. Aber deswegen will ich ihn nicht befühlen: Ich glaube, ich habe sein Herz gefühlt, dachte er. Als ich das zweite Mal gegen den Harpunenschaft stieß. Hol ihn jetzt heran und mach ihn fest und laß die Schlinge um seinen Schwanz gehen und eine zweite um seinen Rumpf, um ihn an das Boot zu binden.

«An die Arbeit, alter Freund», sagte er. Er trank einen sehr kleinen Schluck Wasser. «Jetzt gibt es eine Menge Plackerei, wo der Kampf vorüber ist.»

Er blickte in den Himmel hinauf und dann hinaus auf seinen Fisch. Er blickte abschätzend nach der Sonne. – Es ist nicht viel später als Mittag, dachte er. Und der Passatwind frischt auf. Die Leinen sind mir jetzt alle ganz egal. Der Junge und ich werden sie spließen, wenn wir zu Hause sind.

«Los, komm, Fisch», sagte er. Aber der Fisch kam nicht. Statt dessen lag er da und wälzte sich in den Wellen, und der alte Mann ruderte das Boot zu ihm heran.

Als er mit ihm auf gleicher Höhe war und der Kopf des Fisches gegen den Bug lag, konnte er einfach nicht glauben, daß er so groß war. Aber er löste die Harpunenleine von der Beting, zog sie durch die Kiemen des Fisches und durch seinen Rachen hinaus, machte eine Schlinge um sein Schwert, zog dann die

Leine durch die andere Kieme, machte eine zweite Schlinge um den Schnabel und befestigte die doppelte Leine an der Beting in der Plicht. Dann schnitt er die Leine durch und ging achtern, um den Schwanz anzuschlingen. Das ursprüngliche Violett und Silber des Fisches hatte sich in Silber verwandelt, und die Streifen zeigten dieselbe blaßviolette Farbe wie sein Schwanz. Sie waren breiter als eine Männerhand mit ausgespreizten Fingern, und das Auge des Fisches blickte so starr wie die Spiegel in einem Periskop oder wie ein Heiliger in einer Prozession.

«Es war die einzige Art, wie man ihn töten konnte», sagte der alte Mann. Seit dem Schluck Wasser fühlte er sich wohler, und er wußte, daß es nicht mit ihm zu Ende ging und daß sein Kopf klar war. – Er wiegt über fünfzehnhundert Pfund, so wie er ist, dachte er. Vielleicht viel mehr. Wenn er ausgenommen zwei Drittel davon wiegt, zu 30 Cents das Pfund?

«Dazu brauch ich einen Bleistift», sagte er. «So klar ist mein Kopf doch nicht. Aber ich glaube, der große DiMaggio würde heute stolz auf mich sein. Ich hatte keine Knochensporne. Aber der Rücken und die Hände taten furchtbar weh.» – Was wohl ein Knochensporn ist? dachte er. Vielleicht haben wir welche, ohne es zu wissen.

Er vertäute den Fisch am Bug, am Heck und an der mittleren Ducht. Er war so groß, als ob man ein viel größeres Boot längsseits festmachte. Er schnitt ein Stück Leine ab und schnürte den Unterkiefer des Fisches mit seinem Schnabel zusammen, damit sein Maul sich nicht öffnen konnte und sie mit möglichst geringem Widerstand segeln würden. Dann richtete er den Mast auf, und an dem Stock, der seine Gaffel war, und an seiner aufgetakelten Spiere füllte sich das geflickte Segel, und das Boot begann sich zu bewegen, und er segelte, im Heck halb liegend, südwestwärts.

Er brauchte keinen Kompaß, um zu wissen, wo Südwesten war. Er brauchte nur den Passatwind und das Ziehen seines Segels zu beobachten. Ich stecke wohl lieber eine kleine Angelschnur mit einem Blinker daran aus und seh zu, daß ich was zu essen bekomme. Aber er konnte keinen Blinker finden, und seine Sardinen waren verfault. Deshalb hakte er im Vorbeikommen ein Stückchen gelben Seetangs mit dem Fischhaken und schüttelte es, so daß die kleinen Garnelen, die darin waren, auf die Planken des Bootes fielen. Es waren mehr als ein Dutzend, und sie sprangen und stießen um sich wie Sandflöhe. Der alte Mann knipste mit Daumen und Zeigefinger ihre Köpfe ab und aß sie und lutschte die Schalen und die Schwänze aus. Sie waren sehr winzig, aber er wußte, daß sie nahrhaft waren, und sie schmeckten gut.

Der alte Mann hatte noch zwei Schluck Wasser in der Flasche, und er nahm einen halben, nachdem er die Garnelen gegessen hatte. Das Boot segelte gut, wenn man die Handicaps in Betracht zog, und er steuerte mit der Ruderpinne unter dem Arm. Er konnte den Fisch sehen, und er brauchte nur seine Hände zu betrachten und seinen Rücken gegen das Heck zu lehnen, um zu wissen, daß dies wirklich passiert war und er nicht träumte. Einmal, als ihm ziemlich zum Schluß so schlecht gewesen war, hatte er gedacht, vielleicht ist es ein Traum. Dann, als er den Fisch aus dem Wasser herauskommen und bewegungslos im Himmel hatte hängen sehen, bevor er fiel, wußte er, daß hier etwas ganz Seltsames geschah, und er konnte es nicht fassen. Dann konnte er nicht recht sehen, obwohl er jetzt so gut wie je zuvor sah.

Jetzt wußte er: der Fisch war da, und seine Hände und sein Rücken waren kein Traum. – Die Hände heilen schnell, dachte er. Ich habe sie ordentlich ausbluten lassen, und das Salzwasser wird sie kurieren. Das dunkle Wasser dieses Golfs ist das beste Heilmittel, das es gibt. Alles, was ich tun muß, ist einen klaren Kopf behalten. Die Hände haben ihre Arbeit getan, und wir haben gute Fahrt. Mit seinem geschlossenen Maul und seinem senkrecht aufgestellten Schwanz segeln wir wie Brüder. Dann wurde ihm ein bißchen wirr im Kopf, und er dachte: Bringt er mich rein oder bringe ich ihn rein? Wenn ich ihn im Schlepp hätte, wäre es gar keine Frage. Auch wenn der Fisch im Boot wäre, aller Würde bar, wäre es gar keine Frage. Aber sie segelten zusammen, aneinandergeseilt, und der alte Mann dachte: Soll *er* mich ruhig reinschleppen, wenn er gern möchte. Ich bin ihm nur durch meine Schliche überlegen, und er hat nichts Böses gegen mich im Sinn.

Sie machten gute Fahrt, und der alte Mann hielt seine Hände

im Salzwasser und suchte einen klaren Kopf zu behalten. Am Himmel standen hohe Kumulus- und über ihnen genügend Zirruswolken, so daß der alte Mann wußte, daß der Wind die ganze Nacht über anhalten würde. Der alte Mann blickte den Fisch unentwegt an, um sich zu vergewissern, daß es auch wahr sei. Es verging eine Stunde, ehe ihn der erste Hai anfiel.

Der Hai kam nicht zufällig. Er war von tief unten im Wasser heraufgekommen, als die dunkle Blutwolke sich gesetzt und in der meilentiefen See verteilt hatte. Er war so schnell heraufgekommen und so völlig ohne Vorsicht, daß er die Oberfläche des blauen Wassers durchbrach und in der Sonne war. Dann fiel er zurück in die See und nahm die Witterung auf und begann, auf dem Kurs zu schwimmen, den das Boot und der Fisch genommen hatten.

Manchmal verlor er die Witterung. Aber er nahm sie wieder auf, oder auch nur eine Andeutung davon, und er folgte der Fährte schnell und ohne Zögern. Es war ein sehr großer Makohai, der so schnell schwimmen konnte wie der schnellste Fisch im Meer, und alles an ihm war prachtvoll bis auf seinen Rachen. Sein Rücken war so blau wie der eines Schwertfischs, und sein Bauch war silbern und seine Haut war glatt und schön. Er war wie ein Schwertfisch gebaut bis auf seinen riesigen Rachen, der jetzt fest geschlosen war, als er schnell, eben unter der Wasseroberfläche, schwamm und seine hohe Rückenflosse ohne Schwanken das Wasser durchschnitt. Innerhalb der geschlossenen Lippen seines Rachens standen jede seiner acht Reihen Zähne schräg nach innen. Es waren nicht die gewöhnlichen, pyramidenartig geformten Zähne, wie sie fast alle Haie haben. Sie waren wie die Finger eines Mannes geformt, wenn sie sich wie Klauen zusammenkrallten. Sie waren beinahe so lang wie die Finger des alten Mannes und hatten an beiden Seiten rasiermesserscharfe, schneidende Kanten. Dies war ein Fisch, der sich von all den Fischen der See ernähren konnte, die so schnell und stark und gut bewaffnet waren, daß sie keinen anderen Feind hatten. Jetzt legte er Tempo zu, als er die frischere Spur bekam, und seine blaue Rückenflosse durchschnitt das Wasser.

Als der alte Mann ihn kommen sah, wußte er, daß dies ein Hai war, der überhaupt keine Furcht kannte und genau das tun würde, was ihm paßte. Er richtete die Harpune und befestigte die Leine, während er beobachtete, wie der Hai herankam. Die Leine war kurz, da das Stück fehlte, das er abgeschnitten hatte, um den Fisch festzuschnüren.

Der Kopf des alten Mannes war jetzt klar und frisch, und er war voller Entschlußkraft, aber er hatte wenig Hoffnung. – Es ging zu gut, um so zu bleiben, dachte er. Er warf einen Blick auf den großen Fisch, während er beobachtete, wie der Hai näher kam. – Es hätte genausogut ein Traum sein können, dachte er. Ich kann ihn nicht daran hindern, mich anzufallen, aber vielleicht kann ich ihn kriegen. *Dentuso*, dachte er. Unheil deiner Mutter!

Der Hai näherte sich schnell von achtern, und als er den Fisch anfiel, nahm der alte Mann das Aufsperren seines Rachens wahr und seine seltsamen Augen und das knackende Zuschnappen der Zähne, als er gerade oberhalb des Schwanzes in das Fleisch vorstieß. Der Kopf des Hais war über Wasser, und sein Rücken kam heraus, und der alte Mann konnte das Geräusch hören, wie Haut und Fleisch des großen Fisches zerrissen, als er die Harpune in den Kopf des Hais an einer Stelle einrammte, wo die Linie zwischen den Augen mit der Linie, die senkrecht von seiner Nase zurücklief, sich kreuzte. Es gab keine solchen Linien. Es gab nur den schweren, keilförmigen blauen Kopf und die großen Augen und das Knacken des angreifenden, alles verschlingenden Rachens. Aber dies war die Stelle, wo das Gehirn war, und der alte Mann traf es. Er traf es, als er mit seinen blutig gequetschten Händen seine gute Harpune mit aller Kraft hineinstieß. Er traf es, ohne Hoffnung, aber mit ganzer Feindseligkeit und Entschlußkraft.

Der Hai rollte herum, und der alte Mann sah, daß sein Auge leblos war, und dann rollte er noch einmal herum und verfing sich in zwei Schlingen der Leine. Der alte Mann wußte, daß er tot war, aber der Hai wollte es nicht wahrhaben. Da, auf dem Rücken mit schlagendem Schwanz und knackenden Kiefern, pflügte der Hai durch das Wasser wie ein Rennboot. Das Wasser war weiß, wo sein Schwanz es peitschte, und drei Viertel seines Körpers ragten klar aus dem Wasser heraus, als die Leine sich straffte, erbebte und dann riß. Der Hai lag kurze Zeit ruhig an der Oberfläche, und der alte Mann beobachtete ihn. Dann ging er sehr langsam unter.

«Er hat ungefähr vierzig Pfund abgefetzt», sagte der alte Mann laut. – Er hat auch meine Harpune genommen und die ganze Leine, dachte er, und jetzt blutet mein Fisch wieder, und es werden andere kommen.

Er mochte den Fisch nicht mehr ansehen, seit er verstümmelt war. Als der Hai den Fisch anfiel, war es, als ob er selbst angefallen würde.

Aber ich habe den Hai, der meinen Fisch angefallen hat, getötet, dachte er. Und er war der größte *dentuso*, den ich je gesehen habe. Und weiß Gott, ich habe große gesehen.

Es ging zu gut, um so zu bleiben, dachte er. Jetzt wünschte ich, es wäre ein Traum gewesen, und daß ich den Fisch nie angehakt hätte und daß ich allein im Bett auf den Zeitungen läge.

«Aber der Mensch darf nicht aufgeben», sagte er. «Man kann vernichtet werden, aber man darf nicht aufgeben.» Es tut mir aber doch leid, daß ich den Fisch getötet habe, dachte er. Jetzt kommt das Schlimmste, und ich hab nicht einmal die Harpune. Der *dentuso* ist grausam und fähig und stark und klug. Aber ich war klüger als er. Vielleicht nicht, dachte er. Vielleicht war ich nur besser bewaffnet.

«Denk jetzt nicht, alter Freund», sagte er laut. «Segle auf deinem Kurs und nimm's auf dich, wenn's kommt.»

Aber ich muß denken, dachte er. Weil das alles ist, was mir bleibt. Das und Baseball. Wie es wohl dem großen DiMaggio gefallen hätte, wie ich ihn ins Gehirn traf? Es war keine große Sache, dachte er. Das könnte jeder. Aber ob wohl meine Hände ein ebenso großes Handicap waren wie sein Knochensporn? Das kann ich nicht wissen. Mein Hacken hat mir niemals zu schaffen gemacht, bis auf das eine Mal, als der Stechrochen beim Schwimmen, wie ich auf ihn trat, hineingestochen hat und das Wadenbein paralysiert war und es unerträglich weh tat.

«Denk an irgend etwas Erfreuliches, alter Freund», sagte er. «Jede Minute bist du jetzt näher an zu Hause. Du segelst um vierzig Pfund leichter.»

Er wußte recht wohl, was geschehen konnte, sobald er den

inneren Teil des Stromes erreichte. Aber jetzt ließ sich nichts dagegen tun.

«Doch, läßt sich», sagte er laut. «Ich kann mein Messer an den Griff von einem der Riemen festbinden.»

Also tat er das, mit der Ruderpinne unter dem Arm und der Schot des Segels unter dem Fuß.

«Jetzt», sagte er, «bin ich immer noch ein alter Mann. Aber ich bin nicht unbewaffnet.»

Die Brise war jetzt frisch, und er kam gut voran. Er beobachtete nur den vorderen Teil des Fisches, und ein gut Teil seiner Hoffnung kehrte zurück.

Es ist dumm, nicht zu hoffen, dachte er. Außerdem glaube ich, es ist eine Sünde. Denk nicht an Sünde, dachte er. Du hast jetzt genug Probleme ohne Sünde. Außerdem verstehe ich nichts davon.

Ich verstehe nichts davon, und ich weiß nicht genau, ob ich daran glaube oder nicht. Vielleicht war es eine Sünde, den Fisch zu töten. Wahrscheinlich war es das, obwohl ich es tat, um mein Leben zu fristen und viele Leute damit zu ernähren. Aber dann ist alles eine Sünde. Denk jetzt nicht an Sünde. Dafür ist es viel zu spät, und es gibt Leute, die bezahlt werden, um das zu tun. Die sollen darüber nachdenken. Du bist geboren worden, um ein Fischer zu sein, wie der Fisch geboren wurde, um ein Fisch zu sein. San Pedro war ein Fischer ebenso wie der Vater von dem großen DiMaggio.

Aber er dachte gern über all die Dinge nach, in die er verwickelt war, und da es nichts zum Lesen gab und er kein Radio hatte, dachte er viel, und er dachte weiter über die Sünde nach. Du hast den Fisch nicht nur getötet, um dein Leben zu fristen und um ihn zum Essen zu verkaufen, dachte er. Du hast ihn aus Hochmut getötet, und weil du ein Fischer bist. Du hast ihn geliebt, als er am Leben war, und danach hast du ihn auch geliebt. Wenn du ihn liebst, ist es keine Sünde, ihn zu töten. Oder ist es dadurch schlimmer? «Du denkst zuviel, alter Freund», sagte er laut.

Aber den *dentuso* hast du gern getötet, dachte er. Er lebt von den lebenden Fischen wie du. Er ist kein Aasgeier oder einfach ein umherschwimmender Hunger wie mancher Hai. Er ist wunderschön und edel und hat vor nichts Angst.

«Ich habe ihn in Notwehr getötet», sagte der alte Mann laut. «Und ich habe ihn gut getötet.»

Außerdem, dachte er, tötet alles auf irgendeine Art alles andere. Fischen tötet mich und erhält mich auch am Leben. Der Junge erhält mich am Leben, dachte er. Ich darf mir nicht zuviel vormachen.

Er lehnte sich über Bord und riß ein Stück von dem Fischfleisch los, wo der Hai hineingestoßen hatte. Er kaute es und bemerkte die Qualität und den feinen Geschmack. Es war fest und saftig wie Fleisch, aber es war nicht rot. Es war nicht zähfaserig, und er wußte, daß es den höchsten Preis auf dem Markt erzielen würde. Aber es gab kein Mittel, seinen Geruch vom Wasser fernzuhalten, und der alte Mann wußte, daß eine sehr schlimme Zeit bevorstand.

Die Brise war stetig. Sie hatte ein wenig weiter nach Nordost gedreht, und er wußte, dies hieß, daß sie nicht abflauen würde. Der alte Mann blickte in die Weite vor sich, aber er konnte kein Segel sehen, noch konnte er den Rumpf oder den Rauch irgendeines Dampfers erblicken. Es gab nichts als die fliegenden Fische, die vor seinem Bug aufstiegen und nach beiden Seiten davonsegelten, und die gelben Flecken vom Golftang. Er konnte nicht einmal einen Vogel sehen.

Er war zwei Stunden gesegelt. Er ruhte im Heck und kaute hin und wieder ein Stückchen von dem Fleisch des Marlin und versuchte, sich auszuruhen und bei Kräften zu bleiben, als er den ersten der beiden Haie sah.

«Ay», sagte er laut. Dieses Wort läßt sich nicht übersetzen, und wahrscheinlich ist es einfach ein Geräusch, wie ein Mann es vielleicht unwillkürlich macht, wenn er fühlt, wie der Nagel durch seine Hand hindurch und ins Holz geht.

«Galanos», sagte er laut. Er hatte jetzt die zweite Flosse hinter der ersten herankommen sehen und hatte sie durch die braunen, triangelförmigen Flossen und die fegende Bewegung ihres Schwanzes als schaufelnasige Haie identifiziert. Sie hatten die Witterung aufgenommen und waren aufgeregt, und dumm vor Hunger verloren und fanden sie die Spur in ihrer Aufregung. Aber sie kamen die ganze Zeit über näher.

Der alte Mann machte die Schot fest und klemmte die Ruderpinne ein. Dann nahm er den Riemen hoch, an dem das Messer festgebunden war. Er hob ihn so leicht an, wie er konnte, weil seine Hände sich gegen die Schmerzen auflehnten. Er ließ ihn los und umschloß ihn leicht, um sie geschmeidig zu machen. Dann schloß er die Hände ganz fest um den Riemen, damit sie jetzt den Schmerz ertrugen und nicht nachher davor zurückzucken würden, und beobachtete, wie die Haie näher kamen. Jetzt konnte er ihre breiten, abgeflachten, schaufelförmigen Köpfe sehen und ihre breiten, weißendigen Brustflossen. Es waren widerliche Haifische, schlecht riechend, Aasgeier sowohl wie Killer, und wenn sie hungrig waren, würden sie nach einem Riemen oder nach dem Ruder eines Bootes schnappen. Dies war die Sorte Haie, die die Beine und Flossen der Schildkröten absäbelten, wenn die Schildkröten an der Oberfläche schliefen, und sie würden, wenn sie hungrig waren, einen Menschen im Wasser anfallen, selbst wenn er keinerlei Geruch von Fischblut oder Fischschleim an sich hatte.

«*Ay*», sagte der alte Mann. «*Galanos*, los, komm, *galanos*.»

Sie kamen. Aber sie kamen nicht, wie der Mako gekommen war. Der eine wendete und verschwand unter dem Boot, und der alte Mann konnte das Boot erbeben fühlen, während er an dem Fisch zerrte und riß. Der andere beobachtete mit seinen geschlitzten gelben Augen den alten Mann und näherte sich dann schnell mit seinen halbkreisförmigen, weit aufgerissenen Kiefern, um den Fisch dort anzufallen, wo er bereits zerbissen war. Die Linie zeigte sich deutlich oben auf seinem braunen Kopf und Rücken, wo das Gehirn ins Rückenmark übergeht, und der alte Mann stieß das Messer an dem Riemen in die Stelle, zog es heraus und stieß es dann von neuem hinein in die gelben, katzenartigen Augen des Hais. Der Hai ließ den Fisch los und glitt hinunter und verschlang, während er starb, was er abgefetzt hatte.

Das Boot schütterte immer noch, da der andere Hai den Fisch weiter zerstörte, und der alte Mann machte die Schot los, damit das Boot quer schwang, um den Hai darunter hervorzubringen. Als er den Hai sah, lehnte er sich über Bord und stieß nach ihm. Er traf nur Fleisch, und die Haut war hart gespannt, und er kriegte kaum das Messer hinein. Der Stoß tat nicht nur seinen

Händen weh, sondern auch seiner Schulter. Aber der Hai kam schnell heran mit dem Kopf über Wasser, und der alte Mann traf ihn direkt mitten auf seinen abgeflachten Schädel, als sein Maul aus dem Wasser kam und den Fisch berührte. Der alte Mann zog die Klinge zurück und stieß sie noch einmal genau in die gleiche Stelle. Der Hai hing noch immer mit festgebissenen Kiefern an dem Fisch, und der alte Mann durchbohrte sein linkes Auge. Der Hai hing immer noch da.

«Nein?» sagte der alte Mann, und er stieß die Klinge zwischen Wirbelsäule und Schädeldecke. Das war jetzt eine einfache Sache, und er spürte, wie die Knorpel sich spalteten. Der alte Mann drehte den Riemen um und steckte das Blatt zwischen die Kiefer des Hais, um sie aufzubrechen. Er drehte das Blatt hin und her, und als der Hai wegglitt, sagte er: «Los, *galano*, rutsch eine Meile tief runter. Geh, besuch deine Freundin, oder vielleicht ist es deine Mutter.»

Der alte Mann wischte die Klinge des Messers ab und legte den Riemen hin. Dann griff er nach der Schot, und das Segel füllte sich, und er brachte das Boot auf Kurs.

«Die haben bestimmt ein Viertel von ihm genommen und vom besten Fleisch», sagte er laut. «Ich wünschte, es wäre ein Traum, und ich hätte ihn nie angehakt. Es tut mir leid, Fisch. Dadurch ist alles verdorben.» Er hielt inne und mochte den Fisch jetzt nicht ansehen. Ausgeblutet und gewässert hatte er die Farbe von der Silberschicht eines Spiegels, aber seine Streifen waren noch zu sehen.

«Ich hätte nicht so weit hinausfahren sollen, Fisch», sagte er. «Deinetwegen und meinetwegen. Es tut mir leid, Fisch.»

Jetzt, sagte er zu sich selbst, untersuch mal das Seil am Messer und sieh nach, ob es durchschnitten ist. Dann bring deine Hand in Ordnung, weil noch mehr kommen wird.

«Ich wünschte, ich hätte einen Stein für das Messer», sagte der alte Mann, nachdem er das Seil am Griffende des Riemens untersucht hatte. «Ich hätte einen Stein mitnehmen sollen.» Du hättest eine Menge Dinge mitnehmen sollen, dachte er. Aber du hast sie nicht mit, alter Freund. Jetzt ist keine Zeit, um daran zu denken, was du nicht hast. Denk nach, was du mit dem, was da ist, tun kannst.

«Du gibst mir viele gute Ratschläge», sagte er laut. «Das hab ich satt.»

Er hielt die Ruderpinne unter dem Arm und hielt seine beiden Hände ins Wasser, während das Boot vorwärts fuhr.

«Gott weiß, wieviel dieser letzte genommen hat», sagte er. «Aber das Boot ist jetzt viel leichter.» Er wollte nicht an die verstümmelte Unterseite des Fisches denken. Er wußte, jeder der ruckartigen Stöße des Haies hatte abgerissenes Fleisch bedeutet und daß der Fisch jetzt für alle Haie eine Fährte so breit wie eine Landstraße durch die See zog.

Er war ein Fisch, um einen Mann den ganzen Winter über zu ernähren, dachte er. Denk nicht daran. Ruh dich nur aus und sieh zu, daß du deine Hände wieder in die Reihe kriegst, um das, was von ihm übrig ist, zu verteidigen. Der Blutgeruch von meinen Händen macht jetzt nichts aus mit all der Witterung im Wasser. Außerdem bluten sie auch nicht stark. Es ist nichts Wichtiges zerschnitten. Das Bluten bewahrt die Linke vielleicht vor dem Verkrampfen.

Woran kann ich jetzt denken? dachte er. An nichts. Ich darf an nichts denken und muß auf die nächsten warten. Ich wünschte, es wäre wirklich ein Traum gewesen, dachte er. Aber wer weiß? Es hätte auch gutgehen können.

Der nächste Hai, der kam, war ein einzelner schaufelnasiger. Er kam wie ein Schwein zum Trog, wenn ein Schwein eine so weite Schnauze hätte, daß man seinen Kopf hineinstecken könnte. Der alte Mann ließ zu, daß er den Fisch anfiel, und stieß dann das Messer am Riemen tief in sein Gehirn. Aber der Hai schnellte rückwärts, als er herüberrollte, und die Messerklinge zerbrach.

Der alte Mann setzte sich zum Steuern zurecht. Er beobachtete nicht einmal, wie der große Hai langsam im Wasser versank, zuerst in Lebensgröße sichtbar war, dann klein und dann winzig wurde. Das faszinierte den alten Mann immer. Aber jetzt beobachtete er es nicht einmal.

«Ich habe noch den Fischhaken», sagte er. «Aber er wird mir nichts nützen. Ich hab die zwei Riemen und die Pinne und die kurze Keule.»

Jetzt haben sie mich untergekriegt, dachte er. Ich bin zu alt, um Haie mit der Keule totzuschlagen. Aber ich will es versuchen, solange ich die Riemen und die kurze Keule und die Pinne habe.

Er hielt die Hände wieder ins Wasser, um sie zu kühlen. Es war Spätnachmittag geworden, und er sah nichts als die See und den Himmel. Der Wind wehte jetzt stärker als vorher, und er hoffte, daß er bald Land sehen würde.

«Du bist müde, alter Freund», sagte er. «Du bist innendrin müde.» Bis kurz vor Sonnenuntergang griffen die Haie nicht wieder an.

Der alte Mann sah die braunen Flossen die weite Fährte, die der Fisch im Wasser machen mußte, entlangkommen. Sie stöberten nicht einmal nach der Spur. Sie nahmen geraden Kurs auf das Boot zu und schwammen Seite an Seite.

Er klemmte die Ruderpinne ein, machte die Schot fest und langte unter das Heck nach der Keule. Es war ein Riemengriff von einem abgebrochenen Riemen, den man ungefähr auf zweieinhalb Fuß Länge abgesägt hatte. Wegen des Halts am Griff konnte er ihn nur mit einer Hand wirkungsvoll benutzen, und er packte ihn fest mit der rechten Hand und faßte noch einmal nach, während er beobachtete, wie die Haie herankamen. Es waren beides *galanos*.

Ich muß den ersten gut zupacken lassen und ihn auf die Spitze seiner Nase oder direkt über den Schädel hauen, dachte er.

Die beiden Haie kamen zusammen heran, und als er sah, wie der, der ihm zunächst war, den Rachen aufsperrte und die Zähne in die silberne Seite des Fisches grub, hob er die Keule hoch und ließ sie schwer und krachend auf den breiten Kopf des Haies hinuntersausen. Er fühlte den elastischen Widerstand, als die Keule aufschlug. Aber er fühlte auch die Festigkeit des Knochens, und er traf den Hai noch einmal schwer auf die Spitze seiner Nase, als er von dem Fisch abglitt.

Der andere Hai war dagewesen und wieder fortgeschwommen und kam jetzt mit weitgeöffnetem Rachen von neuem heran. Der alte Mann konnte Fleischstücke von dem Fisch sehen, die weiß aus den Winkeln seines Rachens heraushingen, als er auf den Fisch losging und die Kiefer schloß. Der alte Mann schlug auf ihn los und traf nur den Kopf, und der Hai blickte ihn an und zerrte das Fleisch los. Der alte Mann schlug noch einmal mit der Keule auf ihn los, als er wegglitt, um es herunterzuschlingen, und traf nur etwas Schweres, Festes, Gummiartiges.

«Los, komm, *galano*», sagte der alte Mann. «Los, komm noch mal.»

Der Hai jagte heran, und der alte Mann traf ihn, als er die Kiefer schloß. Er traf ihn mit aller Wucht und von so weit oben, wie er die Keule heben konnte. Diesmal fühlte er den Knochen an der Schädelbasis, und er schlug noch einmal auf dieselbe Stelle, während der Hai leicht betäubt das Fleisch losfetzte und von dem Fisch hinunterglitt.

Der alte Mann wartete darauf, daß er noch einmal kommen würde. Aber keiner der beiden Haie zeigte sich. Dann sah er einen an der Oberfläche kreisen. Die Flosse des anderen sah er nicht.

Ich konnte nicht damit rechnen, sie zu töten, dachte er. Früher hätte ich es gekonnt. Aber ich habe ihnen tüchtig weh getan, und keiner von beiden kann sich sehr wohl fühlen. Wenn ich meinen Schläger mit beiden Händen hätte benutzen können, hätte ich den ersten bestimmt totgeschlagen. Selbst jetzt, dachte er.

Er mochte den Fisch nicht ansehen. Er wußte, daß er zur Hälfte vernichtet war. Die Sonne war untergegangen, während er mit den Haien gekämpft hatte.

«Bald wird es dunkel sein», sagte er. «Dann müßte ich den Lichtschein von Havanna sehen. Wenn ich zu weit ostwärts bin, werde ich das Licht von dem einen oder anderen neuen Strand sehen.»

Ich kann jetzt nicht mehr allzu weit draußen sein, dachte er. Hoffentlich hat sich keiner zu sehr gesorgt. Natürlich ist nur der Junge da, der sich Sorgen machen kann. Aber ich weiß, daß er an mich glaubt. Viele von den älteren Fischern werden sich Sorgen machen. Viele andere auch, dachte er. Ich wohne in einer guten Stadt.

Er konnte nicht mehr mit dem Fisch sprechen, weil der Fisch zu arg verstümmelt war. Dann kam ihm eine Idee.

«Halber Fisch», sagte er, «Fisch, der du gewesen bist. Es tut mir leid, daß ich zu weit hinausgefahren bin. Ich habe uns beide erledigt. Aber wir haben viele Haie getötet, du und ich, und viele andere erledigt. Wie viele hast du im ganzen getötet, Fisch? Du hast das Schwert da an deinem Kopf nicht umsonst.»

Er dachte gern an den Fisch und wie er einen Hai zurichten könnte, wenn er frei umherschwimmen würde. Ich hätte den Schnabel abhacken sollen, um sie damit zu bekämpfen, dachte er. Aber ich hatte keine Axt und kein richtiges Messer.

Aber wenn ich's getan hätte und den Schnabel an einen Riemengriff gebunden hätte, was für eine Waffe! Dann hätten wir sie zusammen bekämpfen können. Was wirst du jetzt tun, wenn sie in der Nacht kommen? Was kannst du tun?

«Sie bekämpfen», sagte er. «Ich werde sie bekämpfen, bis ich tot bin.»

Aber jetzt im Dunkeln und ohne Lichtschein und ohne Lichter und nur mit dem Wind und dem gleichmäßigen Ziehen des Segels hatte er das Gefühl, daß er vielleicht bereits tot sei. Er legte beide Hände aneinander und fühlte seine Handflächen. Sie waren nicht tot, und er konnte einfach, indem er sie öffnete und schloß, den Schmerz des Lebens hervorrufen. Er lehnte den Rücken ins Heck und wußte, daß er nicht tot war. Seine Schultern sagten es ihm.

Ich hab noch all die Gebete, die ich versprochen habe, wenn ich den Fisch fange, dachte er. Aber ich bin zu müde, um sie jetzt zu sagen. Ich hol lieber den Sack und leg ihn mir über die Schultern.

Er lag im Heck und steuerte und wartete darauf, daß sich der Lichtschein am Himmel zeigen würde. – Ich habe die Hälfte von ihm, dachte er. Vielleicht habe ich Glück und bringe die vordere Hälfte nach Hause. Etwas Glück sollte ich haben. Nein, dachte er. Du hast dein Glück verscherzt, als du zu weit hinausgefahren bist.

«Sei nicht albern», sagte er laut, «und bleib wach und steuere. Du kannst noch viel Glück haben.

Ich würde gern etwas kaufen, falls es irgendwo verkauft wird», sagte er.

Womit könnte ich es kaufen? fragte er sich selbst. Könnte ich es mit einer verlorenen Harpune und einem zerbrochenen Messer und zwei wunden Händen kaufen?

«Vielleicht», sagte er. «Du hast versucht, es mit vierundachtzig Tagen auf See zu kaufen. Man hat es dir auch beinahe dafür verkauft.»

Ich darf keinen Unsinn denken, dachte er. Glück ist etwas, das in vielen Formen kommt, und wer kann es erkennen? Ich würde jedoch etwas in jeder Form nehmen und bezahlen, was man verlangt. Ich wünschte, ich könnte den Schein der Lichter sehen, dachte er. Ich wünsche zu viele Sachen. Aber das ist die Sache, die ich mir jetzt wünsche. Er versuchte, es sich beim Steuern etwas bequemer zu machen, und durch seine Schmerzen wußte er, daß er nicht tot war.

Er sah den Widerschein von den Lichtern der Stadt, als es wohl so ungefähr zehn Uhr abends sein mußte. Zuerst waren sie nur wahrnehmbar wie die Helle am Himmel, ehe der Mond aufgeht. Dann sah man sie stetig jenseits der Ozeans, der jetzt durch den zunehmenden Wind stürmisch bewegt war. Er steuerte in den Lichtschein hinein und dachte, daß er jetzt bald den Rand des Stromes erreichen müßte. – Jetzt ist es vorbei, dachte er. Sie werden mich vielleicht noch einmal anfallen. Aber was kann ein Mann im Dunkeln ohne Waffe gegen sie tun?

Er war jetzt steif und wund, und seine Verletzungen und all die geschundenen Stellen an seinem Körper schmerzten in der Kälte der Nacht. – Hoffentlich brauche ich nicht noch mal zu kämpfen, dachte er. Ich hoffe so sehr, daß ich nicht noch mal zu kämpfen brauche.

Aber um Mitternacht kämpfte er, und diesmal wußte er, daß der Kampf zwecklos war. Sie kamen in einem Rudel, und er konnte nur die Linien sehen, die ihre Flossen im Wasser machten, und ihr Phosphoreszieren, als sie sich auf den Fisch stürzten. Er schlug mit seiner Keule auf Köpfe ein und hörte ihre Kiefer zuhacken und spürte das Beben des Bootes, als sie sich festbissen. Er schlug mit seiner Keule verzweifelt auf das los, was er nur hören und fühlen konnte, und er fühlte, wie etwas die Keule packte und sie weg war.

Er zerrte die Pinne vom Ruder und schlug und hackte mit ihr drauflos, hielt sie in beiden Händen und ließ sie wieder hinuntersausen. Aber sie kamen jetzt bis zum Bug, und einer nach dem andern und alle zusammen jagten heran und rissen die Fleischstücke los, die sich leuchtend in der See abhoben, als sie wendeten, um zurückzukommen.

Einer stieß schließlich gegen den Kopf selbst, und der alte Mann wußte, daß es nun vorbei war. Er schwang die Pinne über den Schädel des Hais, wo die Kiefer in der Zähigkeit des Fischkopfes, der nicht zerreißen wollte, verfangen waren. Er schwang sie einmal und zweimal und noch einmal. Er hörte, wie die Pinne zerbrach, und er schlug ungestüm mit dem zersplitterten Ende auf den Hai ein. Er fühlte, wie es eindrang, und da wußte er, daß es scharf war, stieß er es zum zweitenmal hinein. Der Hai ließ los und rollte fort. Das war der letzte Hai von dem Rudel, der kam. Es gab nichts mehr für sie zu fressen.

Der alte Mann konnte jetzt kaum atmen, und er hatte einen merkwürdigen Geschmack im Mund. Es war kupferartig und süßlich, und im Augenblick hatte er Angst davor. Aber es war nicht viel davon.

Er spie in den Ozean und sagte: «Freßt das, *galanos*. Und träumt, daß ihr einen Mann getötet habt.»

Er wußte, daß er jetzt endgültig und unwiderruflich geschlagen war, und er ging ins Heck zurück und fand, daß das zersplitterte Ende der Pinne in die schmale Öffnung des Steuerrades gut genug hineinpaßte, um damit zu steuern. Er legte sich den Sack um die Schultern und brachte das Boot auf seinen Kurs. Er segelte jetzt unbeschwert, und er hatte weder Gedanken noch Gefühle irgendwelcher Art. Nichts ging ihn mehr an, und er segelte das Boot so gut und mit so viel Überlegung, wie er konnte, um seinen Heimathafen anzulaufen. In der Nacht fielen Haie das Gerippe an, wie jemand vor einer Tafel Krumen auflesen mag. Der alte Mann kümmerte sich nicht um sie, und kümmerte sich um nichts als sein Steuern. Ihm fiel nur auf, wie leicht und gut das Boot dahinsegelte, jetzt, als kein großes Gewicht an seiner Seite hing. Ein gutes Boot, dachte er. Das ist in Ordnung und hat keinen Schaden erlitten bis auf die Pinne. Die läßt sich leicht ersetzen.

Er konnte spüren, daß er jetzt innerhalb des Stroms war, und er konnte die Lichter der Strandkolonien längs des Ufers sehen. Er wußte jetzt, wo er war, und es war ein leichtes, nach Hause zu kommen.

Wenigstens der Wind ist unser Freund, dachte er. Dann fügte er hinzu, manchmal. Und die große See mit unseren Freunden und unseren Feinden. Und mein Bett, dachte er. Mein Bett ist mein Freund. Ja, mein Bett, dachte er. Das Bett wird wunderbar sein. Es ist einfach, wenn man geschlagen ist, dachte er. Ich wußte niemals, wie einfach es ist. Und was hat dich geschlagen? dachte er. «Nichts», sagte er laut. «Ich bin zu weit hinausgefahren.»

Als er in den kleinen Hafen hineinsegelte, waren die Lichter der *Terrace* aus, und er wußte, daß alle schliefen. Der Wind hatte ständig aufgefrischt und blies jetzt stark. Im Hafen jedoch war es ruhig, und er segelte auf das kleine Stückchen steinigen Strands unter den Felsen hinauf. Es war niemand da, um ihm zu helfen, deshalb stakte er das Boot so weit hinauf, wie er konnte. Dann stieg er aus und machte es an einem Felsblock fest.

Er nahm den Mast heraus und schlug das Segel um und band es fest. Dann schulterte er den Mast und begann hinaufzuklettern. Da erst wurde ihm die Tiefe seiner Müdigkeit bewußt. Er blieb einen Augenblick stehen und blickte zurück und sah in der Spiegelung der Straßenlaterne den großen Schwanz des Fisches hoch über das Heck des Bootes ragen. Er sah die nackte weiße Linie seines Rückgrats und die dunkle Masse des Kopfes mit dem hervorstechenden Schnabel und all die Nacktheit dazwischen.

Er begann wieder zu klettern, und oben fiel er hin und lag eine Weile da mit dem Mast über der Schulter. Er versuchte aufzustehen. Aber es war zu schwierig, und er saß da mit dem Mast auf der Schulter und blickte auf die Straße.

Eine Katze kam auf der anderen Seite vorbei und ging ihren Geschäften nach, und der alte Mann beobachtete sie. Dann beobachtete er nur noch die Straße.

Schließlich legte er den Mast hin und stand auf. Er hob den Mast auf und legte ihn sich über die Schulter und machte sich auf den Weg. Er mußte sich fünfmal hinsetzen, ehe er seine Hütte erreichte.

In der Hütte lehnte er den Mast gegen die Wand. Im Dunkeln fand er eine Flasche mit Wasser und trank einen Schluck. Dann legte er sich auf sein Bett. Er zog die Decke über seine Schultern und dann über seinen Rücken und seine Beine, und er schlief mit dem Gesicht auf den Zeitungen, mit ausgestreckten Armen und den Handflächen nach oben.

Er schlief, als der Junge am Morgen zur Tür hereinblickte. Es stürmte so heftig, daß die Treibnetzfischer nicht hinausfahren würden, und der Junge hatte lange geschlafen, und dann war er zur Hütte des alten Mannes gekommen, wie er jeden Morgen gekommen war. Der Junge sah, daß der alte Mann atmete, und dann sah er die Hände des alten Mannes, und er fing an zu weinen. Er ging sehr leise hinaus, um etwas Kaffee zu holen, und auf seinem Weg die ganze Straße hinunter weinte er.

Viele Fischer standen um das Boot herum und besahen sich, was an seiner Seite vertäut war, und einer stand mit aufgerollten Hosen im Wasser und maß das Skelett mit einem Stück Leine.

Der Junge ging nicht hinunter. Er war schon vorher dort gewesen, und einer der Fischer kümmerte sich für ihn um das Boot.

«Wie geht's ihm?» rief einer der Fischer.

«Schläft», antwortete der Junge. Es war ihm gleich, daß sie ihn weinen sahen. «Daß keiner ihn stört.»

«Er war achtzehn Fuß vom Maul bis zum Schwanz», rief der Fischer, der ihn ausmaß.

«Das glaub ich», sagte der Junge. Er ging in die *Terrace* und ließ sich eine Kanne voll Kaffee geben.

«Heiß und mit ordentlich viel Milch und Zucker darin.»

«Noch irgendwas?»

«Nein. Nachher werde ich sehen, was er essen kann.»

«Was das für ein Fisch war», sagte der Besitzer. «Solch einen Fisch hat es überhaupt noch nie gegeben. Das waren auch zwei schöne Fische, die du gestern gefangen hast.»

«Zum Teufel mit meinen Fischen», sagte der Junge. Und er fing wieder an zu weinen.

«Möchtest du irgend etwas trinken?» fragte der Besitzer.

«Nein», sagte der Junge. «Sag ihnen, sie sollen Santiago nicht stören. Ich komm nachher noch mal.»

«Sag ihm, wie leid es mir tut.»

«Danke», sagte der Junge.

Der Junge trug die heiße Kaffeekanne zu der Hütte des alten Mannes hinauf und saß neben ihm, bis er aufwachte. Einmal sah es aus, als ob er aufwachen würde. Aber er fiel wieder in tiefen Schlaf, und der Junge ging quer über die Straße, um sich etwas Holz zu borgen, um den Kaffee aufzuwärmen.

Schließlich wachte der alte Mann auf.

«Setz dich nicht auf», sagte der Junge. «Trink das.» Er goß etwas Kaffee in ein Glas.

Der alte Mann nahm es und trank es.

«Sie haben mich geschlagen, Manolin», sagte er. «Sie haben mich wahrhaftig geschlagen.»

«*Er* hat dich nicht geschlagen. Der Fisch nicht.»

«Nein, wahrhaftig. Es war nachher.»

«Pedrico kümmert sich um das Boot und das Gerät. Was willst du, was soll mit dem Kopf geschehen?»

«Pedrico kann ihn zerhacken und ihn für Fischreusen benutzen.»

«Und das Schwert?»

«Behalt du das, wenn du es haben möchtest.»

«Ich möchte es haben», sagte der Junge. «Jetzt müssen wir unsere Pläne machen wegen der anderen Sache.»

«Hat man nach mir gesucht?»

«Natürlich. Mit Küstenschutz und Flugzeugen.»

«Der Ozean ist sehr groß, und ein Boot ist klein und schwer zu sehen», sagte der alte Mann. Er bemerkte, wie angenehm es war, jemand zum Unterhalten zu haben, anstatt nur mit sich selbst und der See zu reden. «Du hast mir gefehlt», sagte er. «Was hast du gefangen?»

«Am ersten Tag einen, am zweiten Tag einen und am dritten Tag zwei.»

«Sehr gut.»

«Jetzt gehen wir wieder zusammen fischen.»

«Nein. Ich hab kein Glück. Ich habe kein Glück mehr.»

«Zum Teufel mit dem Glück», sagte der Junge. «Ich werde das Glück mitbringen.»

«Was wird deine Familie sagen?»

«Das ist mir gleich. Gestern hab ich zwei gefangen. Aber jetzt fischen wir wieder zusammen, weil ich noch eine Menge zu lernen habe.»

«Wir müssen uns einen guten Speer zum Töten besorgen und

ihn immer an Bord haben. Du kannst die Klinge aus einer Blattfeder von einem alten Ford machen. Wir können sie in Guanabacoa schleifen. Sie muß scharf sein und nicht geglüht, damit sie nicht bricht. Mein Messer ist zerbrochen.»

«Ich werde ein neues Messer besorgen und die Feder schleifen lassen. Wie viele Tage wird die schwere *brisa* dauern?»

«Vielleicht drei, vielleicht mehr.»

«Ich werde alles fertig haben», sagte der Junge. «Krieg du deine Hände wieder in Ordnung, Alter.»

«Ich weiß, wie man sie kuriert. In der Nacht hab ich etwas Merkwürdiges ausgespien und hab gefühlt, daß etwas in meiner Brust zerbrochen ist.»

«Krieg das auch wieder in Ordnung», sagte der Junge. «Leg dich hin, Alter, und ich werde dir dein sauberes Hemd holen. Und etwas zu essen.»

«Bring Zeitungen mit von den Tagen, in denen ich weg war», sagte der alte Mann.

«Du mußt schnell gesund werden, denn es gibt viel, was ich lernen muß, und du kannst mir alles beibringen. Hast du viel ausgestanden?»

«Genug», sagte der alte Mann.

«Ich werde das Essen und die Zeitungen holen», sagte der Junge. «Ruh dich gut aus, Alter. Ich bring dir Zeugs aus dem Drugstore für deine Hände mit.»

«Vergiß nicht, Pedrico zu sagen, daß ihm der Kopf gehört.»

«Nein. Ich werde daran denken.»

Als der Junge zur Tür hinausging und den ausgetretenen Korallenfelsweg hinunter, weinte er wieder.

An jenem Nachmittag war eine Touristengesellschaft in der *Terrace*, und als sie zwischen den leeren Bierdosen und toten Barracudas ins Wasser blickte, sah eine Frau eine große lange weiße Wirbelsäule mit einem riesigen Schwanz am Ende, die sich mit der Flut hob und hin und her schwang, während der Ostwind außerhalb des Hafeneingangs eine hochgehende See aufwühlte.

«Was ist denn das?» fragte sie einen Kellner und zeigte auf das lange Rückgrat des großen Fisches, das jetzt einfach Abfall war und darauf wartete, mit der Ebbe hinausgeschwemmt zu werden.

«Tiburón», sagte der Kellner. «Ein Hai.» Er beabsichtigte hiermit zu erklären, was geschehen war.

«Ich wußte gar nicht, daß Haifische so schöne, wohlgeformte Schwänze haben.»

«Ich auch nicht», sagte ihr männlicher Begleiter.

Der alte Mann in seiner Hütte oben an der Straße schlief wieder. Er schlief immer noch mit dem Gesicht nach unten, und der Junge saß neben ihm und gab auf ihn acht. Der alte Mann schlief und träumte von den Löwen.

(G. W. 4/247–267) (1952)

Seinem verblassenden Ruhm hatte Ernest Hemingway mit Über den Fluß und in die Wälder *wieder aufzuhelfen gehofft, ein Versuch, der nicht gelungen war. Nach der Veröffentlichung von* Der alte Mann und das Meer *liest er in der Londoner* Sunday Times*: «Das Beste, was Hemingway je geschrieben hat.» Auch William Faulkner urteilt so: «Sein bestes Buch.» Eine Woche vor Erscheinen (im September 1952) bringt* Life *den ungekürzten Text in einer Nummer der Zeitschrift und verkauft innerhalb von zwei Tagen über fünf Millionen Exemplare. Die Buchhandelsausgabe steht 26 Wochen auf der Bestsellerliste, der* Book of the Month Club *druckt eine Erstauflage von 153 000.*

In einem Artikel in der Partisan Review *(November 1952) fragt Delmore Schwartz, wie wohl der Erfolg und die Ovationen für den Autor zu erklären seien. Man verlange offenbar danach, einen großen Schriftsteller weiter bewundern zu dürfen, und das allgemeine Lob lasse Untertöne von Erleichterung erkennen.*

Im Mai 1953 bekommt Hemingway den Pulitzerpreis. Im Oktober 1954 wird ihm der Nobelpreis für Literatur verliehen.

6 Wenn ich nicht mehr so leben kann, wie ich will

«Nachdem sich Hemingway vergewissert hat, daß das Franco-Regime ihm keine Schwierigkeiten wegen seiner Bürgerkriegsvergangenheit machen wird, reisen die Hemingways im Sommer 1953 in Spanien. Hemingway lernt bei Stierkämpfen in Pamplona und Valencia die neuen Starmatadore Antonio Ordóñez und Miguel Luis Dominguín kennen. Die Zeit vom August 1953 bis April 1954 verbringt man in Ostafrika. Bei einem Aussichtsflug in die Gegend der Victoriafälle muß der Pilot im Busch notlanden, wobei alle glimpflich davonkommen; bei der Rettung verunglückt aber das Ersatzflugzeug, und Hemingway wird schwer verletzt: Gehirnerschütterung, Schädelverletzungen, Verstauchungen, Wirbelquetschungen, Verbrennungen an Kopf und Armen, Leberriß, Nierenprellung. Die Verletzungen und ihre Folgen wird Hemingway nie ganz überwinden. In dem einen Jahr zwischen 1954 und 1955 altert Hemingway auffallend. Er arbeitet an mehreren Kurzgeschichten, die von seinen Kriegserlebnissen von 1944/45 angeregt sind. Vom Sommer 1956 bis Januar 1957 sind die Hemingways wieder in Europa, in Spanien und Paris. Dort, im Hotel Ritz, werden zwei Köfferchen mit Manuskripten Hemingways aus dem Jahre 1928 aufgefunden. Ausgehend von diesem Material, schreibt Ernest Hemingway vom Herbst 1957 bis Juli 1958 stetig an seinen Erinnerungsskizzen über das Leben im Paris der zwanziger Jahre. Sie bilden das 1964 postum veröffentlichte Paris – ein Fest fürs Leben (A Moveable Feast). *Außerdem beschäftigt er sich wieder mit dem Roman* The Garden of Eden, *dessen Kürzung ihm aber nicht mehr gelingt.»* (M. C. 371)

In Ketchum, Idaho, erwirbt er 1959 ein Haus mit weitem Ausblick auf den Big Wood River. Er jagt auf Fasane und Enten, ist noch immer ein sicherer Schütze und arbeitet an dem Paris-Buch und an The Garden of Eden.

Im Januar 1946 hatte Ernest Hemingway mit der Arbeit an diesem

Roman begonnen, in dem er, deutlicher als je zuvor, zeigen wollte, daß ‹männlich› und ‹weiblich› keine eindeutigen Kategorien sind. Er schrieb wie ein Besessener; im Juli umfaßte das Manuskript bereits 1000 Seiten. Im Frühjahr 1947 legte er das Buch unvollendet beiseite. Anfang der fünfziger Jahre hatte er sich wieder damit beschäftigt, aber erst im Frühjahr 1958 begann er mit systematischen Revisionen. Ende Juni waren achtundzwanzig Kapitel überarbeitet. Im September äußerte er, er sei mit der Arbeit fast fertig. Aber schon Ende des Jahres sprach er nicht mehr von diesem Buch.

1986 kam Der Garten Eden *postum heraus. Die vorhandenen 1600 Manuskriptseiten hatte der Scribner's-Lektor Tom Jenks «brillant und drastisch» (K. S. Lynn) gekürzt und eingerichtet, ohne etwas hinzuzufügen.*

Der Garten Eden

Der junge, erfolgreiche Schriftsteller David Bourne ist mit seiner jungen Frau Catherine in die Flitterwochen nach Le Grau du Roi gereist, das Fischerdorf an der französischen Riviera, in das Hemingway und Pauline nach ihrer Heirat im Jahre 1927 gefahren waren. Das Paar verbringt die Zeit am Strand, im Café, im Bett. Sie genießen alle Freuden einer jungen Ehe. Eines Tages fährt Catherine allein ins benachbarte Aigues Mortes, «weil ich mich verändern werde». *David wartet auf sie.*

Er stellte fest, daß er die *fine à l'eau* ausgetrunken hatte und der Nachmittag schon weit fortgeschritten war. Er bestellte sich noch eine und begann sich auf die Zeitung zu konzentrieren. Aber die Zeitung interessierte ihn nicht so, wie sie hätte sollen, und eben blickte er aufs Meer hinaus, auf dem schwer die Spätnachmittagssonne lag, als er sie ins Café kommen und mit ihrer kehligen Stimme sagen hörte: «Hallo, Darling.»

Sie trat rasch an den Tisch, setzte sich, hob das Kinn und sah ihn an mit ihren lachenden Augen und ihrem goldenen, mit winzigen Sommersprossen bedeckten Gesicht. Ihr Haar war kurz geschoren wie bei einem Jungen. Kompromißlos geschnitten. Es war zurückgebürstet, dicht wie immer, aber an den Seiten war es kurz, und ihre eng anliegenden Ohren lagen frei, und ihre lohfarbenen Stirnhaare waren kurz geschnitten und glatt nach hinten geschwungen. Sie drehte den Kopf, reckte ihre Brüste vor und sagte: «Küß mich bitte.»

Er küßte sie, betrachtete ihr Gesicht und ihre Haare und küßte sie noch einmal.

«Gefällt's dir? Fühl mal, wie weich. Fühl mal im Nacken», sagte sie.

Er fühlte im Nacken.

«Fühl mal an meinen Wangen und vor meinem Ohr. Streichel mit den Fingern darüber. Siehst du», sagte sie. «Das ist die Überraschung. Ich bin ein Mädchen. Aber jetzt bin ich auch ein Junge, und ich kann alles, alles, alles machen.»

«Setz dich zu mir», sagte er. «Was willst du haben, Bruder?»

«Oh, danke», sagte sie. «Ich nehm dasselbe wie du. Du siehst jetzt, was daran gefährlich ist, oder?»

«Ja. Sehe ich.»

«Aber war's nicht gut, daß ich es getan habe?»

«Kann sein.»

«Nicht kann sein. Nein. Ich hab darüber nachgedacht. Ganz genau nachgedacht. Warum sollen wir uns nach den Regeln anderer Leute richten? Wir sind wir.»

«Wir haben eine schöne Zeit verbracht, und von irgendwelchen Regeln habe ich nichts bemerkt.»

«Würdest du bitte noch mal mit der Hand darüber fahren.»

Er tat's und küßte sie.

«Ach, du bist lieb», sagte sie. «Und es gefällt dir. Ich merke es, ich spüre es. Du brauchst dich nicht gleich dafür zu begeistern, Hauptsache, es gefällt dir erst einmal.»

«Es gefällt mir», sagte er. «Und bei deiner schönen Kopfform machen sich die hübschen Wangenknochen ganz wunderbar.»

«An den Seiten gefällt es dir nicht?» fragte sie. «Da ist nichts künstlich oder imitiert. Es ist ein echter Jungenhaarschnitt, ich war nicht im Schönheitssalon.»

«Sondern?»

«Bei dem Friseur in Aigues Mortes. Der dir vor einer Woche die Haare geschnitten hat. Du hattest ihm gesagt, wie du es geschnitten haben wolltest, und ich habe ihn gebeten, meins genauso zu schneiden wie deins. Er war sehr nett und kein bißchen überrascht. Er war auch nicht irritiert. Er fragte: Genau wie deins? Und ich sagte: Genau so. Na, macht das keinen Eindruck auf dich, David?»

«Doch», sagte er.

«Dumme Leute werden es für seltsam halten. Aber wir müssen stolz sein. Ich bin gerne stolz.»

«Ich auch», sagte er. «Beginnen wir also, stolz zu sein.»

Sie saßen im Café und beobachteten die Spiegelung der untergehenden Sonne auf dem Wasser und sahen zu, wie sich die Dämmerung über den Ort senkte, und sie tranken *fine à l'eau*. Ohne unhöflich zu sein, kamen Leute am Café vorbei, um sich das Mädchen anzusehen – schließlich waren sie die einzigen Ausländer im Dorf und jetzt schon seit fast drei Wochen hier, und sie war eine große Schönheit und gefiel ihnen. Außerdem war da heute die Sache mit dem großen Fisch gewesen, wovon normalerweise viel geredet worden wäre, aber diese andere Geschichte war für das Dorf auch eine große Sache. Kein anständiges Mädchen in dieser Gegend hatte sich die Haare je so kurz schneiden lassen, und selbst in Paris war das etwas Seltenes und Ausgefallenes, und es konnte entweder schön aussehen oder ganz schlecht. Es konnte anrüchig wirken, bedeutete vielleicht aber auch nur die Vorführung einer schönen Kopfform, die auf keine andere Weise besser vorgeführt werden konnte.

(Eden 24–26)

Wenig später:

Im Zimmer war es dunkel, nur wenig Licht fiel von draußen herein. Es war kühl jetzt von dem leichten Wind, und das Decklaken war vom Bett gerutscht.

«Dave, es macht dir nichts, wenn wir zum Teufel gehen, oder?»

«Nein, Mädchen», sagte er.

«Sag nicht Mädchen zu mir.»

«Wo ich meine Hände habe, bist du ein Mädchen», sagte er. Er hielt ihre Brüste fest umklammert und machte seine Finger auf und zu, und zwischen seinen Fingern spürte er die harte steife Frische.

«Das ist bloß meine Mitgift», sagte sie. «Das Neue ist meine Überraschung. Fühl nur. Nein, laß sie. Die bleiben ja dran. Fühl meine Wangen und meinen Nacken. Ach, wie wunderbar und gut, wie sauber und neu sich das anfühlt. Bitte, David, lieb mich so, wie ich bin. Bitte, versteh mich und lieb mich.»

Er hatte die Augen geschlossen, und er spürte ihre lange leichte Last auf sich und wie ihre Brüste sich an ihn drängten und ihre Lippen auf seinen. Er lag da, und dann spürte er etwas, ihre

Hand hielt ihn, griff suchend tiefer, und er half mit seinen Händen und legte sich im Dunkeln zurück und dachte an gar nichts und spürte nur das Gewicht und etwas Merkwürdiges in seinem Innern, und sie sagte: «Jetzt kannst du nicht mehr unterscheiden, wer wer ist, oder?»

«Nein.»

«Du verwandelst dich», sagte sie. «Ja, das tust du. Ja. Ja, das tust du, und du bist mein Mädchen Catherine. Möchtest du dich verwandeln und mein Mädchen sein und dich von mir nehmen lassen?»

«Du bist Catherine.»

«Nein. Ich bin Peter. Du bist meine wundervolle Catherine. Du bist meine schöne reizende Catherine. Es war so nett von dir, dich zu verwandeln. Ah, danke, Catherine, vielen Dank. Bitte, versteh mich. Bitte, versuch mich zu verstehen. Ich will ewig mit dir schlafen.»

Am Ende waren sie beide völlig erschöpft und ausgepumpt, aber es war noch nicht vorbei. Sie lagen nebeneinander im Dunkeln, ihre Beine berührten sich, und ihr Kopf lag auf seinem Arm. Der Mond war aufgegangen, und es war etwas heller im Zimmer geworden. Sie ließ, ohne hinzusehen, forschend ihre Hand über seinen Bauch streichen und sagte: «Du hältst mich doch nicht für verdorben?»

«Natürlich nicht. Aber wie lange hast du eigentlich schon darüber nachgedacht?»

«Nicht die ganze Zeit. Aber ziemlich oft. Es war so lieb, daß du es zugelassen hast.»

Der junge Mann legte seine Arme um das Mädchen und drückte es fest an sich und spürte ihre reizenden Brüste an seiner Brust und küßte sie auf ihren lieben Mund. Er hielt sie fest an sich gepreßt, und in seinem Innern sagte er immer wieder Goodbye, Goodbye, Goodbye.

«Wir wollen ganz still und ruhig liegen und uns halten und an gar nichts denken», sagte er, und sein Herz sagte Goodbye, Catherine, Goodbye, mein reizendes Mädchen, Goodbye und viel Glück und Goodbye.

(Eden 27–29)

Auch David verändert Frisur und Haarfarbe. Schließlich sehen die beiden einander zum Verwechseln ähnlich. Nach kurzen Aufenthalten an der spanischen Küste und in Madrid kehren sie an die französische Mittelmeerküste nach La Napoule zurück. David, dessen erster Roman erfolgreich ist, beginnt zu schreiben.

Eine zierliche junge Frau, ein dunkler Typ, Marita, wie Catherine eine reiche Erbin, kommt in ihr Leben. Es dauert nicht lange, bis sie mit jedem der beiden Jungvermählten, dann mit beiden, in erotischen Beziehungen steht. Denn Marita ist «ein Mädchen und zugleich ein Junge». *Catherine zu verführen ist leicht, bei David bedarf es der Nachhilfe durch seine Frau. Es entwickelt sich eine ménage à trois nach verabredeten Spielregeln. Catherine allerdings beginnt sich zu verändern, sie hat merkwürdige Störungen.*

David arbeitet konzentriert an einer Kurzgeschichte über ein Erlebnis, das er als Kind mit seinem Vater in Afrika gehabt hat.

Als sie vom Strand zurückkamen, trafen sie Catherine im Garten.

«Ihr kommt also auch noch mal?» sagte sie.

«Ja», sagte David. «Das Schwimmen war schön. Du hättest mitkommen sollen.»

«Bin ich aber nicht», sagte sie. «Falls dich das überhaupt interessiert.»

«Wo bist du gewesen?» fragte David.

«Ich war in Cannes, geschäftlich», sagte sie. «Ihr kommt reichlich spät zum Mittagessen.»

«Tut mir leid», sagte David. «Möchtest du noch irgend etwas vor dem Essen?»

«Bitte entschuldige mich, Catherine», sagte Marita. «Bin sofort zurück.»

«Du trinkst immer noch vor dem Mittagessen?» fragte Catherine.

«Ja», sagte David. «Das wird wohl auch nichts ausmachen, wenn man sich körperlich fit hält.»

«In der Bar stand ein leeres Whiskeyglas, als ich reinkam.»

«Ja», sagte David. «Genaugenommen habe ich sogar zwei Whiskeys getrunken.»

«Genaugenommen», äffte sie ihn nach. «Was bist du heute so britisch?»

«Bin ich das?» sagte er. «Britisch komme ich mir gar nicht vor. Eher wie ein bescheuerter Tahitianer.»

«Ich meinte ja auch nicht, daß mir deine Aussprache auf die Nerven geht», sagte sie, «sondern deine Wortwahl.»

«Verstehe», sagte er. «Willst 'n Schnaps, bevor die Fressalien angekarrt werden?»

«Du brauchst nicht den Clown zu spielen.»

«Die besten Clowns reden nicht», sagte er.

«Niemand hat dich beschuldigt, der beste Clown zu sein», sagte sie. «Ja. Ich hätte gern einen Drink, falls es dir nicht zuviel Arbeit macht.»

Er machte drei Martinis, maß jeden einzeln ab und goß sie in den Krug mit den dicken Eisklumpen, dann rührte er um.

«Für wen ist der dritte?»

«Marita.»

«Dein Liebchen?»

«Mein was?»

«Dein Liebchen.»

«Also hab ich mich nicht verhört», sagte David. «Ich habe dieses Wort noch nie von jemandem sagen hören und inständig gehofft, es nie im Leben hören zu müssen. Du bist wirklich wunderbar.»

«Das ist ein völlig gebräuchliches Wort.»

«Stimmt schon», sagte David. «Aber daß jemand den schieren, nackten Mut besitzt, es im Gespräch zu gebrauchen. Sei bitte jetzt lieb, Teufel. Hättest du nicht sagen können: ‹Dein dunkles Liebchen›?»

Catherine sah weg, als sie ihr Glas hob.

«Und früher fand ich so'n Geplänkel mal amüsant», sagte sie.

«Willst du . . . ich meine, sollen wir uns nicht mal zusammenreißen?» fragte David.

«Nein», sagte sie. «Da kommt deine, wie auch immer du sie nennst, süß und unschuldig wie immer. Ich muß schon sagen, ich bin froh, daß ich sie vor dir hatte. *Liebe* Marita – sag mal, hat David heute gearbeitet, bevor er zu trinken begann?»

«Hast du, David?» fragte Marita.

«Ich habe eine Story zu Ende geschrieben», sagte David.

«Und ich nehme an, Marita hat sie schon gelesen?»

«Ja, das habe ich.»

«Sieh mal, ich habe noch nie eine Story von David gelesen. Ich mische mich nicht ein. Ich habe mich nur bemüht, es ihm ökonomisch möglich zu machen, so gut zu arbeiten, wie er kann.»

David nippte an seinem Drink und sah sie an. Sie war dasselbe wunderbar braune und schöne Mädchen wie immer, und das elfenbeinhelle Haar lag ihr wie ein Kopftuch auf der Stirn. Nur ihre Augen hatten sich verändert und ihre Lippen, die Dinge sagten, zu denen sie gar nicht fähig waren.

«Ich fand die Story sehr gut», sagte Marita. «Sie fing so fremdartig an und, wie sagt man, *pastorale*. Und dann wurde sie auf eine Weise, die ich nicht erklären kann, ganz schrecklich. Ich fand sie *magnifique*.»

«Nun ja –» sagte Catherine. «Französisch sprechen wir alle. Du hättest deinen Gefühlsausbruch auch gleich ganz auf französisch ablassen können.»

«Die Story hat mich tief bewegt», sagte Marita.

«Weil David sie geschrieben hat, oder weil sie wirklich erstklassig ist?»

«Beides», sagte das Mädchen.

«Nun», sagte Catherine, «steht dem dann irgendwas entgegen, daß ich diese außerordentliche Story auch mal zu Gesicht bekommen kann? Schließlich habe ich sie finanziert.»

«Was hast du?» fragte David.

«Vielleicht nicht direkt. Du hattest ja 1500 Dollar, als du mich geheiratet hast, und dieses Buch mit diesen ganzen verrückten Fliegern verkauft sich doch, nicht? Du sagst mir ja nie, wie gut. Aber ich habe trotzdem eine beträchtliche Summe dazugeschossen, und du mußt zugeben, du lebst, seit du mich geheiratet hast, in besseren Verhältnissen als vorher.»

Das Mädchen schwieg, und David sah dem Kellner zu, wie er den Tisch auf der Terrasse deckte. Er sah auf die Uhr. Es war etwa zwanzig Minuten vor der Zeit, zu der sie gewöhnlich zu Mittag aßen. «Ich würde gern reingehen und mich saubermachen, wenn ich darf», sagte er.

«Laß diese verdammte falsche Höflichkeit», sagte Catherine. «Warum kann ich die Story nicht lesen?»

«Sie ist bloß mit Bleistift geschrieben. Ich habe noch nicht mal eine Abschrift. In dem Zustand wirst du sie nicht lesen wollen.»

«Marita hat sie in diesem Zustand gelesen.»

«Dann lies sie nach dem Essen.»

«Ich will sie jetzt lesen, David.»

«Ehrlich, ich würde sie nicht vor dem Essen lesen.»

«Ist sie ekelhaft?»

«Die Story spielt vor dem Krieg 1914 in Afrika. In der Zeit des Maji-Maji-Kriegs. Der Eingeborenen-Aufstand anno 1905 in Tanganjika.»

«Ist mir neu, daß du historische Romane schreibst.»

«Laß es lieber sein», sagte David. «Die Story spielt in Afrika, als ich ungefähr acht Jahre alt war.»

«Ich will sie lesen.»

(Eden 200–204)

Eines Tages, sie kommen vom Schwimmen, begibt sich das folgende:

Sie zogen sich am Strand wieder an und kletterten, wobei David die Tasche mit den Strandsachen trug, rauf zu der Stelle, wo der alte Wagen unter den Pinien wartete. Sie stiegen ein, und David fuhr sie im Licht des frühen Abends zum Hotel zurück. Im Auto schwieg Catherine, und für einen zufälligen Passanten hätten die drei von irgendeinem Nachmittag an einem der einsamen Strände des Estérel zurückkommen können. Die Kriegsschiffe waren nicht mehr in Sicht, als sie in der Einfahrt aus dem Wagen stiegen; das Meer hinter den Pinien lag blau und still. Der Abend dieses Tags war genauso schön und klar wie der Morgen.

Sie gingen zum Eingang des Hotels, David brachte die Tasche mit den Strandsachen in den Lagerraum und stellte sie ab.

«Gib sie mir», sagte Catherine. «Sie müssen zum Trocknen aufgehängt werden.»

«Ach ja», sagte David. Er machte an der Tür des Lagerraums kehrt, ging raus und dann zu seinem Arbeitszimmer am anderen

Ende des Hotels. Dort machte er seinen großen Vuitton-Koffer auf. Der Stapel Hefte, in die er die Stories geschrieben hatte, war verschwunden. Ebenso die vier dicken Umschläge von seiner Bank, die die Zeitungsausschnitte enthalten hatten. Die Hefte mit seinem Bericht waren noch unversehrt da. Er verschloß den Koffer wieder und durchsuchte sämtliche Schubladen des Kleiderschranks und das ganze Zimmer. Er hatte nicht geglaubt, daß die Stories weg sein könnten. Er hatte nicht geglaubt, daß sie das tun könnte. Am Strand war ihm klar gewesen, daß sie es getan haben könnte, aber er hatte es für unmöglich gehalten und es nicht wirklich geglaubt. Sie hatten sich ruhig und umsichtig und beherrscht verhalten, so wie man gelernt hatte, sich in Gefahren oder Notlagen oder bei Katastrophen zu verhalten, aber er hatte es nicht für möglich gehalten, daß es wirklich passiert sein könnte.

Jetzt wußte er, daß es passiert war, dachte aber noch immer, daß es vielleicht ja nur ein häßlicher Scherz wäre. Leer und stumpf in seinem Innern machte er also den Koffer noch einmal auf und durchsuchte ihn, und nachdem er ihn wieder verschlossen hatte, durchsuchte er noch einmal das Zimmer.

Das war jetzt weder eine Gefahr noch eine Notlage. Sondern die reinste Katastrophe. Aber es konnte nicht sein. Sie muß sie irgendwo versteckt haben. Vielleicht im Lagerraum oder in ihrem Zimmer; oder sie könnte sie in Maritas Zimmer gebracht haben. Sie konnte sie doch nicht wirklich vernichtet haben. Niemand konnte einem Mitmenschen das antun.

Er konnte noch immer nicht glauben, daß sie es getan hatte, aber ihm war ganz schlecht, als er die Tür hinter sich abschloß.

Die beiden Mädchen saßen an der Theke, als David hereinkam. Marita sah zu ihm auf und merkte, was los war, und Catherine beobachtete ihn im Spiegel. Sie sah nicht ihn an, sondern nur sein Bild im Spiegel.

«Wo hast du sie hingetan, Teufel?» fragte David.

Sie drehte sich vom Spiegel weg und sah ihn an. «Sag ich dir nicht», sagte sie. «Ich hab sie gut versorgt.»

«Erzähl's mir doch bitte», sagte David. «Ich brauche sie nämlich unbedingt.»

«Nein, das stimmt nicht», sagte sie. «Sie waren nichts wert, und ich fand sie abscheulich.»

«Die über Kibo nicht», sagte David. «Kibo hat dir gefallen. Weißt du nicht mehr?»

«Der mußte auch weg. Eigentlich wollte ich ihn herausreißen und behalten, aber ich konnte ihn nicht finden. Und überhaupt ist er ja tot, hast du gesagt.»

Marita sah sie an, blickte dann weg, und sah sie wieder an: «Wo hast du sie verbrannt, Catherine?»

«Dir sag ich's auch nicht», sagte Catherine. «Du stehst schließlich auf seiner Seite.»

«Hast du sie zusammen mit den Zeitungsausschnitten verbrannt?» fragte David.

«Sag ich dir nicht», sagte Catherine. «Du redest mit mir wie ein Polizist oder Lehrer.»

«Sag's mir, Teufel. Ich will's ja bloß wissen.»

«Ich habe sie finanziert», sagte Catherine. «Ich habe das Geld für sie aufgebracht.»

«Ich weiß», sagte David. «Das war sehr großzügig von dir. Wo hast du sie verbrannt, Teufel?»

«Ihr sag ich's nicht.»

«Nein. Sag's nur mir.» – «Dann schick sie raus.»

«Ich muß sowieso gehen», sagte Marita. «Bis später, Catherine.»

«Schön», sagte Catherine. «Es war nicht deine Schuld, Erbin.»

David saß auf dem hohen Hocker neben Catherine, und sie sah im Spiegel zu, wie Marita den Raum verließ.

«Wo hast du sie verbrannt, Teufel?» fragte David. «Jetzt kannst du's mir sagen.»

«Sie würde es nicht verstehen», sagte Catherine. «Deswegen wollt ich, daß sie rausgeht.»

«Ich weiß», sagte David. «Wo hast du sie verbrannt, Teufel?»

«In dem durchlöcherten Eisenfaß, in dem Madame immer den Müll verbrennt», sagte Catherine.

«Ist alles verbrannt?»

«Ja. Ich habe aus einem *bidon* in der *remise* noch Öl draufgegossen. Es hat ordentlich geflackert, und alles ist verbrannt. Ich habe es für dich getan, David, und für uns alle.»

«Davon bin ich überzeugt», sagte David. «Ist alles verbrannt?»

«Und ob. Wir können rausgehen und nachsehen, wenn du willst, aber das ist überflüssig. Das ganze Papier ist verbrannt, und dann hab ich noch mit einem Stock darin rumgestochert.»

«Ich geh mal eben nachsehen», sagte David.

«Aber du kommst wieder», sagte Catherine.

«Sicher», sagte David.

Die Verbrennung hatte in dem Abfallverbrenner stattgefunden, einem ausgedienten, mit Löchern versehenen Fünfundfünfzig-Gallonen-Benzinfaß. Der Stock, mit dem sie in der Asche gerührt hatte und der an einem Ende frisch geschwärzt war, war ein alter Besenstiel, der auch schon vorher zu diesem Zweck benutzt worden war. Der *bidon* stand im Schuppen und enthielt Kerosin. In dem Faß waren wenige identifizierbare grüne Fetzen der Heftumschläge, und David fand verbrannte Zeitungsschnipsel und zwei verkohlte Stücke rosa Papier, die er als die von dem Zeitungsausschnittdienst *Romeike* benutzten identifizierte. Auf einem war noch die Datumszeile *Providence RI* zu erkennen. Die Asche war gut verrührt, aber es hätte sich zweifellos noch mehr unverbranntes oder nur angekohltes Material finden lassen, wenn ihm etwas daran gelegen hätte, das Ganze geduldig durchzusieben und zu untersuchen. Er zerriß das rosa Papier mit dem Aufdruck *Providence RI* in kleine Stücke und warf sie in das alte Benzinfaß, das er wieder aufrecht hingestellt hatte. Er überlegte, daß er nie in Providence, Rhode Island, gewesen war, und nachdem er den Besenstiel in den Schuppen zurückgebracht hatte, wo ihm auffiel, daß er sein Rennrad wieder mal aufpumpen müßte, ging er in die Küche, wo niemand war, und von dort in den Salon, wo er sich neben seine Frau Catherine an die Theke stellte.

«War's nicht genauso, wie ich gesagt habe?» fragte Catherine.

«Doch», sagte David, setzte sich auf einen Hocker und stützte die Ellbogen auf die Theke.

«Vielleicht hätte es gereicht, die Zeitungsausschnitte zu verbrennen», sagte Catherine. «Aber ich habe wirklich gedacht, ich sollte ganz reinen Tisch machen.»

«Na, das hast du ja geschafft», sagte David.

«Jetzt kannst du an deinem Bericht weiterarbeiten, und nichts wird dir dabei mehr im Weg stehen. Morgen früh kannst du anfangen.»

«Sicher», sagte David.

«Freut mich, daß du das so vernünftig siehst», sagte Catherine. «Du konntest ja nicht wissen, was für wertloses Zeug das war. Das mußte ich dir klarmachen.»

«Die mit Kibo, die dir gefallen hat, die hättest du nicht behalten können?»

«Ich sagte ja, daß ich danach gesucht habe. Aber wenn du sie neu schreiben willst, kann ich sie dir Wort für Wort auswendig vorsagen.»

«Das wird lustig.»

«Ja, bestimmt. Du wirst schon sehen. Soll ich sie dir gleich diktieren? Das können wir, wenn du willst.»

«Nein», sagte David. «Nicht jetzt gleich. Willst du's nicht lieber aufschreiben?»

«Ich kann nicht schreiben, David. Das weißt du. Aber diktieren kann ich sie dir jederzeit. Die andern sind dir doch schnuppe, oder? Die waren doch nichts wert.»

«Sag mal ehrlich, warum hast du das getan?»

«Um dir zu helfen. Du kannst nach Afrika fahren und sie noch mal schreiben, wenn deine Sicht ein wenig reifer geworden ist. Das Land kann sich ja nicht sehr verändert haben. Schöner fänd ich's allerdings, wenn du statt dessen über Spanien schreiben würdest. Du hast gesagt, das Land sei fast dasselbe wie Afrika. Nur hättest du dort den Vorteil einer zivilisierten Sprache.»

David schenkte sich einen Whiskey ein, nahm eine Flasche Perrier, hebelte sie auf und goß etwas davon ins Glas. Er erinnerte sich an den Tag, als sie in der Ebene auf dem Weg nach Aigues Mortes an dem Ort vorbeigekommen waren, wo das Perrier-Wasser abgefüllt wurde, und wie – «Reden wir nicht vom Schreiben», sagte er zu Catherine.

«Ich möchte aber», sagte Catherine. «Wenn es konstruktiv ist und einen vernünftigen Zweck verfolgt. Du hast immer so gut geschrieben, bis du mit diesen Stories angefangen hast. Am schlimmsten war der Schmutz, und die Fliegen, die Grausamkeit und Bestialität. Als ob du dich darin gesuhlt hättest. Gräßlich, diese Story über das Massaker in dem Krater, und was für ein herzloser Mann dein Vater war.»

«Müssen wir jetzt davon reden?» fragte David.

«Allerdings will ich davon reden», sagte Catherine. «Ich will, daß du begreifst, warum ich sie verbrennen mußte.»

«Schreib's mir auf», sagte David. «Ich möchte es jetzt lieber nicht hören.»

«Aber ich kann so was nicht aufschreiben, David.»

«Doch», sagte David.

«Nein. Aber ich werd's jemand vorsagen, der's aufschreiben kann», sagte Catherine. «Wenn du nett wärst, würdest du's für mich aufschreiben. Mit Vergnügen tätest du das, wenn du mich wirklich liebtest.»

«Das einzige, was ich will, ist dich umbringen», sagte David. «Und ich tue es nur deshalb nicht, weil du verrückt bist.»

«So darfst du nicht mit mir reden, David.»

«Nein?»

«Nein, das darfst du nicht. Das darfst du nicht. Hörst du nicht?»

«Ich höre.»

«Dann hör mir zu: so was darfst du nicht sagen. So was Schreckliches darfst du nicht zu mir sagen.»

«Ich höre», sagte David.

«So was darfst du nicht sagen. Das laß ich mir nicht gefallen. Ich werde mich von dir scheiden lassen.»

(Eden 282–288)

Catherine reist ab. Am Ende des Buches ist David mit Marita glücklich. Er kann wieder schreiben.

Die Veröffentlichung des Buches aus dem Nachlaß löste Diskussionen aus. Da war zunächst die Frage der Kürzungen. Eine amerikanische Rezensentin hatte sich das Originalmanuskript angesehen, und ihr Artikel in The New Republic *vom 9. März 1987 wurde in vielen, zumal in deutschen Kritiken ohne Quellenangabe benutzt; ihre subjektive Meinung gab man dabei als objektiven Befund aus. Ziemlich genau traf der Hemingway-Biograph Carlos Baker die Stimmung: «Die Leute werden sagen, man soll es nicht veröffentlichen – aber alle werden begierig sein, ein Stück davon zu sehen zu bekommen.»*

John Updike meinte: «Dieser Roman enthält Seiten, die zu dem besten gehören, was Hemingway je geschrieben hat. Was hier vorgelegt wurde, ist in sich geschlossen und abgerundet, und es gewährt uns eine tiefere Einsicht in des Autors Humanität und geistige Gesundheit – und geistige Gesundheit ist ein kompliziertes Ding –, als alles, was nach seinem Tode veröffentlicht wurde.»

Für Kenneth S. Lynn, dessen Hemingway *nach der Publikation von* Der Garten Eden *erschien, ergibt sich: «Die transsexuellen Phantasien in* Der Garten Eden *lassen es immerhin als möglich erscheinen, daß Hemingway nicht der Schriftsteller (oder der Mann) war, für den man ihn hielt. Vielleicht ist er von den Enthusiasten wie von seinen Verächtern falsch gelesen und falsch interpretiert worden. Vorsichtige Kritiker sagten, das Buch beweise eine neue Sensibilität des Autors. In Wirklichkeit war diese Sensibilität immer da. Von Anfang an haben die besten seiner Arbeiten sensiblere und kompliziertere Gefühle, über sich und die Welt, enthalten, als die stereotype Hemingway-Interpretation wahrhaben will.*

In einem Brief an Scott Fitzgerald aus dem Jahre 1934, in dem er einem Freund in Nöten einen Rat zu geben scheint, in dem er aber auch von sich selbst spricht, schrieb er: ‹Wir sind alle von Anfang an verflucht, und besonders Du mußt erst furchtbar verletzt werden, bevor Du ernsthaft schreiben kannst. Aber wenn Du diesen verdammten Schmerz fühlst, nutze ihn, und betrüge nicht damit. Sei damit so gewissenhaft wie ein Wissenschaftler.›

Hemingways Schmerz begann in der Kindheit und wuchs, bis Hemingway starb ... Seiner selbst unsicher bis zu schweren Angstzuständen, mußte er Geschichten schreiben, in denen er versuchte, die Unordnung in seinem Innern zu bannen, indem er fiktive Gegenwelten schuf ... Hemingway war ein von Alpträumen Gequälter voll innerer Konflikte. Aus dieser Qual entstanden Texte, die zur besten Prosa dieses Jahrhunderts gehören.» (Lynn 10/11)

«Von Mai bis Oktober 1959 leben die Hemingways in Spanien auf dem Besitz eines Freundes. Hemingway verfolgt den Wettbewerb zwischen den beiden Matadoren Miguel Luis Dominguín und Antonio Ordóñez. Er stürzt sich in die Fiesta von Pamplona. Mitte Oktober beginnt er mit großem Elan einen Bericht über diesen ‹gefährlichen Sommer›. In Ketchum und Havanna arbeitet er angestrengt daran weiter, bedarf jedoch der Hilfe von A. E. Hotchner (den «Eckermann des alternden Hemingway» nennt ihn Kenneth S. Lynn), das Manuskript so zu kürzen, daß es von Life *angenommen wird (September 1960). Dies ist Hemingways letzte literarische Arbeit. Eine längere Fassung aus dem Nachlaß erscheint unter dem Titel* Gefährlicher Sommer (The Dangerous Sommer) *1985 postum. Trotz seiner erkennbaren und auch ihm bewußten physischen und geistigen Erschöpfung besteht Hemingway darauf, auch in der Saison 1960 seinen Freund Antonio Ordóñez bei dessen Corridas zu begleiten. Bei seiner Ankunft in Madrid verfällt er aber in eine tiefe Depression, findet den Stierkampf sinnlos und korrupt, leidet an Schlaflosigkeit, Alpträumen, Angstzuständen, Schuldgefühlen, Gedächtnisausfällen. Auch nach der Rückkehr nach Ketchum im Oktober bessert sich die psychische Erkrankung nicht: Hemingway glaubt sich von Polizei, Steuerbehörden und dem FBI verfolgt. Ein Aufenthalt in der Mayo-Klinik in Rochester mit Elektroschockbehandlung bringt eine leichte Besserung. Nach der Entlassung und anfänglicher Aktivität versinkt er tiefer in seine Isolierung und schließt sich gegen die Umwelt ab. Er ist außerstande, einen Satz zu schreiben.» (M.C. 371/72)*

In ihrer Autobiographie Wie es war *erinnert sich Mary, wie Hemingway versucht, einen Widmungstext für die Kennedys zu schreiben:*

Nach dem Mittagessen setzte sich Ernest an den Tisch in der Ecke des Wohnzimmers, um die Widmung zu schreiben. Ich war in der Küche nebenan, wusch das Geschirr vom Mittagessen und machte ein paar kleine Vorbereitungen für das Abendessen, immer im Glauben, daß Ernest jeden Augenblick mit seiner Widmung fertig sein werde. Aber Ernest saß nach wie vor am Tisch, angespannt über seinen Bogen Papier gebeugt. Ich machte es mir auf dem Sofa bequem, um zu lesen. Ungefähr eine Stunde später fragte ich: «Kann ich dir irgendwie helfen, Lamm?»

«Nein, nein. Ich muß das selber schaffen.»

«Es brauchen aber doch nur ein paar Sätze zu sein, das weißt du doch.»

«Ich weiß. Ich weiß.» Etwas Beklemmendes ging von ihm aus, das Gefühl der Vergeblichkeit, Verzweiflung, und das ganze Zimmer war davon erfüllt. Schließlich ertrug ich die sich ausbreitende Spannung nicht mehr, entschuldigte mich und verließ das Haus, um einen langen Spaziergang zu machen.

Als ich dann später zurückkam, saß Ernest immer noch im Wohnzimmer über den Tisch gebeugt.

(. . .)

Im Lauf des März wurde er immer stiller und stiller, und sein Blick spiegelte immer mehr seine Geistesabwesenheit. Seine Sorge galt jetzt der Frage, ob wir durch einen längeren Aufenthalt in Idaho dort auch steuerpflichtig würden.

(. . .)

Ernest wollte . . . keine Besucher mehr sehen. Er verbrachte seine Vormittage stumm vor sich hin brütend am Schreibpult und seine Nachmittage, indem er ziellos im Haus herumirrte oder sich in seinem Zimmer ausruhte, ohne jedoch zu lesen. Kate Brown versuchte in ihrer lustigen, gutherzigen Art, ihn mit Dorfklatsch und Witzen aufzumuntern, wenn sie morgens ankam und er beim Frühstück saß. Ich las ihm alle Artikel aus Zeitungen oder Zeitschriften vor, die ich amüsant fand. Aber unser Leben glich mehr einem Dahinvegetieren, und unsere Lebensgeister schienen immer mehr zu verkümmern.

Es gab nur einen Zeitpunkt am Tag, zu dem Ernest gesprächig wurde, und zwar wenn ich abends mein Licht ausgemacht hatte, um zu schlafen. Dann stand er an der offenen Tür meines Zimmers und machte mir lange Vorhaltungen. Ich würde nicht begreifen, wie gefährlich es sei, in Idaho zu leben, wo wir steuerpflichtig würden, wenn wir länger als hundert Tage blieben. Ich würde ihm nicht bei der Suche nach einem Zufluchtsort helfen, wo er vor der Steuerbehörde sicher sei. Ich gäbe zuviel Geld für Lebensmittel aus. Während seines ganzen Aufenthalts im St. Mary's Hospital hätte ich mich nicht um ihn gekümmert. Wieso könne ich an diesem Abend fernsehen, wo wir doch in so großer Gefahr seien?

(M.W.H. 430–431)

Im April 1961 macht Ernest Hemingway zwei – vergebliche – Selbstmordversuche; ein neuer Aufenthalt in der Mayo-Klinik scheint eine Besserung seines Zustands zu bringen.

Am 2. Juli 1961 setzt Hemingway seinem Leben ein Ende. Er schießt sich mit einer Doppelflinte eine Ladung Schrot in den Mund. Zu A. E. Hotchner hatte er in den letzten Lebensjahren gesagt:

«Wenn ich nicht mehr so leben kann, wie ich will, ist es mir unmöglich zu leben. So habe ich immer gelebt, und so muß ich weiterleben – oder nicht.»

Hemingways Lebensdaten

1899 21. Juli: Ernest Miller Hemingway wird in der Kleinstadt Oak Park bei Chicago als zweites von fünf Kindern geboren. Sein Vater, der Arzt Dr. Clarence E. Hemingway, ist das, was die lokale Presse «a prominent citizen» nennt. Schon als Zweijähriger bekommt Ernest seine erste Angel, mit zehn besitzt er sein erstes Gewehr (bei täglicher Zuteilung von drei Patronen).

1913 Besuch der angesehenen High School in Oak Park. Er ist Mitglied im «story club» und schreibt mit siebzehn, von Jack London beeinflußt, erste Stories, die in Schülerzeitungen veröffentlicht werden.

1917–1918 Ausbildung beim *Kansas City Star* zum Reporter. 1958 sagt er dazu: «Beim *Star* mußte man einfache, klare Sätze schreiben.» Er arbeitet in der Lokalredaktion: «Ich machte die kleine Chronik, die sich mit dem Polizeikommissariat der 15. Straße, dem Bahnhof Union Station und dem Allgemeinen Krankenhaus befaßte.»

1918 April: Er meldet sich als Helfer beim Roten Kreuz, wird an der italienischen Front eingesetzt und im Juli schwer verwundet. Als er nach drei Monaten und zwölf Operationen aus dem Lazarett entlassen wird, meldet er sich zur italienischen Infanterie.

1919 Januar: Rückkehr als erster amerikanischer Verwundeter.

1920–1924 Artikel für den *Toronto Star* und die *Chicago Tribune*.

1921 Heirat mit Hadley Richardson. Er reist mit ihr als

Korrespondent des *Toronto Star* nach Europa und in den Nahen Osten.

1923 Sein erstes Buch: *Three Stories and Ten Poems*. Sohn John wird geboren.

1924 *In Our Time* (Stories). Die Ehe mit Hadley Richardson wird geschieden.

1926 In einer Auflage von 1250 Exemplaren erscheint sein erster Roman *The Torrents of Spring* (dt. *Die Sturmfluten des Frühlings*). Wenig später *The Sun Also Rises (Fiesta)*. Heirat mit der Schriftstellerin und Journalistin Pauline Pfeiffer.

1927 Die Stories *Men Without Women* (*Männer*, später: *Männer ohne Frauen*).

1928 Rückkehr in die USA, nach Key West, Florida. Geburt des Sohnes Patrick. Hemingways Vater bringt sich um. Der Roman *A Farewell to Arms (In einem andern Land)* erscheint mit großem Erfolg. Aufenthalt in Spanien.

1931 Wieder in Spanien und Paris.

1932 *Death in the Afternoon (Tod am Nachmittag)*. Sein dritter Sohn Gregory wird geboren.

1933 Safari in Afrika.

1935 *The Green Hills of Afrika (Die grünen Hügel Afrikas)*.

1936 Er schreibt *The Snows of Kilimanjaro (Schnee auf dem Kilimandscharo)* und *The Short Happy Life of Francis Macomber (Das kurze glückliche Leben des Francis Macomber)*. Hemingway spendet der spanischen republikanischen Armee 40 000 Dollar für Arzneimittel.

1937 *To Have and Have Not (Haben und Nichthaben)*. Hemingway schifft sich als Kriegsberichterstatter der North American Newspaper Alliance ein, fliegt von Toulouse nach Barcelona. Zusammen mit Joris Ivens dreht er den Dokumentarfilm *The Spanish Earth*, dessen Kommentar er verfaßt, und nimmt auf seiten der Republikaner am Kampf um Madrid teil. Rückkehr in die USA, wo er in der Carnegie

	Hall beim antifaschistischen Kongreß der amerikanischen Schriftsteller eine Rede hält. Im Weißen Haus führt er *The Spanish Earth* vor. Wieder in Madrid, lebt er im Hotel Florida, das dem Feuer deutscher Batterien ausgesetzt ist, und dort entsteht das Theaterstück *The Fifth Column (Die fünfte Kolonne)*.
1938	Hemingway pendelt zwischen Amerika und der Front in Spanien.
1939	Er läßt sich in Kuba nieder und erwirbt in der Nähe von Havanna die Finca Vigía.
1940	*For Whom the Bell Tolls (Wem die Stunde schlägt)*. Er läßt sich scheiden und heiratet die Journalistin Martha Gellhorn.
1942	U-Boot-Jäger vor der Küste Kubas, aber kein U-Boot läßt sich blicken.
1944	Er nimmt als Kriegsberichter der R.A.F. an Aufklärungsflügen teil, wird Korrespondent bei den Landungsarmeen, dann an der Seite französischer maquisards. Seine dritte Ehe wird geschieden.
1946	Heirat mit Mary Welsh.
1950	*Across the River and Into the Trees (Über den Fluß und in die Wälder)*. Hemingway leidet unter Arteriosklerose und erhöhtem Blutdruck.
1952	*The Old Man and The Sea (Der alte Mann und das Meer)*.
1953/1954	Erneut in Spanien.
1954	Erneut in Afrika, wo er bei zwei Flugzeugabstürzen nur knapp dem Tod entgeht. Nobelpreis für Literatur.
1958/1959	Wiederum in Spanien.
1960	*Life* veröffentlicht ausführliche Auszüge aus *Dangerous Summer (Gefährlicher Sommer)*. Hemingways Gesundheitszustand verschlechtert sich, Ende 1960 und im April 1961 muß er ins Krankenhaus.
1961	2. Juli: Ernest Hemingway erschießt sich in seinem Haus in Ketchum, Idaho, mit seinem Jagdgewehr.

Postum:

1964	*A Moveable Feast (Paris – ein Fest fürs Leben)*
1967	*By-Line: Ernest Hemingway. Selected Articles and Dispatches of Four Decades (49 Depeschen)*
1969	*The Nick Adams Stories (Die Nick Adams Stories)*
1970	*Islands in the Stream (Inseln im Strom)*
1981	*Selected Letters 1917–1961 (Glücklich wie die Könige. Ausgewählte Briefe 1917–1961)*
1985	*The Dangerous Summer (Gefährlicher Sommer)*
1985	*Dateline: Toronto. The Complete Toronto Star Dispatches 1920–1924*
1986	*The Garden of Eden (Der Garten Eden)*

Quellenhinweise, Übersetzer, Copyrightangaben

Bei den Quellenangaben im Text wurden folgende Abkürzungen benutzt:

G.W. Ernest Hemingway, Gesammelte Werke in zehn Bänden. Deutsch von Annemarie Horschitz-Horst, Paul Baudisch, Richard K. Flesch, Ernst Schnabel und Elisabeth Plessen, Reinbek 1977

Kön. Ernest Hemingway, Glücklich wie die Könige. Ausgewählte Briefe 1917–1961. Hg. Carlos Baker. Deutsch von Werner Schmitz, Reinbek 1984.

Eden Ernest Hemingway, Der Garten Eden. Roman. Deutsch von Werner Schmitz, Reinbek 1987

Lynn Kenneth S. Lynn, Hemingway, New York 1987 (Deutsche Ausgabe in Vorbereitung)

M.C. Martin Christadler, Lebens- und Werk-Chronik, in G.W.

M.W.H. Mary Welsh Hemingway, Wie es war. Deutsch von Helmut Kossodo, Reinbek 1977

Die Inhaltsangaben der Romane sind Kindlers Literaturlexikon verpflichtet.